청춘을 불사르고

청춘을 불사르고

초판 1쇄 발행 2002. 5. 19.
개정1판 1쇄 발행 2016. 6. 27.
개정2판 1쇄 발행 2024. 1. 8.

지은이 김일엽
발행인 박강휘 고세규
편집 윤정기 디자인 이경희 마케팅 백선미 홍보 최정은
발행처 김영사
등록 1979년 5월 17일(제406-2003-036호)
주소 경기도 파주시 문발로 197(문발동) 우편번호 10881
전화 마케팅부 031)955-3100, 편집부 031)955-3200 | 팩스 031)955-3111

값은 뒤표지에 있습니다.

ISBN 978-89-349-0616-2 04080 | 978-89-349-4318-1(세트)

홈페이지 www.gimmyoung.com   블로그 blog.naver.com/gybook
인스타그램 instagram.com/gimmyoung   이메일 bestbook@gimmyoung.com

좋은 독자가 좋은 책을 만듭니다.
김영사는 독자 여러분의 의견에 항상 귀 기울이고 있습니다.

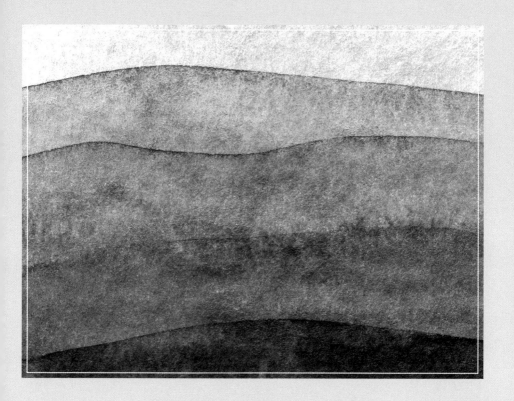

청춘을 불사르고

김일엽
문집 2

김일엽 지음

김영사

❀

일찍이 스승께서는
그처럼 꽃답던 사랑도
단지 하루아침의 먼지처럼
털어버릴 수 있음을
보여주셨습니다.
—

수덕사 환희대에서
일엽스님 문도 일동

차례

청춘을 불사르고

이 책을 내는 까닭

나는 5대 독자 집 무남독녀로 태어났다. 그리고 소녀 적에 어머니와 아버지를 모두 여의었다.

그야말로 외톨이였다. 게다가 이름마저 일엽一葉[1]이다. 나중에 춘원春園 선생에게 받은 아호까지 일엽이 되었으니 "일엽, 일엽 가냘픈 외잎사귀란 말이지" 하고 뇌까리게 된 이름이다. 우주적 외로움과 '센티'가 담뿍 실린 이름을 가진 존재였다.

---

1 일엽스님의 어렸을 때 본명은 원주(元周)이고 그후 문학활동을 할 때 춘원 이광수로부터 일엽이란 아호를 받았다. 그 당시 일본에는 히구치 이치요(通口一葉)란 여류 시인이 하도 유명하여 김원주의 글을 보고 이광수가 찬탄하면서 "당신은 조선의 일엽이가 되시오" 한 데서 비롯된 이름이다. 김원주는 나중에 춘원의 부인이 된 허영숙 씨와 절친한 사이로 허영숙 씨가 춘원과 결혼하기 전 연애편지를 대필해주어 그 문장을 찬탄받기도 하였다.

그래도 부모형제 대신 정과 물질로 나를 끝까지 후원해줄 외할머니 한 분은 계시었다.

"너는 바위틈에서 자라는 옹이 솔이냐, 땅에서 솟은 무 밑둥이냐! 네 에미가 눈먼 딸 하나만 더 두었어도 형아 아우야 불러볼 것이 아니냐"고 울며불며 외삼촌 몰래 눈물에 얼룩진 지전紙錢 뭉치를 내 손에 넌지시 쥐어주시던 그 덕분에 학교 교육을 받을 수가 있었다. 그래서 처음 소학교에 입학해서 다닐 때 나를 보고 "에미나이두 학교 다니나?" 하고 의아한 눈으로 바라보던 그 옛날, 나는 서울로 일본으로 '유학생, 유학생' 하고 불리는 자랑스런 몸이 되었던 것이다.

그 당시 우리 사회는 꽤 개명開明이 되어 잡지와 신문도 제법 많이 나왔다.

그때 일본 유학생쯤 되면 학생으로서 사회인까지 겸하게 되었고 더구나 일찍이 여자 교육이 없었던 때라, 여자로서 붓을 들던 이가 나 혼자였던만큼 문학소녀 정도밖에 안 되던 내가 일약 여류 문인이란 일컬음을 받게 되었던 것이다. 손에는 시집을 들고, 입으로는 사랑을 이야기하고, 마음은 외로움에 빈틈이 없는 어리석은 여인이었다.

그래도 '피고름을 주물렀거나 티끌 하나 안 만졌거나, 손의 정부정淨不淨을 누가 묻더냐? 여자의 몸에 남자의 몸이 부딪쳤느냐, 아니냐가 문제될 것이 없지 않느냐? 다만 정신적으로 남성이란 그림자까지 사라지게끔 깨끗이 청산이 된 여인이라면 언제나 처녀로 재생再生할 수 있지 않느냐? 그런 여인과 그런 여인을 인정해줄 수 있는 남자라야 새 생활을 창조할 수 있는 것'이라고 신정조관新貞操觀을 지론으로 삼던 여인이 나였다.

그리고 '우주의 총화總和는 사랑이다. 일체 존재는 사랑을 안고 생사하는 것이다. 또한 조건을 여읜 극치의 사랑으로 내적 생활의 만족, 곧 나의 정신적 기반이 먼저 세워져야 사회적 공헌도, 공적 사업도 하게 된다'는 생각이었다. 몸으로 구속할 이도 있지 않고 마음마저 자유의 여인인 나는 해볼 것은 다 해보았다는 생각이었다.

그러나 좋은 것, 좋은 것 하지만 그 반면은 언짢은 것이다. 비로소 가지고 싶은 것, 하고자 하는 바를 다 해봐도 만족은 없다는 것을 알았다. 조건부의 만족으로는 만족을 얻지 못할 것을 알게 되었던 것이다.

이때 '그러면 무슨 의미로 사느냐?' 하는 가장 허전하고 막연한 사리事理가 내 앞에 닥쳤던 것이다.

넓은 천지에 외로운 그림자를 상대로 홀로 서 있는 한 생명도, 숨 한번 들이쉬고 내쉬지 못하게 되면 이 육체는 쓰러져버린다. 금방 웃고 울던 그 물건은 어디로 가버렸느냐… 생각이 여기에 이를 때, 스스로 느껴지고, 느낌을 표현하려고 애쓰던 그 습성마저 잊힌 듯하였다. 인생이란 정말 허전하고 허망한 존

재인 것이다. 그러니 '사람이 산다는 것이 무슨 의미냐?' 하는
생각이 들지 않을 수 없었다.

'타락이냐, 자살이냐?'의 분기점에서 맘 붙일 데 없이 헤매던
나는 그때 가장 위험한 생명체였던 것이다.

천우신조! 이때 나는 다행히 만사를 해결할 수 있는 불법佛法
을 만났다.

불타는 송아지같이 날뛰던 이 청춘을 불살라버리고 영원한
청춘! 길이길이 싱싱하게 되어 시들지 않는 청춘을 증득證得하
는 불법을 얻으려고 입산한 것이다.

사람이라면 좀 석연한 현실을 가져야 한다는 것을 불문佛門에
들어와서 비로소 인식하게 되었다. 내가 인생인지 아닌지도 알
아볼 생각을 못하는 나였으니…. 곧 무엇이 내 현실인지도 모르
는 무명인無明人인 내가 그래도 인간이거니 믿었던 것이다.

물체 없는 그림자 없고, 알맹이 없는 껍데기 있지 않은 것을
누가 모를 것인가?

현실은 표현, 곧 껍데기에 불과하다. 현실의 알맹이인 내적 본
질이 있는 것이다. 그것을 알아 얻어 쓰는 법을 불법이라 한다.

불법을 알아 얻어 쓰는 것이 각자적 내가 나를 알아 얻어, 나
를 쓸 수 있다. 나의 끝장인 불법을 모르면 마음은 언제나 편할
날을 볼 수 없는 것이다.

불법은 현실적이요 증명적이다. 현실에서 증명되지 않는 것

을 이 다음은 누가 보증할 것인가?

부처님의 법문이니 하느님의 말씀이니 할 것 없이 내 스스로 의심나지 않는 현실을 보아야 하는 것이다. 회의과 불안이 이는 생활을 어찌 자유와 생명을 지닌 생활이라 할 것인가?

끝나는 날이 없는 우리의 무궁한 살이에 비하여 가장 짧은 한 토막인 금생今生, 또는 죽어 천당에 나는 두 토막의 생활이 구경究竟인 줄 알면서 그래도 생의 의욕으로 가고 오고 뛰고 달리는 슬픈 기적적 생활을 하는 것이 오늘의 전 인류이다.

아무튼 생生은 포기하지 못하는 일, 생의 책임은 절대로 생자 자신이 지지 않을 수 없게 된 것이 우주의 원리원칙인 것이다.

그 모든 해결법을 부처님이 먼저 알아 얻어 쓰시니 부처님께 귀의하여 몸소 알아보라는 외침이 곧 이 글이다.

수덕사 환희대에서 지은이 씀

청춘을 불사르고

B 씨에게, 제 1 신

B씨에게, 제1신

당신은 나에게 무엇이 되었사옵기에?

당신은 나에게 무엇이 되었사옵기에
살아서 이 몸도, 죽어서 이 혼까지도 그만
다 바치고 싶어질까요.
보고 듣고 생각하는 온갖 좋은 건 모두 다 드려야만
하게 되옵니까?
내것 네것 가려질 길 없사옵고.
조건이나 대가가 따져질 새 어딨겠어요.
혼마저 합쳐진 한 몸이건만….
그래도 그래도,

그지없이 아쉬움

그저 남아요…….

당신은 나에게 무엇이 되었사옵기에?

1928년 4월

수송동壽松洞에서

원수의 칼에는 몸이나 상하지만 사랑의 손길에는 몸과 마음이 함께 상할 줄이야 누가 알았사오리까?

당신이야, 내 영육靈肉을 어루만지던 당신 손길의 변신變身인 별리別離라는 칼에 중상을 입은 심장을 안고 사랑의 폐허에서 홀로 신음하고 있는 내 고품가 어떠한지 알기나 하오리까?

지금도 나의 음랭한 방 한구석에 쓸쓸하게 놓여 있는 책상에는 단 하나의 친구인 시계가 나의 슬픔으로 돌보지를 않아 걸음을 멈추고 시름없이 나를 바라보고, 나는 책상 위에 엎드려 일과적으로 흘리는 내 눈물을 그윽이 내려다보다가 이제는 더 참을 수 없다는 감정의 충동을 이길 수가 없게 되었나이다.

글자는 제 몸을, 떨어진 내 눈물 속으로 뭉그러버리나이다. '당신의 그 깊은 회한을 내가 무슨 수로 다 표현해드리리까' 하는 자퇴自退의 표징인 것이외다.

당신은 '…인연이 다하여서 다시 뵈옵지 못하겠기에…' 하는 마지막 편지를 내게 보내었나이다.

'검은 머리 파뿌리 되도록…'이라는 한 토막의 생활을 멀리 초월하며 무량적無量的으로 영육의 생활을 같이 할 굳은 약속을 해오던 당신이, 값싼 위로의 말 몇 마디 적은 편지에 떠나는 이유도 없이, 더구나 행방조차 알리지 않고 인연이 다하였다는 말 한마디를 남기고는 그만 달아나 버리는 그런 모진 시간이 내 앞에 닥칠 줄이야…. 마음이 워낙 뜨악한 나는 기절까지는 하지 않았나이다. 그러나 아무리 무상한 세상이라지만 당장 이 눈앞에 이렇듯이 변한 일을 보게 될 때, 얼결에 베인 상처처럼 원망도 노여움도 느껴질 새 없이 그저 뜻 모를 눈물만 꿰인 구슬같이 쏟아질 뿐이었나이다.

생각만 해도 눈물 안경이 씌워지는 그 편지건만 그래도 얼씬거리는 이 눈으로 보고 또 살피게 되나이다. '인연이 다하였다!' 내 전 세계의 돌변을 전하는 놀라운 글자의 모임! 무지한 주인의 사도인 무정한 글자들은 태연자약하여 남의 아픈 속을 헤아릴 리 없는 것이외다.

대체 인연이란 무엇인데? 다하기는 어째 다하였단 말인가! 그리고 다시 못 봐! 다시 못 봐! 죽음의 길인가? 다시 못 보게! 그러나저러나 영영 그만이란 말인 것은 분명하지 않은가. 정말이냐? 정말이야! 그래도 불변색不變色의 귀머거리 종잇장! 물어

뜯어도 쥐어박아도 아픈 체할 길 없는 시체 같은 글자들. 암만 해도 그 앞에서밖에 하소연할 데 없는 나의 심정! 더구나 이 안타까운 심정을 전해줄 것은 무정하다는 생각조차 못하는 무지의 글자밖에 없지 않은가!

백제百濟 때 부여성 문지기의 외딸인 십팔 세 된 소녀가, 산과 고개 너머에 사는 애인에게 날려 보낸 가랑잎에 새긴 지성의 편지 한 장이 스스로 산을 넘고 골을 찾아, 보아야 할 편지의 주인을 찾아간 일이 있었다는 이야기가 있지 않습니까? 정情과 혼魂의 결정체는 행동을 하기 때문이외다.

그러나 배신의 대상인 내 맘이 그 소녀와 같이 지성 일념一念에 들 가망도 없고, 의타적으로만 전해질 나의 이 하소연의 편지는 망망한 천지에 어느 곳을 찾아 당신의 처소에까지 미치게 하오리까?

무한대의 정신력을 믿는 나이긴 하지만 아직 나의 정신력은 당신의 그 큰 무지를 녹일 만하다는 자신이 없나이다. 그러니 못 견딜 이 고민을 어찌 처리하여야 할 것인지 나도 알 길이 없나이다.

다만 인因 자 한 자의 의의는 심心, 성性, 불佛 자 다음으로 중요시할 만한 정칙적인 글자인 것이 사실이외다.

그러나 연緣 자와 접속된 술어인 '인연'으로 말하면, 인연으로 동작이 생기고 변천이 일어나는 것이므로 이러려면 이러고 저러려면 저럴 수도 있는, 좀 여유도 없지 않은 그런 한마디의 단어가 아니오리까?

그런데 당신은 이제 인연이라는 단어 한마디를 이용하여 남의 생명과 같은 사랑을 장난감으로 만들어, 취하고 싶으면 취하고 버리고 싶으면 버리는 그런 폭군이 되어버리신 것이 아니오리까?

나는 사랑의 왕국에 발을 들여놓은 남자는 사랑의 여왕의 지배하에 길이 인형화人形化하는 줄만 알았나이다.

그리고 사랑하는 사람을 자기 생활권 밖으로 내놓는 일이 있거나 표리가 다른 마음을 쓸 수도 있는가를 생각조차 해본 일이 없었나이다.

이런 여자에게 그런 배신의 편지를 예사로 던져버리는 남자가 당신일 줄이야! 너무도 의외의 일에 멍멍해진 내 정신은 아직도 잘 차려지지 않는 것이외다.

적적한 내 생활에 일시적이나마 크나큰 만족과 희망을 준 이도 당신이요, 보다 더 큰 실망과 슬픔을 준 이도 당신이외다. 마치 태양이 서산을 넘을 때는 만상萬象과 그 그림자까지 거두어 가듯이 당신은 내 일체의 것을 모두 휩쓸어 가버렸나이다.

물건… 가장 긴절하게 쓰일 무슨 물건을 빼앗긴 사람은 얼마나 큰 원심怨心이 일어날 것이오리까.

하물며 정신적인 전 재산, 곧 영원한 생활의 큰 밑천을 다 휘

몰아가지고 나를 더 슬플 수 없는 자리에 세워놓고 달아나신 당신을, 이를 갈며 칭원稱怨할 것이 아닙니까?

그런데 내가 위에 적은 것은 모두 나의 실망이 실망의 대상인 '일'에 대한 말에 지나지 않는 것이외다.

나는 이제 원심을 가지기는커녕 이론이야 어찌 됐든, 사실이 어떻게 돌아가는지 알 길이 없나이다. 다만 절대적인 나의 욕구, 곧 당신을 뵈어야 할 그 일 때문에 아침에 일어나서는 '오늘은 그의 소식이 꼭 알려지이다' 하고 빌고, 저녁 자리에 엎드려서는 '오늘도 그의 소식을 못 들었구나…' 하고 한숨을 쉬고 지낼 뿐이외다.

행여나 하는 애달픈 희망에 생기가 나다가, 그만 절망에 쓰러지다가, 이렇게 괴로운 날짜가 계속된 지 이미 넉 달 아흐레! 아직도 남은 날이 얼마라는 말씀이오리까? 그러나 당신이 앓는다든지 곤경에 빠졌다든지 어떤 애인과 동서同棲한다는 소식만은 차라리 볕에 타는 화초에 불을 지르는 격인 것이외다. 그렇다고 무소식을 희소식으로 생각할 수는 없나이다.

나는 열한 살 적에 소학교 뜰에서 동무와 내기하는 장난을 하다가 상대편인 동무가 나를 속여 세 번이나 거듭 이기고 나서 나를 약올리며 이겼다고 뛰며 자랑스러워하는 걸 보고 어찌나 분이 났던지, 내가 부딪쳐 죽어야 옳을지 동무를 때려 없애야 옳을지 심장의 고동이 방향을 잃어버리게까지 된 일이 있었나이다.

분대로 했으면 큰일을 저질렀겠지만 '우선 견딜 수 없는 이 고통을 면하고 볼 것이다…' 하는 번개 같은 생각으로 겨우 분의 열도熱度를 식히고 나서 차차 분이 풀린 후에 따져본 결과, 내가 못 이겨서 약이 바짝 오른데다가 남을 속인 고약한 것이 도리어 나를 무척 업신여기는 몸짓과 눈짓으로 이겼다고 자랑하는 꼴이 너무도 밉고 분해 못 견디었던 오기에서 일어나는 한 감정 문제에 지나지 않았던 것이외다.

일체 화나는 일이 다 별다른 원인이 있는 것이 아니요, 다만 사람의 감정이 털끝 하나를 사이에 두고 희비고락이라는 천양의 차를 내어, 생사 문제가 일어나고 대대로 불구대천의 원수를 맺는 일까지 있는 것을 그때 어린 생각으로도 좀 헤아리게 되어, '기왕이면 마음 편하고 볼 일이다', '일체의 요구는 평안 그것을 요청하는 사도使徒였구나', 하는 생각을 하게 되었나이다. 그리고 좀더 자라서는 '아무리 좋은 환경에서도 불행을 느끼는 이가 있느니만큼 가장 큰 불행에도 마음을 눅일 수가 있는데, 우리들은 정신력의 부족으로 마음이 팔자라고 말은 하면서도 각각 내가 만든 내 팔자를 내 마음대로 못하는 것'이라는 생각을 하게 되었나이다.

어쨌든 나는 그 후로는 어떤 일을 당해도 화가 치미는 일도 초조할 일도 없었나이다.

또 어느 날은 원고료 받은 것을 쓰지 않고 모아서 내 생전에 처음 많은 돈을 뭉쳐가지고 히라다平田, 미쯔고시三越 등 큰 상점으로 사고 싶은 물건을 사려 헤매고 다니다가, 엄청나게 많이 쌓인 물건을 바라보고는 또 내가 요구하는 물건과 그 대금과의 차이가 너무나 큰 것임을 알고, 아무리 많은 돈을 가져봐도 결국 돈의 갈증만 심해질 것을 깨닫고 창자를 위로할 만한 음식과 한서寒暑를 피할 만한 옷이 있으면 그만이라는 생각으로 가난의 고苦도 느끼지 않게 되었나이다.

방학 때 집에 와서도 후모後母의 눈치야 어찌 됐든지 태연히 지내는 나를 더 가엾게 보는 아버지는 가슴 아픈 눈물을 남모르게 씻었다는 것이외다.

하다못해 처녀로 파혼이 되었을 때도 내 붉은 뺨을 손으로 쓰다듬으며 '더 좋은 혼처가 생길지 누가 알아. 마음 상할 것 없어' 하고 스스로 위로하고 지냈던 것이외다.

이렇게 무조건으로 걱정 없이 태평객으로만 지내던 나에게 울어도 다함이 없는 눈물의 생활을 주고 간 당신을 원망인들 어찌 아니 하게 되며 미운 생각인들 아니 날 리가 있사오리까. 한편으로는 나의 고를 면하기 위해서라도 될지 말지 한 당신의 회심回心을 기다릴 것 없이 내편에서 아주 거절해버릴까 하는 생각도 하여 보았나이다.

'그런 남자인 줄 모르고 믿기만 하고 온갖 계획을 다 세웠던 내가 얼마나 어리석었느냐. 어리석은 줄 알면서도 못 잊는다는 것은 자모적自侮的인 부끄러움을 당하는 것이요, 자취적自取的인 고를 받는 것이 아니냐, 자아, 그만 잊어버리자!'라고 이를 악물고 눈을 감고 도사리고 앉아도 보았나이다.

그러나 감은 눈에서는 바위라도 뚫을 듯이 눈물이 솟구쳐 흐르고, 굽이치는 서러운 정파情波는 시구詩句로 화하여 나의 정화情火를 꺼보려는 것이었나이다.

어지어 내일이여
이제는 홀이로다
인생의 험한 길을 나 어이 혼자 갈까
님이야 사귈 님 많으니 외로시다 하리까

시구는 정파와 정화를 녹여서 외로움의 바다를 만들었나이다.

이제 나는 외로움의 바다에 빠졌으니 숨막히는 고파孤波에서 헤어나려는 생적 충동으로 무엇이라도 붙잡으려고 허우적거릴 밖에 무슨 생각이 나오리까.

때리는 엄마 품으로밖에 달려들 데가 없는 젖먹이같이 사면을 둘러보아야 마음 향할 곳을 모르는 내가 뉘게로 매달릴 것이옵니까?

당신을 단념한다는 것은 일시적으로 지나가버리는 나의 감정적 심리 상태에 지나지 않는 것이었나이다. 나의 외로움의 바다가 깊어질수록 당신의 존재의 산은 높아져서 다른 이의 존재가 눈에 띨 리 없나이다.

지금 서울 장안에서는 시나 소설 한 권 발행해 보지 못한 나를 여류 문사라 떠들고, 기술껏 모양을 내어 남이 예쁘게 보아 주기를 바라는 내 소원대로 풍염한 미인이라고 칭찬해 주는 이도 있나이다. 그래 그런지 내 주위에는 여러 사람이 모여들어 열렬한 사랑에 좋은 조건을 바쳐서 나의 환심을 사려 드나이다.

그러나 당신 외에 한 사람도 용납할 마음의 자리가 남지 않았나이다.

그것은 굳이 당신을 위하여 육체적 정조를 지키려 해서 그런 것도 아니외다. 나는 더러운 것을 막 주무르던 손이나 티끌 하나 만져 보지 않은 손이나, 손은 손일 뿐이지 정부정淨不淨이 손에 묻지 않는 것같이, 여자의 육체가 남성을 접하고 안 접한 것은 문제될 것이 없고 오직 그 여자의 정신 문제뿐이라, 정신적으로 정적 청산이 되어 새 사랑을 상대에게 온전히 바칠 수만 있다면 언제든지 처녀로 자처할 수 있어, 그 양해를 하는 남자와 그렇게 될 수 있는 여자라야 새 생활을 창조할 수 있다는 신정조관新貞操觀을 가진 여자인 까닭이외다.

또한 정적으로만 기울어져서 당신만 따르는 것도 아니외다.

다만, 당신은 세상의 사상가니 인격자니 하는 이들까지도 상상도 못하는 초연한 인생관을 가진 분으로, 쉬지 않는 자신의 수양과 함께 일심으로 사회적 봉사를 하고 계시니 그러한 고답적인 인물이 오랜 수양과 많은 경험을 쌓은 후일에는 반드시 세계적으로 인류에게 많은 도움이 될 위대한 분이 될 것을 예측하는 나는, 연인으로보다 지도자로 당신을 여의지 않겠다는 염원을 하게 되니 자연히 당신이 나의 생활의 전체가 되어버린 것이외다.

사실 몸 아닌 정신, 곧 여의려야 여읠 수 없는 본정신이 있음을 모르지 않기 때문에 육체적 이별은 큰 문제가 아니 될 수도 있사오나, 다만 당신에게 받을 정의 대가만은 나의 생계비라는 말씀이외다.

나의 아버지는 평남平南 용강龍岡 출신으로 예수교의 독실한 목사여서 예수께서 남을 사랑하기를 내 몸같이 하라 하신 말씀 그대로 실천하시며 일생을 감사의 생활로 자족하게 마치신 분이었나이다.

나의 어머니는 나를 맏이로 5남매를 낳아 다 잃어버린 후 일찍 단산해버리고 나 하나만 남았는데, 아버지는 5대 독자이지만 예수교적 계법戒法을 정신화한 분인만큼, 아내 있는 사람이라는 한 생각으로 어떤 미인을 안겨드린대도 동심조차 할 리 없으니, 어머니는 당신이 죽어야 아버지가 장가들어 아들을 얻을 것인데 죽지 못해 한이라고 늘 우셨나이다. 그리고 저 딸 하나나 훌륭하게 만들어 남의 집 열 아들 부럽지 않게 키운다고 예수교당에 다니신 덕에 일찍이 개화한 어머니는 여자도 학교에 다니는 일이 있는 줄도 모르는 그 예전에 나를 학교에 입학시켜 '여학생, 여학생' 하고 불리는 자랑스러운 몸이 되게 하였나이다.

그러나 집과 땅을 다 팔아서라도 대학 공부까지 시켜 준다던 어머니는 내가 소학교 졸업하던 해에 돌아가시고, 중학교 졸업 시에는 아버지마저 돌아가셨나이다.

칠십이 넘으신 외할머니는 천애의 고아인 나만 보시면 "네 에 미가 딸 하나만 더 질러 놓고 죽었어도 형이야 아우야 서로 불 러 볼 것이 아니냐. 너는 돌 틈에서 솟았는 듯, 땅에서 뽑은 무 밑둥인 듯 넓은 천지에 외톨이로 돌아다니는 꼴을 어찌 보느냐" 고 항상 눈물을 흘리었나이다. 그 외할머니의 학비 후원으로 몇 해 동안은 일본 유학까지도 하여 보았나이다.

어머니는 생존 시에 나에게 부도婦道와 여직女職에 대하여는 도무지 가르칠 생각을 하지 않으셨나이다.

어머니는 나를 여자 구실은 안 시키고, 어떤 표준도 없이 그 저 남의 집 열 아들 부럽지 않게 세상에서 제일 뛰어난 여성 아 닌 남자 대장부를 만들려는 것이었나이다. 외할머니나 이모들 이 그런 어머니를 보고, 계집애를 가르치지 않고 뛰어다니게만 두고, 시집보낼 옷가지 하나 장만 아니 하면 어찌할 거냐고 하 면, 어머니는 "당신네들처럼 바리바리 싣고 가서 종노릇만 해야 하오?" 하고 핀잔해버리었나이다.

수도원 같은 기숙사에서 자라 단순하고 어두운 내가 가정교육도 견문도 없느니만큼 사상적으로 방향을 정하지도 못한데다가, 혼란하기 짝이 없는 사회에 나와 내 멋대로 돌아다니는 모양은 과연 우스웠을 것이외다.

더구나 외로움에 목마른 내 눈에는 사랑을 구가하는 수준 낮은 문예품만 뜨이게 되고, 죄가 하느님 눈에 들키지 않기 위하여 극히 조심하던 그 마음에서도 슬슬 뭉기질쳐 나오기 시작하게 되니 신심은 점점 물러나서 의문만 생기게 되었나이다.

'하느님은 모르는 것이 없으시다면서 선악의 과수果樹를 어찌 에덴에 두시고 자유까지 왜 주셨을까?

선악의 열매를 먹어 악의 씨가 배태되었다면, 창조하신 분이 왜 선인으로 개조하지 않으시고 독생자를 보내서 십자가에 못 박히는 분주를 피우셨을까?

예수께서는 선악세상을 다 구원할 수 있어야 구세주라는 의의가 서지 않을까? 그리고 불가능한 일이 없으신 예수가 왜 온 세계 인류를 다 믿게는 못하시는가? 하느님이 우리 마음에 계시다니 선악심은 어느 마음에 계신가? 평등심을 가진 하느님이니 어느 마음에나 다 계실 텐데 마음이 다 하느님화하지 않고 선악심이 그대로 있게 되는 것은 웬일일까? 하느님은 공연히 인간을 내어가지고 지옥고에 못 견딜 때 피창조자인 동시에 피해자인 악인이 하느님께 나가서 나를 왜 만들고 지옥은 왜 내어서 이 고생을 시키느냐고 원망한다면 하느님은 무엇이라 대답을 하실 것인가?

천상인은 못 보는 것이 없다면 친지가 다 지옥고를 받는 꼴을 바라보면서 자신만 천당락을 누릴 수가 있을까?

계신 하느님, 나신 부처님은 이미 형상이니 같은 우상이고, 더구나 안 계신 하느님을 마음으로 만드는 것은 마음의 우상인 것이다. 어쨌든 예수교 성경에, 만든 부처님을 우상이라 했지만, 성화聖畵를 그려 귀하게 모시나, 부처님을 손으로 만들어 조상彫像으로 모시나 마찬가지의 우상이 아닐까?

우상이라면 껍데기니 알맹이가 있지 않을까? 하느님, 예수, 성신聖神이 다 껍데기일 것인가? 에잇, 모르겠다!' 하는 따위의 의심을 가지게 되었나이다. 아버지나 신도들에게 문의도 못한 것은, 신심이 없어서 그런 범람[1]한 생각이 나니 회개하는 마음으로 기도만 하라는 것이외다. 그러니 의심을 풀 길은 없었나이다.

당신을 뵈온 후로도 정적情的인 것에 대한 정신 외에 다른 생각이 없는 나는 이런 문의를 할 겨를이 없었다가 당신이 오실 약속도 아니 하였던 날, 오늘은 당신이 어느 모임에 가게 되지 않나? 거기 가서 당신의 얼굴이라도 바라보았으면, 하는 궁리를 하느라 언제 쭈그리고 앉았던지 쭈그리고 앉아서 문간을 내다

---

1 분수에 넘침.

보고 있었는데, 의외에도 당신은 아래위 하얀 양복을 입으시고 더 환해 뵈는, 얼굴은 고요히 비치는 자비등광慈悲燈光인 눈동자와 함께 사랑의 화신化身 그대로 나타나셨나이다.

각황覺皇[2] 교당에 가시던 길에 들르셨다고…. 그날 내가 묻는 대로 불교 교리에 비추어 예수교 교리를 해석해주셨나이다.

"불교의 진리는 범어梵語[3]로 '달마達磨'[4]라고 하는데 일체 총섭總攝[5]이란 의미이다.

마음대로 한다고 할 때의 '마음'이라고 해도 되고 자유로운 '나'라고 해도 되는데, 온갖 일과 모든 물질이며 선악이며 이치와 시비와 진망眞妄[6]이 모두 이 달마에 들었기 때문에 어떤 이론이나 교리도 모두 달마로부터 파생적으로 갈라져 있는 것이다.

일체는 '유심조唯心造'[7]로 마음, 곧 달마가 창조주이다. 본래의 마음은 몰랐더라도 부분적으로라도 단일화한 마음이면 부분적

---

2 각왕(覺王)이라고도 함. 불타를 달리 이르는 말.

3 산스크리트어. 옛 인도말. 불교 경전이나 고대 인도 문학은 이것으로 기록됨.

4 불교의 법(法). 진리 · 본체 · 궤범 · 교학 · 교법 등의 뜻.

5 모든 것을 포함함.

6 참됨과 거짓됨.

7 모든 것은 오직 마음이 만드는 것.

일은 다 성취할 수가 있다. 수도 중인 사람에게는 방해된다고 신통神通을 부리는 일은 금하지만, 공부 중에 혹 신통력을 얻은 이가 있어 필요하다면 가랑잎에 인人 자 하나만 써서 던져도 사람이 뛰어나올 수도 있는 것이다. 그러므로 예수교에서 하느님이 창조주라는 것도 사실이니 능력이 계신 하느님이 왜 사람을 창조할 수가 없겠느냐고, 그러나 천지만물을 창조하셨다는 것은 천지개벽 전에 있는 본성[本性=마음, 곧 나의 정체]이 있고, 물질의 요소를 갖춘 물질적 본 씨는 의식하기 전에 있어서 그것을 자료로 하여 창조하신 것이다.

무엇이 무엇으로 만들어졌는지 저마다 가진 바탕대로 만드셨다. 사실 제가 저를 만들 바에 짐승이 되었거나 악인화하였거나 수원수구誰怨誰咎[8]할 것이 없는 것이다. 만일 하느님이 사람을 근본적으로 만들어놓았다면 사람은 한 기계로서 아무 기능과 의식이 없을 것이며, 항상 발전적 생활도 하느님이 시켜줘야 할 것이요, 하느님을 따르고 배반할 아무 자유도 안 가졌을 것이기 때문에 선악의 책임자는 하느님이 될 것이 아니냐."

이어서 당신은 하느님은 창조주, 곧 만능적 자성自性[9]을 파악하여 운용하는 것이 아니냐고 하셨나이다. 그러나 사실은, 일체

---

8 남을 원망하거나 탓할 것이 없음.

9 본성.

는 각자가 자조自造된 것이며, 하느님이 마음에 계신 것이 아니요, 하느님이 곧 마음이며 근본 하느님은 희로喜怒를 느끼는 이 마음의 전前 마음이라고 하셨나이다. 그 마음은 계신 하느님까지도 창조한 창조주이며 누구나 다 가지고 있는 것으로서 그 마음을 찾지 못한 동안은 완전한 인간이 아닌 줄 알아야 한다고 하셨나이다. 그리고 천당은 최고 문화계로 욕계欲界, 색계色界, 무색계無色界까지 있으며 그 나라 주인은 다 천주天主라, 예수교 교리에 합치니 완전이니 하는 대상을 하느님이라 하지 말고, 일체의 대명사인 불佛이라 해야 맞는다고 하셨나이다.

그리고 선악과善惡果를 금단의 실과라고 먹지 말라 한 것은 신심을 시련하는 한 방편이요, 신자라면 대상을 전제로 한 것으로서 부처님이나 하느님을 지극히 믿는 신자, 곧 몰아경沒我境에 이르는 신자부터 되어야 부처님이나 하느님이 알아 얻은 그 도리를 알게 되어 구경究竟에는 신자인 나도 부처님이나 하느님이 되는 것이라고 하였습니다. 선배나 선생처럼 나를 바르게 지도할 분을 신실히 따르는 것도 종교심이며, 종교심이 없는 사람은 나무가 뿌리를 여읜 것 같아서 참 생명을 잃어버리게 된다고 말씀하셨나이다. 무명 중생은 지도에 의한 목표가 없으면 올바르게 가지를 못한다고 하였습니다. 어쨌든 불교에서 자성自性인 내 부처를 찾으라는 말씀과 같이 예수교에서도 스스로 해득하여야 하지 의타적으로는 구원을 얻을 수 없다고 하였나이다.

또한 예수께서 십자가에 못 박히신 것은 다생多生에 걸친 인류를 위한 공헌과 희생의 그 한 부분적인 것이라고 하였습니다. 부처님께도 삼불능三不能[10]이 있으심과 같이 예수께서도 오래 익혀서 천성이 된 그 습성은 어찌하는 도리가 없다고 하셨습니다. 다만 본연의 성품과 자유를 각자적으로 돌려야 하기 때문에 가르칠 뿐, 다 믿게는 못하시는 것이라고요. 그래서 선악과를 먹게 된 자유도 각자적인 본연의 자유이지 하느님이 주신 것이 아니라 하였나이다. 그래서 하느님도 오래 익힌 인간의 천성을 개조하지는 못하는 것이라는 말씀이었나이다. 일체 존재는 나, 곧 부처 하나뿐이라, 귀의불歸依佛은 나에게 돌아가라는 말씀이라 하셨나이다. 천 가지 천성의 합치가 자성이요, 만 가지 수행의 단일화가 '나' 자체라고 하셨나이다.

그리고 상상하는 것은 환幻이요 우상이라, 일체는 생각이 만드는 것이므로, 배례拜禮한다, 아니 한다는 그 생각이 벌써 우상에 배례한 것이라 하셨습니다. 또 상상할 수 있는 것, 곧 물질은

---

10 삼불능(三不能) : ①부처님은 일체의 현상에 집착되지 않고 온갖 지혜를 갖추고 계시지만, 선악의 결과를 낳는 결정적인 업인(業因)에 대해서는 그 보(報)를 면하게 할 수 없음. ② 부처님은 모든 중생의 성질을 잘 알아서 그 모든 일을 끝까지 궁구하시지만, 인연이 없는 자는 구제하지 못함. ③ 부처님은 무량 중생을 구원하시지만, 중생계를 다 제도(濟度)하여 마칠 수는 없음. 단, 이 삼불능은 소승(小乘)에서 말하는 것이고, 대승(大乘)의 법신불에 있어서는 삼불능이란 있을 수 없다고 봄.

반드시 대상이 있으니 대상은 바뀌고 변하는 것이고, 하느님이나 부처님의 실존도 우상이라 하며 조상彫像을 안 믿고 우상을 안 섬긴다면 부처님이나 예수도 못 믿게 되는 것이라고 말씀하셨나이다.

믿는 마음과 믿어지는 마음이 하나이므로 두 마음이 합일돼야 하는 것처럼 인간은 우상과 합치되어야 진경眞境[11]에 이르게 되는 것이라고 하였습니다. 그리고 불교 교리가 예수를 더 오묘화시켜서 예수를 더 진실하게 믿고 하느님을 극히 존경하여 필경 하느님이 되게 하는 도리인 줄을 모르고, 예수교 신자들 중에는 자기네가 생각하지 않던 말씀이라고 불법佛法을 알아볼 생각도 아니 하고 예수교 교리와 반대되는 줄 아는 것이 유감이라 하셨나이다. 어쨌든 일체 종교와 사상은 다 불교 입문의 과정이라 하셨나이다.

더 자세히 말씀해주실 것이지만 강화講話의 책임을 가지고 가시던 길이라, 시간 관계로 오래 말씀을 못 하고 당신이 가시게 되어 나도 따라가서 당신의 강연을 들었을 때, '나'라는 주제로 사석에서 내게 하시던 그 강화를 다시 들었나이다. 그때 아버지께서는 지금의 당신처럼 나에게 향상의 도리는 아니 가르치고, 질문 비슷한 말만 해도 그런 범람한 소리 하지 말고 회개하는

11 참된 진리의 경지.

마음으로 하느님께 경건한 믿음을 구하는 기도만 하라는 것이었나이다.

아버지는, 집에 화재가 나서 집과 물건이 다 탔는데 가족은 살았다면 살려 주셨으니 하느님께 감사하고, 가족이 다 타죽었으면 나를 살려 주신 하느님께 감사하고, 내가 타서 죽게 되면 하느님이 나를 당신의 나라로 데려가시니 더욱 감사한다는 식으로 믿으셨나이다. 그 믿음 위에는 불법은 몰랐더라도 '나'를 깨닫는 그 꽃을 곧 피게 할 수도 있었을 터인데, 사선死線을 넘으실 때에도 찬미가를 부르며 기쁘게 천당으로 가셨으니, 하느님께 법문을 들으시고 해탈경解脫境에 이르셨기를 바랄 뿐이외다. 당신이, 해탈경은 불변의 평화경으로서 천당과 지옥이 하나인 평등세계라 하신 말씀을 상기하였기 때문이외다. 5대 독자로, 돌아가신 아버지를 생각할 때 친오라비는커녕 7, 8촌 오라비도 없는 내가 아버지를 위하여 불전佛殿에 제사 한 번 못 지내드려서 죄송한 느낌이 없을 수 없나이다. 사람의 육체는 없어지더라도 식혼識魂[12]은 영구불멸하여 인연을 따라 어디서 무슨 몸이든지 다시 만들어 가지고 생을 위하여 끊임없이 먹을 것을 구하게 된다는 것이외다. 더구나 법문을 들려 주면 육체를 벗어난 '식識'은 좀 밝아서 말귀를 낫게 알아듣기 때문에 누구나 죽은

12 생전의 잘못된 언행으로 인하여 이루어진 사후의 업보.

청춘을 불사르고

후에 49재齋이라든 제사를 불전에서 지내주어야 하는 것이 아니오리까?

말씀이 딴길로 벌어지나이다.

어쨌든 그때 나는 아주 무종교 상태에 빠지게 되어 심지어 천당지옥설까지 부인하게 되었나이다. 사상적으로도 사업적으로도 방향을 정하지 못한 내가 그래도 현해탄을 건너 일본으로 드나들며 학생의 몸으로 사회인으로까지 행세하게 되었나이다.

그리고 스스로 큰 문재文才나 있는 듯이 대문호가 된다고, 어떤 길로 어떻게 닦아 나갈지도 모르면서 문예 작품이라면 덮어놓고 탐독을 하던 중에, 묘한 술어를 따라가 재미있는 문구를 만들어 수필이니 감상문이니 단편소설이니 서정시니 시조니 하는 형식으로 신문이나 잡지에 기고도 하게 되었나이다.

최초의 여성지인 〈신여자新女子〉라는 잡지의 주필까지 맡게 되었나이다.

여자 교육을 잃어버린 한국사회에, 더구나 문단에 여자의 존재가 있을 까닭이 없지 않습니까?

내가 무슨 문단에 큰 존재로 나타난 것은 아니지만 여자인 나의 글이 처음으로 신문과 잡지에 발표되니 전 사회에서는 무조건적으로 반가워하게 되었나이다.

더구나 염치 좋게 연단에까지 올려보내는 대로 올라가 요령 없는 말이나마 지껄이게도 되니 일약 선생님, 선생님 하는 소리까지 듣게 되었나이다.

그때에는 남자 중에도 엉터리 선생님이 수없이 사회에 출입을 하던 것이외다.

그러나 여전히 드나 나나 외로움에 싸인 나는 한 남자의 나머지 없는 사랑 그 '하나'로 부모형제 친척의 정을 대신하려 하였나이다.

나머지 없는 한 남자의 정을 얻기 위하여는 행불행의 생활환경도, 남의 이목이나 도덕의 구애까지도 돌아보지 않을 결심이었나이다.

애정적 동물인 인간은 사랑으로 나서 사랑으로 사는 것이니 사랑 없이 내적 생활에 무슨 만족이 있을 것이며, 내적 생활에 만족을 얻지 못한 인간이 무슨 에너지가 있어 사회적 봉사를 하겠느냐는 것이었나이다.

이렇듯이 사랑에 목마른 어리석은 나를 일시 향락적 위안거리로 사랑을 빙자하여 자기들 손에 넣어보려는 남자인들 없겠나이까?

더구나 개성적이요, 한 걸음 나아가 천단擅斷[13]에 가까운 성격을 가진 내가 하고만 싶으면 무슨 생활이라도 할 수 있었나이다.

아버지 생존 전후에 나는 하느님이 항상 우리를 보호하시고 살피시며 나의 일동일정一動一靜을 다 알고 계시거니, 아버지의

13 제 의견대로 함부로 처단함.

말씀은 하느님의 말씀 대신이거니 믿고 일시도 마음 놓지 못하고 있었던 것이외다. 언제나 강압적 관념에 눌려 지내었나이다. 그리고 아버지가 남의 과실나무 밑에 떨어진 것도 남의 것이니 집어서는 안 된다 하셔서 굴러다니는 과실 한 개도 남의 것은 집어보지 않았나이다. 남더러 '계집애'라고 하는 것도 욕설이니 하지 말라는 아버지의 말씀 때문에, 정말 욕이 나와서 못 견디게 될 때는 "…너 아무개 딸이지…" 하고 미운 동무의 아버지 이름을 불러 욕을 보일 뿐이었나이다. 또한 그때는 계집애로서 어떤 남자에게 손목 한 번이라도 잡혀 봤거나 하느님 앞에서 맹서한 남편이라면 악인이거나 병신이거나 떠날 수 없는 줄 알았던 순진한 내가 신정조관이니 무엇이니 하는 말까지 하게 되었으니 얼마나 험악하게 발전된 것이오리까!

어렸을 때 장래 그렇게 될 눈치가 보였던지, 또는 신학문을 공부하는 청년 남녀들의 하는 양을 보시고 하는 말씀이었던지 아버지는 면동面洞의 소문거리인 서울 유학생 딸인 내게 편지할 때마다 '하느님 은혜 중에 몸 성히 공부 잘하느냐. 아무쪼록 곁길外道로 가지 않게 항상 하느님께 기도하여라' 하시었나이다.

우리 부모에게는 하느님 외에는 나의 존재가 컸을 것이외다.

그들의 딸인 나도 하느님 외에는 오직 부모님이 계신 것을 알았을 뿐이었나이다. 아버지가 교직원 회의가 있어 진남포 교회 대표로 서울에 올라오셔서 계신 동안 사나흘 만에 한 번씩 기숙사로 나를 찾아오셨는데, 나는 겨를만 나면 2층 유리창에 붙어 앉아서 종일 나를 보러 오시는 아버지가 보이나 바라보다가, 저녁때가 되면 길인가 사람인가 아득아득하다가 내 그림자마저 거두어가는 저녁 빛을 야속해하면서 하는 수 없이 방으로 내려왔나이다.

나중에 아버지가 오셨을 때 기다리느라고 애타던 말씀을 여쭈면, "너 찾아보는 절차가 어찌나 어려운지 어전御前에 나오기만이나 하니 매일 보고 싶어도 못 오는 것이다. 방학이 얼마 안 남았지! 그때는 좀 오래 애비 곁에 있게 될 테니 너무 애태우지 말라" 하시었나이다. 그때는 기숙생이 부모와 만나도 그 자리에 입회인까지 있었던 것이외다.

우리는 부녀간의 애정이 남달라서 이야깃거리도 많지만, 무슨 이야기를 적을지 몰라 차라리 그만두겠나이다. 그렇게 애절하게 사모하던 아버지를 여의고도… 하는 생각을 하면 눈물이 또 새로 빚어지는 때문이외다.

그렇다면 나는 과거 생에 눈물의 생활을 이미 많이 만들어놓았던 것이외다.

더구나 무르녹는 기쁨은 자지러지는 슬픔을 가져온다고 말씀하신 것이 이때에 기억되는바, 모든 슬픔을 녹일 수 있는 정진에 힘을 써야 할 텐데 하는 생각이 새로워지나이다.

그런데 그때 단순하고 진실하신 아버지는 천당 대 지옥으로 천당도 물질계라는 것을 모르고 하느님이 계신 천당에만 가면 일체 모든 문제는 나머지 없이 해결되는 줄로만 알고, 내가 진실한 예수교 신자가 되기만을 하느님께 언제나 빌고 계시고, 어머니는 내 딸 하나가 남의 열 아들 부럽지 않게 세상에 뛰어나서 큰 사람 되게 해줍시사 하고 하느님께 빌었던 것이외다.

그때 나의 환경이야 얼마나 좋았나이까. 그리고 우리의 최고 이상인 '나'를 완성하는 데 믿음의 기초 없이 어디에 건설을 할 것이오리까!

내가 아버지의 교훈대로 예수교의 독실한 신자로 그대로 있어 자성自性의 더러움이 없이 불교에 향상하였더라면 당신의 설법을 듣고 곧 견성見性하였을지도 모를 것이외다.

그런데 입만 열면… 상상만 하면… 물질화하는 일체 법중法中에 드는 교리… 단계야 없지 않겠지만 어떤 오묘한 교리라도 말로나 글로 발표만 되면 상대성 원리에 걸려 모순을 일으키지 않을 수 없고, 질문거리 안 될 것은 하나도 없는 것인데…. 성경 말씀을 의심하여 믿음이 물러가고 위대하신 어머니 아버지의 원력願力을 저버리고 말았으니 나의 그 좋은 환경을 나 스스로 무너뜨리고 험한 길을 자취自取하려던 것이외다.

마침 이때 다행하게도 당신을 만나 정신적으로 물질적으로 지도를 받게 되었나이다.

그러나 당신이 아무리 가르쳐도 언제나 당신을 만나서 당신을 사랑하는 애욕만을 즐겼다면 나는 영영 제도濟度[14]되지 못하는 인간이 될 뻔하였나이다.

그런데 당신이 내 방으로 찾아오시게 된 지 한 달이 다 되었을까 한 때였나이다.

봄비가 부슬부슬 오는 오후 네 시쯤이었습니다. 폭풍우 중에도 약속 시간을 아니 어기시는 분이니 비가 좀 오는 것쯤은 상관없으므로 당신이 오실 시간이 아직 넘지도 않았건만 나는 어느새 기다리기에 지쳤던지 아랫목에 털썩 주저앉아서, 슬그머니 열리면 반가운 당신이 들어오시고 살짝 닫히면 당신이 섭섭하게 나가시게 되는 내 방의 하나밖에 없는 북향 미닫이를 물끄러미 바라보면서 "네가 나를 위하여 반가운 이가 들어오게 열어 주고 섭섭하게 나가도록 닫혀 주는 그 두 가지 책임을 한꺼번에 사면謝免하여버릴 날도 있을 것이냐?" 하는 생각에 깜짝 놀란 나는 속으로 스스로를 꾸짖고 미닫이의 입에서 무서운 대답이 나오면 어쩌나 하고 잠자코 섰는 미닫이를 조심스럽게 쳐다보던 중, 발자국 소리도 못 들었는데 과연 미닫이가 스르르 열리며 빛나는 당신의 얼굴이 나타나서야 비로소 나는 현실로 돌아오게 되었나이다.

즐거움과 만족의 세계를 맞이하기 위하여 당토 않은 불행한

---

14 일체 중생을 부처의 도로써 고해(苦海)에서 건져 깨달음을 얻게 하는 것.

예감을 하는 사위스런 나의 망상을 너그러이 용서할 수밖에 없었나이다.

가득한 만족감으로 인하여, 만족을 느끼는 그 느낌까지 느껴지지 않던 신성한 그때 그 장면을 애써 그려서 이지러뜨리지는 않으려 하나이다.

다만 그날밤은 시간 여유가 있어 오래 계셨다 가신 그 기쁜 기억이 남아 있을 뿐이외다.

당신은 외국에서 오래 고학하느라고 노동도 많이 하셨다지만 매끈하고 하얀 손을 내 무릎 위에 얹으며 "우리의 인연은 언제부터 어떻게 맺어 내려왔길래 오늘 이렇게 친해졌을까? 산모퉁이를 지나면서 옷자락 한번 슬쩍 스치는 인연도 5백 생生이나 맺어와야 한다는데, 숙명을 통해서 지난 일 오는 일 다 알 수 있다면 그것도 재미가 없지는 않을 거야" 하시며 무릎에 놓였던 손으로 나의 몸을 끌어 당신에게 기대게 하시고 "내가 오늘은 당신에게 불법佛法에 대한 말씀을 좀 자세히 하려고 벼르고 왔는데 보배로운 말씀을 정신차려 들어야 할 거요"라고 정색하여 말씀을 하시는데 나는 묵묵히 고개를 숙이며 마음을 가다듬을 뿐이었나이다.

석가모니 부처님이 설산雪山에서 공부를 마치시고 고향으로 돌아가셔서 당신이 깨치신 최상의 도리를 말씀하시니 청중이 모두 눈멀고 귀머거리같이 되어 있는지라, 할 수 없이 초단계인 인천교人天敎[15] 소승교小乘敎[16] 오교悟敎[17] 돈교頓敎[18] 원교圓敎[19] 등 5종파로 분류해서 단계적으로 45년 동안 설법을 하셨다고 하였나이다. 나중에는 말씀하신 것을 다 부인하시고 뭉뚱그려 한 말로써 결말을 지으면 우주의 정체인 동시에 나의 본면목인 참 나를 알아 얻어서 가아假我[20]를 육도六道[21] 즉 천당, 인간人間, 수라修羅, 아귀餓鬼, 축생畜生, 지옥地獄에서 헤매는 고苦를 벗어나 깨달음을 얻는 것뿐이라 하셨다고 하였나이다.

다시 말하면 천당의 반대쪽에는 지옥이 있고 극락極樂은 극고極苦의 세계가 앞에 있으니, 천당에 가고 극락세계에 간다 해도 장래 생활은 더 무섭고 위험한 것이라 하셨나이다. 그 낙은 일면적인 것으로 천당과 지옥을 하나로 화和해야 영구적 평화를 얻는다고 하셨나이다.

어쨌든, 생각하고 말할 수 있는 것은 아직 물질적 영역을 넘지

---

15 사람으로 태어나 계를 지키고 선을 행하여 하늘에 태어나게 하는 가르침.

16 자기 자신의 깨달음을 목적으로 수행케 하는 가르침.

17 올바른 깨달음을 얻기 위한 가르침.

18 단박에 부처의 경지에 오르는 가르침. 선(禪)을 말함.

19 화엄경을 중심으로 한 궁극의 가르침.

20 현재의 육체나 정신은 참된 자기의 모습이 아닌, 일시적 존재.

21 중생이 윤회하는 여섯 가지 장소.

못하였으므로 상대적 테두리 안에서 되돌아드는 믿을 것이 못 되는 것이므로, 사람마다 좋은 것 좋은 것 하고 좋은 것을 바라는 것은 좋은 것이 내 손에 들어올 때 언짢은 것이 붙어 오게 되는 이치를 모르기 때문이라 하였습니다. 그러면서 무엇이 선악을 분별하는가 하는 의심, 곧 천당과 지옥은 하나라는 생각으로 앞뒤에 다른 생각은 뚝 끊어져 한 조각을 이루어야 한다고 하셨나이다. 한 조각은 상대성 원리에서 벗어난 무無로 거기서 자아 발견이 되어야 하며, 만 가지 법은 생각이 만들어 낸 것인데 어느 생각이든지 하나를 붙잡고 그 정체가 무엇인지 의심하여, 그 의심을 풀면 자아 발견이 되는 것이라고 말씀하셨나이다.

여기서 당신이 몸을 고치고 앉아 마음을 기울여 열심히 듣고 있는 나를 들여다보시고 "자아, 말해 봐요. 내 말에 의심이 나는가, 아니 나는가" 하실 때 나는 공연히 얼굴이 뜨끈하였나이다. 의심이 날 듯한데도 아직 나지 않기 때문이었나이다.

다시 독촉을 하시기에 "당신의 말씀을 듣고 있는 이놈이 무엇인고, 하는 생각이 나요" 하니, 당신은 참으로 오래간만에 "하하!" 하고 통쾌한 웃음을 웃으시며 만족한 표정으로 나를 바라보셨나이다.

내가 속히 말귀를 알아듣는구나 하는 기쁨이었을 것이외다.

그러나 그 말은 얼결에 나왔던 것이외다. 그저 우선 '이 듣고 있는 것은?' 하는 좀 그럴듯한 생각이 들었을 뿐이었나이다. 그러나 당신은 내가 분명히 의심이 나서 하는 말인 줄 알고, 그래 그래, 그래도 좋아, 말소리를 소소昭昭하게 듣고 있는 이놈의 정체가 무엇인지 알면, 곧 그것이 앉고 서고 보고 듣고 하는 일체 행동의 주체라 하셨나이다. 또한 그것은 하나라고요. 그런데 의심은 물이 끊임없이 흘러가듯이 자나깨나 끊임이 없어야 하며, 간절심이 있어야 하는 것이요, 의심이 간절하여 단일화되면 3일도 멀고 7일도 먼 것이요, 생각 하나 여지없이 전환되면 되는 것이라 하셨나이다.

그래서 예전에는 말 한마디로 생사 돈오頓悟, 곧 만능적 자아를 알아 얻어 생사에 자재自在한 분들도 많았다고 하시었나이다.

그러나 이 일이 어렵다면 극히 어려운 일이므로, 부처님의 제자 아난은 부처님이 45년 동안 설법하신 말씀을 토 하나 그르침 없이 명확하게 다 외우고, 5가지 신통을 겸전兼全한 분이지만, 아직 '나'에 통달되지는 못하였기 때문에 부처님의 도의 상속자가 못 되었다 합니다. 그것이 분하여 상속제자 가섭에게 가서 "형님은 금란가사金襴袈裟와 벽옥 바리때 외에 별도의 전법을 받았다 하니 그것이 무엇이오?" 하고 질문하였다 합니다. 이에 가섭이 "아난아!" 하고 부르자 아난이 "네?" 하고 그저 기계적으로 대답을 하니, 다시 "도각문전倒却門前 찰간책刹竿栅하라."[22]고 하여도 아난이 망지소조罔知所措[23]함을 보고 가섭이 "부처님의 금구설金口說[24]을 너와 내가 편집하여 영겁에 전할 것인데 네가 그리 어두우니 어찌하느냐"는 모진 꾸지람을 듣고, 아난은 '나'를 알지 못하면 죽어버리려고 비아리성 절벽 위에 두 발을 치켜 디디고 서서 밤낮 사흘 동안을 움직이지 않고 정밀하게 정진하여 비로소 '나'를 알아 얻었다고 말씀하셨나이다.

나는 그때 의심은 확실히 나지 않았지만, 내가 평생 보고 듣지 못하던 가장 뛰어난 법으로 인간이 무엇인지 알고 내가 누군지 알기 위하여는 한량없는 목숨을 바쳐도 아깝지 않을 것을 느끼기는 하였나이다.

가실 때 구두끈을 매시면서도 "똑딱똑딱 시계추의 소리는 무상살귀無常殺鬼가 우리 목숨을 빼앗으러 오는 발자국 소리니 이 몸, 곧 사람의 몸을 받은 이때에 시급히 일을 마쳐야 하는 것이오, 영구적인 생은 금생의 연장이니 금생에 확고한 정신을 가지는 것이 죽음에 대한 대비인데, 죽음에 대비가 없으면 멀고 먼 전정前程이 어찌 될 것이오" 하는 말씀을 남기고는 뒤도 안 돌아

---

22 '문 앞의 찰간을 거꾸로 세워라'라는 뜻으로 화두의 하나. 찰간이란, 큰 절 앞에 세우는 깃대.

23 당황하여 허둥댐.

24 부처님의 입을 금구(金口)라 하고, 그 입으로 말한 교설을 금구설(金口說)이라 함.

보고 총총히 가버리셨나이다.

당신이 돌아가시는 것을 바라보면서도 나는 아까 당신의 말씀을 듣는 이놈이 무엇인가, 하고 내 입에서 분명히 나오기는 했지만 거짓말을 했나 참말을 했나 생각하느라고 당신 가시는 것도 서운한지 만지 하였나이다.

만나기 전에는 만나서 즐겁게 지낼 장면을 미리 그려보느라고, 만난 뒤에는 만났던 그때 당신이 내게 하시던 행동, 말씀, 표정을 하나하나씩 남김없이 다시 우려 맛보느라고 나의 시간 전부가 사라지던 그때이언만, 그날 저녁 자리에 누워서는 당신이 의심해 보라시던 그 말씀을 되풀이하여 옮겨보고 또 생각하여 보았나이다.

'보고, 듣고, 자고, 생각하는 이 모든 것이 만법에 드는 것이고, 생사고락이나 동動과 정靜이 통틀어 만법이므로, 만법을 하나하나 듣기로 한다면 한이 없을 것이다. 그런데 만법이 하나로 돌아간다니, 하나는 무엇인고?' 하고 제법 의심이 시작되었으나 곧 사라져버리기 때문에 밤늦게까지 하나가 무엇인고? 하는 화두話頭를 외우며 그 생각만 하였나이다. 이튿날, 그 이튿날도 계속해서 한 서너 달 동안은 의심이 끊어진 시간이 많았어도 제법 의심을 해왔지만, 점점 정에만 기울어지는 데 따라 동시에 두 생각을 할 수 없는 것이 정칙이니만큼 의심하려 애쓰던 생각보다 저절로 기울어지는 정적 생활에 대한 마음이 한 덩어리가 되어버렸나이다.

그러나 의심이 잠깐 보류상태이외다.

다만 걱정되는 것은 불법에 귀의한 정신이 희박해지면 예수교에서 퇴전退轉하듯 그렇게 되지나 않을까 함이외다.

그러나 생이 어차피 포기되지 않는 것일 바에는, 이 공부를 성취하지 못하면 영원한 고를 면할 도리는 없다고 하시던 당신의 말씀을 잊어버릴 수 없는 일이외다. 더구나 당신의 말씀이나 믿음보다 현실이 증명하는 일이기 때문이외다. 나의 절박한 이 고苦를 면하기 위하여서라도 의심을 지어 가기는 해야 할 터인데, 하려는 생각은 안 나고 지금 어디서 누구와 무엇을 하는지 알지 못하면서도, 밤의 꿈에나 낮의 생각에 당신이 언젠가 나에게 정답게 하시던 이 모습 저 모양만 어른거릴 뿐이니 스스로도 걱정이 안 되는 것은 아니외다.

그러나 정의 무게는 점점 보다 더 강하여지니 어찌하오리까! 변하게 하는 세월을 변절시키는 것이 정인가 하나이다.

어쨌든 온 세상이 모두 당신의 화현化現인 듯, 고요한 것은 당신의 정적 태도요, 움직이는 모든 것은 당신의 동적 모습인 듯 오시지 않은 곳에서 당신의 발자국 소리가 들려 가슴이 설레고 계시지 않은 곳에서 당신을 발견하게 되어 반가움에 가슴이 뛰다가 다시 보면 딴 사람이라 실수한 눈이 도리어 야속한 눈물에 잠기게 되는 것이외다. 당신의 이름 중, 한 자만 눈에 띄어도 내

가슴에 작고 큰 파동이 일어나는 것이외다.

그렇다면 나는 당신을 여의려야 여일 수 없지 아니 하오니까. 그런데 특별히 당신의 몸을 꼭 만나야 할 절박한 이 감정이리까? 그것은 당신이 말씀하신 대로 남이 곧 나인 줄을 모르기 때문에 자타의 경계선에서 일어나는 인간적 비극에 지나지 않는 것이외다.

그러나 달을 가리키는 손가락만 보는 격이라 할까, 당신이 가르치신 자타가 하나화하는 정진은 아니 되고, 정진하라 하신 당신의 정만 못 잊는 우미愚迷한 나를 꾸짖으려고라도 한번 찾아 주셔이다.

당신에게도 책임이 없지 않은 것은, 달만 가리켜 주시지 않고 내 눈에 황홀한, 더 빛나는 사랑의 철리哲理는 왜 몸소 보여 주셨나이까. 왜 말과 눈이 반대적인 행동을 하였나이까? 사실 나는 의심해야겠다는 이런 생각까지가 겉탈이외다. 겉탈 교육을 받은 탓이외다. 의심[疑心=精進]해야겠다는 생각은 마치 바윗돌 위로 스쳐 지나는 바람결 같은, 날아가는 생각이외다.

어쨌든 오늘의 눈물이 새로운 것도 또한 이유가 없지 아니 하오이다.

작년 오늘인 듯하오이다. 처음으로 단둘이만 만났던 그날이….

만나기 전에는 서로 눈치만 보고 말은 없었지만, 단둘이만 좀 만났으면 하는 마음을 같이 가지고 있는 것은 서로 알려져 있었나이다.

차라리 그때 만나고 싶은 그 마음을 살라버리기나 했으면 마치 중상을 입은 듯 상처가 제 돌이 되면 다시 쑤시고 아픈 이러한 슬픔의 돌은 아니 당할 것이 아니오리까. 희촉喜觸은 통감痛感의 대對로 하나이기 때문이외다. 그러나 이런 말은, 안타까운 추억의 정마저 사라져버린 허망한 그날이 올까 무서워하는 소리일 뿐이외다. 즉 두텁고 단단한 애착의 감정 밑에 눌려 고개도 못 드는, 내 이지理智가 들리지도 않는 목소리로 겨우 악쓰는, 미약하기 짝이 없는 부르짖음이외다.

나는 지금도 당신을 만나던 그 기념일이 어제던가, 오늘이던가? 똑똑치 않은 그것조차 유감이외다.

이렇게 이별이 될 줄 알았더라면 그 날짜인들 시간인들 잊어버릴 리가 있사오리까. 그때는 '어느 땐들 떠날 날이 왜 있으랴, 이보다 더 좋은 날이, 보다 더 반가운 시간이 무궁하게 계속되려니…' 하고 무심하였나이다.

더구나 그렇듯 흐뭇하던 상봉相逢이 이렇듯 안타까운 이별고를 낳을 줄이야 꿈이나 꾸었사오리까. 그래도 지금 나는 즐겁던 지난 생을 더듬는 것이 나의 생명이외다. 왜 나를 한 번이라도 미워하는 말씀이나 표정이 없으셨던지, 애써 그 미워하는 트집을 잡았더라도 이처럼 괴로움만인 생명의 소유자로 견디어 가지는 않을 것이 아니오니까.

당신이 ××전문학교 교장을 사절하고 불교일보사 사장으로 취임하신 지 며칠 안 되었을 때 나는 동대문 밖에 있던 그 신문사로 당신을 찾아갔었나이다. 마침 당신은 2층 사장실에 혼자 계셨는데, 당신의 의자 뒤 벽에는 석가여래의 유성踰城출가[25]상이 걸려 있고, 그 아래 유리창으로는 연두색의 수양버드나무 가지가 봄바람에 흐느적거리는 것이 내다보였나이다.

나는 당신이 손으로 가리키는 옆 의자에 앉아서 소산지所産地인 전라도 구례 화엄사에서 직접 선물로 온 작설차鵲舌茶, 김이 모락모락 나는 향기로운 차를 마시며 "참 고급차라고 할 만한데요. 그런데 전라도 사람들은 아닌게아니라 표리가 아주 다르기는 하더군요. 나도 몇 사람 겪어 보았지만…. 사람들은 그래도 물건은 이렇게 좋은 게 많이 나오나 봐요. 화문석花紋席이니, 발이니, 소반, 부채, 종이 등 무엇무엇이…."

당신은 빙그레 웃으시며 "나도 태생은 전라도인데요. 나를 단단히 계엄戒嚴하셔야겠군요"라고 하였나이다.

말씀의 악센트도 전라도인 줄 모르게 된 당신이 전라도 태생이라니 의외였나이다.

---

25 부처님의 여덟 가지 행적 중(八相)의 하나로 성을 넘어 수행의 길로 출가함을 가리킴.

"네에, 그러셔요?"

붉어진 나의 얼굴을 유심히 바라보던 당신은 "선생의 고향은?" 하고 나지막이 물었나이다.

"선생의 고향은?" 하고 묻는 당신의 그 부드럽다고도 정답다고 표현할 수 없는 은근한 목소리는 신운神韻으로 스며나오는 신비성! 언제라도 내 가슴 안 영靈에 울리는 시처럼 아롱지며 미묘한 음악 이상으로 파동을 일으켰나이다.

그때 나는 가슴 안 살림살이의 동요로 할 말을 할 수도 없었지만, 당신을 찾아오는 사람들 때문에 곧 당신의 곁을 떠나지 않을 수 없었나이다.

그후 당신이 나 있는 데로 오셔서 전날 당신이 내 고향을 물을 때 내가 "평안도야요" 하고 너무 간단하게 대답하던 것이 대단히 미흡하더라고 말씀하셨나이다.

그때 나는 당신의 고향이 전라도인 줄도 모르고 전라도 사람의 험담을 한 그 무안을 끄고도 남게 나를 황홀경에 빠지게 한 당신의 그 목소리로 인해 무슨 대답을 어찌 했는지 몰랐나이다. 이어서 당신은 "장생張生은 묻지도 않는데 홍랑紅娘에게 자기 주소 성명을 일일이 일러 주었는데…" 하시었나이다.

그 말씀을 들을 때 당신께 새로 정다움을 느끼기보다도 내게 대한 사랑을 명백히 고백하시는 데 나는 얼마나 만족을 느끼었는지 몰랐나이다.

당신이 "선생의 고향은?" 하고 물을 때, 그 눈의 매력적인 표정과 목소리에 내가 그렇게도 깊이 정을 느낀 것이 짝사랑의 발로는 아니었구나! 하고 혼자 생각할 때 내가 겪어온 모든 인간고의 대가가 될 만큼, 아름다움과 기쁨을 주던 그것을 그 무엇이라 이름지을까, 아무 이름에도 맞는 대칭 대명사인 '극히 아름다운 그것'이라 해둘 수밖에 없나이다.

그러나 나의 미래 생에 눈물의 자취까지 사라져 버릴 듯이 즐겁던 그것이 후일에 한량없는 눈물의 샘이 될 줄 누가 알았사오리까. 그때는 신문사 층층대를 내려오면서 기꺼운지 서러운지 모를 이상한 감동에 못 견디어 두 손을 깍지 껴서 가슴을 비비며 이것이 사랑이로구나, 사랑이로구나 하고 속으로 부르짖었던 것이외다.

그래도 나는 당신과 지내던 전날을 이을 후일을 바라고 우선 목숨을 지탱해가는 것이외다. 아무튼 우선은 옛날에 당신과 정답게 지내던 그 일들을 우려먹는 맛이 있기 때문에 살아가는 것이외다. 달든지 쓰든지 그 맛조차 없어서야 어찌 견디오리까. 어쨌든 푸념 좀 부려 보려나이다. '행여 그날의 되풀이인 이 편지의 연줄로 당신도 회감回感[26]이 있어지이다' 하고 빌면서….

그후 어느 날인지 당신의 부탁으로 원고를 써 가지고 사에 갔

---

26 회상하는 마음.

더니 마침 각 지방으로 급히 발송해야 할 편지들이라고 전 사원과 아이까지 수북수북 앞에 쌓아 놓고 봉함封函을 침으로 붙이고 있었나이다. 그래서 나도 같이 붙인다고 하니 사원들은 반가워들 하는데 당신은 침을 많이 소모하면 기운이 감한다고⋯ 그러니 약한 여자를 어찌 시키느냐고 하며 미소의 강풍強風을 흘려 보냈나이다. 그런 당신의 눈치를 보고 슬그머니 물러나오게 된 나는 당신이 내게 대해 주는 일동일정에는 그저 감동심만 생겨 감사의 눈물을 머금게 되었나이다.

아! 침 한 방울을 아껴주던 당신이 이제는 동이로 흘리는 내 눈물을 불고不顧[27]하게 되는 하염없는 이 인생의 일이외다그려!

당신과 길에 동행하게 되면 무거운 물건이야 물론 들리지 않지만 내 덧저고리 하나도 손에 들게 하지 않았나이다. 한 자 넓이 개천이나 한 길 언덕에도 혼자 건너고 오르게 하지 않았나이다.

선하심先何心 후하심後何心으로 이제 당신은 약한 내 몸과 영靈이 지탱해갈 수 없을 만큼 벅찬 슬픔을 오히려 내 어깨에 짊어지우시는 것이옵니까? 이런 일을 당할 날이 있으리라고 누가 꿈이나 꾸었으리까? 더구나 무궁한 인생행로의 높은 산, 깊은 물을 어찌 홀로 건너고 오르라는 것이오리까?

---

27 돌보지 않음. 돌아보지 않음.

슬픔도 괴로움도 다 녹여주던 당신의 웃으시던 모습, 변동 많은 험난한 세상에서 오직 한 분 의지처인 당신의 색신色身은 지금 내 눈앞에 한결같이 서 계시외다. 당신은 분명히 변한 사람은 아닐 것 같은데, 일 처리가 어찌 되어 이러한지 알 길이 없나이다.

상대자가 어떠한 불행을 당하든지 당신에게는 인연이 다하였다는 변명 한마디면 아무 책임 없이 그만 다 청산되어버리는 것이오리까?

상대적으로 이루어진 이 세상사를 당신 혼자 임의로 처리할 권리를 누가 드린 것이오리까?

어쨌든 추억을 누려 생명을 이어가는 나의 오늘에는 나를 간섭할 자유, 당신에게도 가져질 수 없는 내 감정적 절대 자유가 있는 것이외다. 그러므로 나는 내 마음대로 지난날을 거두어 내 날을 만들어 울며 느끼는 푸념을 하는 것이외다.

나는 사랑의 씨를 심을 때 사랑의 꽃을 살라버릴 불씨도 함께 마련되는 것이 원리라는 것을 알 길이 없는 어리석은 여인이었나이다. 더구나 사랑의 화려한 꽃 위에 열매까지 갖추어질 우리의 꿈을 꾸었던 것이외다. 꿈임을 모르지는 않건마는 그래도 당신이 황무지인 나의 가슴에 아름다운 꽃동산을 지어 주었기 때문에 그 추억으로 실망의 풀밭 위에 벅찬 감동의 신작로를 지어 그 길을 소요逍遙하게 하신 당신의 은혜에 오히려 감사를 드리게 되나이다.

그 어느 일요일, 동무들이 와서 밤을 줍는 습률拾栗 대회에 가자고 조르는 것을 거기도 아니 가고 행여나 당신이 오실까 종일 기다리다 저녁때가 되어 골목까지 나가 서 있었습니다. 당신은 마침, 앉는 바탕은 미루나무로 하고 다리는 나무 판때기를 댄, 조그마한 접은 의자 하나를 만들어 가지고 와서 "당신이 맨땅에 앉기 싫어하기에 하나 만들어 봤는데 거칠게 돼서…. 그러나 실용적이면 고만이니까" 하셨나이다.

내가 앉아 보면서 "내 몸은 무겁고 의자 다리는 약해서 부러질까 무섭네"라고 하니까, 당신은 팔을 치키는 체하면서 "당신의 편의를 위해서는 베어 내고 깎아 내도 아깝지 않을 내 이 팔다리가 있지 않우. 안심하고 앉아요, 받쳐 주고 괴어 줄 테니"라고 하셨나이다.

당신은 장난 겸 우스개로 한 말씀이었겠는데 나는 말씀 그대로의 감격으로 말 한모금 나오지 않았나이다. 그 말소리는 가늘지만 힘있게 들은 내 귀가 꼭 믿게끔 전달해주기 때문이외다.

바람이 좀 쌀쌀하게 불지만 볕이 따뜻하니 한강에 나가 배나 한번 타 보자고, 그후 어느 월요일인지 당신은 오셔서 말씀하셨나이다. 일부러 조용한 때에 가려고 월요일에 찾아왔다고 하시면서.

배를 타고 흘러흘러 가는 데는 육상에서 느끼는 굳은 사랑보다 강하江下의 깊은 정이 보다 더 정감이 느껴졌나이다. 뚝섬 아래서 배는 돌려보내고 뚝섬으로 올라가 아늑한 자리에서 그 의자에 앉으라고 서로 떠밀 듯하면서 미루다가 내가 쓰러졌는데, 손바닥 모래 박힌 자리에 피가 좀 날 듯하자 당신은 비비고 나서 호호 불어 주면서 "명의名醫인 내 치료면 즉치卽治되니까" 하시며 기어이 그 교의 의자에 나를 앉히셨나이다. 그때의 그 손, 그 숨의 따뜻한 맛을 느끼던 그 감각까지도 아직 생생하오이다.

10여일 전에는 미친 마음으로 그 의자를 가지고 둘이 가서 놀던 기념터, 뚝섬 그 자리에 혼자 뛰어가 보았나이다. 상기想起엔 구현俱現이건만 현실은 너무도 허망하였나이다. 남았을까 바랐던 당신의 내음은 나무 잎사귀 하나에서도 찾아볼 수 없고, 다만 그때 비추던 따뜻한 햇볕만이 지난날의 감상을 돋구어 줄 뿐, 앉았던 자리조차 어느새 허물어졌나이다. 만감의 무게에 쓰러질 듯한 몸으로 비탈길에 홀로 시름없이 섰노라니, 그때 나뭇가지에 앉아 우리가 누리던 낙원을 향하여 찬송가를 불러주던 산새들까지 날개 끝에 찬바람만 휙휙 풍기며 모른 척하고 날아가 버리더이다.

공중에 나는 새까지 냉대하는 세상이니 나도 같이 냉랭해져야 할 텐데 내 가슴에는 그래도 온기가 남아서 눈시울까지 뜨뜻하게 해주더이다.

그 외에도 우리가 지내던 일에 추억이 깊을 일이야 한두 가지

뿐이며, 못 잊을 정담인들 몇백 마디로 나누었사오리까? 어쨌든 당신은 한때나마 내게 지극한 즐거움을 주었던 것은 사실이외다.

그러나 그 모든 것은 이미 사라진 꿈이외다그려. 꿈이라면 차라리 나쁜 꿈이나 주었으면 어떠리까? 너무도 아름다운 꿈이었기 때문에 차마 못 잊는 것이 아니오리까.

사라지는 것이 꿈이라면 잊어지기나 했으면 어떠리까? 잊어지기는커녕 꿈마다 되살아나서 마디마디 나를 괴롭히는 중에도 "선생의 고향은?" 하고 물으시던 그 평범하고 간단한 한마디에서 울리던 목소리는 독한 매력으로 변모되어 나의 빰을 무시로 어룽지게 함을 어찌리까?

단순한 그 한 소리의 울림이 내 뼈를 뚫어 영靈에까지 이르렀기 때문에 들리던 그때는 그리 기뻤고 끊어진 지금은 이렇게 서러워진 것이외다.

당신도 그때 내게 순일純— 일관으로 대해 주었기 때문에 기쁜 날이 계속하였나이다. 그런데 그런 기쁜 날에 왜 좀, 늘 순일 일관으로 못 나가주는 것이오리까?

그러나 당신은 세상일은 상대적으로 되어 순일 일관으로만 나갈 수 없는 것이 정칙이므로 기쁨을 구하는 그 마음 때문에 구하지 않은 슬픔은 어차피 아니 올 수 없다 하셨나이다.

그러면 당신을 만나고 싶은 이 마음 때문에 당신을 못 만나게 되는 것이겠나이다. 그래도 나는 만날 생각 외에 다른 여유는 없는 것이 문제이외다.

나는 지금 감기가 대단하여 방에 들어앉았는데 끊임없이 나오는 기침이 당신을 그리어 아픈 가슴을 쾅쾅 울리나이다. 바람에 머리카락 하나만 날리어도 감기가 들까 염려해주시고, 깊은 숨만 쉬어도 근심 있어 한숨이나 쉬지 않나 하고 나의 기색을 살피시던 당신이었나이다. 그런 당신이 아니 계신 오늘에는 나의 애정의 대가로 무엇이나 다 바치겠다던 남자들의 그림자도 다 끊어졌나이다. 약간의 고료稿料 수입으로 방 하나 얻어 혼자 쓸쓸하게 지내는 나를 찾아오는 친구도 없고, 때때로 써놓지 못한 원고를 내라는 독촉으로 빚쟁이처럼 조르는 이들이나 드나들 뿐, 죽거나 살거나 돌아볼 이가 없는 오직 한 몸이외다. 다른 사람이야 있거나 없거나 무슨 상관이 있으며, 남이야 돌아보거나 말거나 외로움을 느낄 까닭이 있사오리까? 오직 당신의 정情도 당신의 몸과 함께 밀려가버릴 구름조각같이 아주 떠나버리고 말았는가 하는 안타까움뿐이외다.

나는 본래 척수隻手[28]의 몸이지만 그래도 당신을 만나기 전 외로움은 그저 단순한 외로움이었나이다. 그 외로움은 외로움을 풀어줄 어떤 대상이 곧 내 앞에 나타나려니 하고 기다리는 달콤

---

28 홀홀단신의 외로운 처지.

한 희망의 외로움이었나이다.

나의 지금 이 외로움의 정경은, 밤낮 기다리던 외아들의 반가운 모양 대신에 객사했다는 부고訃告 한 장 손에 들게 된 과부의 설움이라 할까, 이문을 남겨서 논밭 사고 장가들고 온갖 계획을 다 해보던 상인이 도망간 동업자에게 밑천까지 다 빼앗기고 빈 상점에 앉아 빚에만 꿀리게 된 그 모양이라 할까?

당신은 잠깐 주었던 그 즐거움의 대가를 너무도 크게 받은 것이 아니오리까? 그러나 잔혹한 당신보다도, 당신의 소행을 따지기커녕 못 잊는 내 허물이 더 클 것이외다. 그러면 이 괴로움은 내 허물의 대가로 내가 받아야 할 것이오리까?

아! 나는 몰라요, 몰라요. 그저 진실로 나의 영에 울림을 주던 당신의 그 목소리, 그렇게도 정답던 그 눈매를 순간이라도 접해 보고 싶을 뿐이에요. 그러나 이렇게 그리운 고를 또다시 당하지 않게만 된다면 우선의 괴로움은 얼마든지 참아갈 수가 있나이다.

따라서 당신이 내게 아무리 야속하게 했더라도 몹시 따지지는 않을 터이오니 옛날의 당신으로만 오시라는 것이외다.

밤은 좀 이슥해져서 사람의 발자국 소리도 드물게 들리고 이웃 여관집 대문도 좀 쉬고 있는 모양이외다. 멀리서 "군밤 사려우, 군밤 사려우" 부르짖는 소리만 고요한 밤 허공을 움직일 뿐이외다.

적적한 밤중에 은은하게 들려오는 그 소리에 나의 심금이 저절로 스르르 울리게 되어 당신과 지내던 추억의 한 토막이 또다시 나의 머리에 떠오르나이다.

작년 겨울 몹시 춥던 그 어느 날 저녁이었나이다. 당신이 뜨뜻한 군밤 한 봉지를 포켓에서 꺼내 놓으며 "그 밤이 으깨졌을 거요. 내가 당신의 체온으로 여겨 꽉 껴안았으니까" 하는 우스운 말씀을 처음으로 하시며 경쾌하게 내 방에 들어오신 당신은 그러지 않아도 서글프게 지내는 나를 깊이 동정하시던 차 방바닥이 너무 찬 것을 만져 보시다가 내 입는 옷까지 두텁지 못한 것을 살피고 처연한 표정으로, 외국에서 사서 입고 오신 품질 좋은 큰 재킷을 벗어서 나를 주셨나이다.

"여자는 추위에 저항력도 남자보다는 약하니까" 하시며.

내 옷이라도 벗어서 드릴 마음인데, 당신의 하나 되는 재킷을 받아 입을 때 반가운 마음이 있을 리 없으면서도 나는 사양 한 마디 없이 멋멋하게 받아 입고 아직도 벗지 못하였나이다. 당신이 오실 때면 불이라도 좀 따뜻이 때놓고 음식이라도 좀 장만할 주변도 없이, 당신이 오실 때만 되면 허다한 행인의 발자국 소리에도 다 가슴을 울리며 세상을 다 제쳐놓고 꽉 들어앉아 기다리는 것뿐이었나이다.

너무도 용통스럽던 자기 일이 스스로 우스우면서도, 오늘날 당해서까지의 내 마음을 내가 살펴보아도 '향심向心만은 나만큼 지극한 이가 없을 것이다' 하는 생각에 시조 한 수가 읊조려졌나이다.

　　못 겨눌 사랑불이
　　몸과 맘을 다 태우네
　　타고 남은 찬 재 날아
　　티끌마저 흩어지면
　　님 향한 삼매불三昧佛 더욱 밝아
　　님의 앞을 비추리

　우연히 풀려나온 시구가 현재 내 감정보다는 좀 초연한 듯, 혼자 읊조려 보는 동안에 이런저런 감정이 좀 완화된 듯, 이별한 설움에 울기만 하던 생각이 이별된 까닭을 좀 따져볼 여유도 생기게 되었나이다.

　그러나 무조건으로 믿기만 하던 당신에게 무슨 원심 있는 따짐이야 있사오리까? 다만 이 괴로운 이별의 원인이나 좀 알고 싶을 뿐이오. 행방조차 모르는 당신을 향하여 물어본들 무슨 소용이오리까?

　그저 깨어진 사기그릇을 다시 맞추어 보고 대어 보는 어리석은 여인같이, 다시 돌아오지 못할 옛 꿈길을 그래도 더듬지 않을 수 없는 이 심경의 맺힌 짓이외다. 글쎄 당신은 길이길이 서로 여의지 말기로 진실된 표정으로 힘주어 말하던 그때 그대로의 인간으로 어디서든지 태연하게 기거하고 계실 것이외다.

당신을 대하는 모든 사람들도 당신의 등뒤에 따르는 나의 애달픈 혼의 음영陰影을 알 길은 없을 것이외다.

만일 인연이 다하였다면 당신의 몸을 따라 그 음영 밑에서 울고 있는 내가 있을 리 없는 것이 아니오리까? 인연이란 일방적으로 해결되지 못하는 일이외다. 함! 인연이란 말을 또 하게 되니 전날 즐겁던 우리의 인연에 대하여 시비하던 이들에게 내가 대꾸하던 시조 한 수가 생각나외다.

그런 시조를 쓸 그때는 우리의 인연이 너무도 당연한 일 같아 쓰게 된 것이외다. 인연 자체가 저를 끊어버리는 일임을 알 리 없던 때이기에 영원을 믿어 의심치 않으면서….

청산도 백천이요 녹수 또한 수많지만
그 청산은 그 녹수에 인연 따라 비치는데
청산 녹수 마주 웃는 양 시비할 이 그 뉘냐

이렇게 쓴 종이를 당신에게 보였더니 당신은 별 흥미를 느끼지 않는 표정으로

"자연스러운 글귀로군요. 그러나 남이야 이러거나 저러거나 상관할 게 있나요. 누구나 다 자기의 가장 좋은 시간을 만들어 누리면 낙원이지요. 나는 외국에서 돌아올 임시에 그 나라 여자

동창생을 동반하여 서전국(瑞典國, 스웨덴)으로 여행을 갔었소. 둘이 결혼할 형편은 못 되고 더구나 교합의 신神이 짓궂게 혼혈아라도 하나 점지한다면 그 여자의 입장은 대단히 곤란할 것임에도 불구하고. 그런데 그만 이별이 되고는 다시 만날 길이 없었소" 하고 말씀하셨나이다.

당신은 27세에 철학박사가 되어 귀국하였는데, 우월감이 강한 외국 여자는 고학생인 당신을 사랑할 것 같지 않고, 국내에서는 어릴 때 떠났으니 아주 총각님으로 알았는데, 언젠지 "나를 좋아하는 한 여자가 있었다" 하는 당신의 말을 듣고 의외로 여겼더니…. 당신에게 첫사랑을 빼앗긴 것이 사실이나, 정말 남의 말 같았나이다.

그러면 당신은 그 외국 여자를 대하던 그런 기분으로 나를 만났던 것이오리까?

그러나 당신이 한때 기분으로 사랑의 대상을 취급하지는 아니한 것을 알았나이다. 당신은 "영국에는 어느 시대에 남긴 것인지도 모르는 유적으로, 인적이 이르지 않는 깊은 산속에 사람이 살던 집터와 화전을 일궈 먹던 자취가 더러 있는데, 그것은 사랑하는 두 사람만 들어가서 하늘의 보호 밑에 산과 수풀의 옹위 하에 산짐승을 벗으로 하여 일생을 세상 모르게 살다가 죽어버린 그런 터전이라"고 로맨틱한 그런 이야기를 들려주셨나이다.

내 눈에는 우리 둘이 이름 모르는 산새들이 푸룽푸룽 날아다니는 초가 지붕 밑에서 노루 사슴의 머리를 쓰다듬으며 재미있게 살다가 그만 아무도 모르게 사라져버리는 슬프고 향기로운 한 장면이 휘익 지나가는 것이었나이다.

그리고 당신이 "우리 만주로 가서 조농사나 지어 먹고 살며 수양생활이나 해볼까요"라고도 하시고, 어떤 때는 "산중에 토굴을 파고 정진해 가며 둘이만 살다가 양식이 떨어지면 내가 몇십 리 밖 동리에 가서 양식을 구하여 짊어지고 오면 당신은 떨어진 소반에 정성들인 음식을 차려 가지고 마중나오며 내 이마의 땀을 씻어주는, 그런 은근한 생활을 하여볼 생각은 없소?" 하고 진실한 태도로 말씀하신 적이 있지 않으셨나이까?

일이고 말씀이고 그렇듯이 참되고 순정적인 당신이었던 까닭이외다. 나는 사랑하는 사람끼리는 끈에 맨 돌멩이 모양으로 한 편이 끌면 다른 편은 끄는 대로 끌려갈 뿐인 줄만 알았기 때문에 당신이 하시던 말씀에는 그저 "네네" 하고 대답만 할 따름이었나이다.

어쨌든 당신은 이성에 대하여 더할 수 없이 친절하면서도 조심스러웠고 열정적이면서도 침착하셨나이다. 더구나 인격적으로 서로 사귀는 것을 전제로 하셨고….

그러니 내가 당신을 믿었던 것도 잘못이 아니요, 따라서 당신이 나의 순정을 짓밟을 분도 아니요, 그러면 이별은 대체 어째서 온 것이오리까? 어째서 이별이 닥쳤는지 그 까닭이나 좀 알아야 하지 않겠나이까?

아마 당신은 정적 생활보다 공적 생활에 정신을 더 기울인 데서 나를 떠나지 아니할 수 없는 어떤 일이 생겼는지도 모르나이다.

언젠가는 당신이 무슨 말끝에, 공적 생활에 몸을 바친 사람은 가정에는 도저히 충실하게 해갈 여가가 없을 것이라고 하실 때, 내가 "가장으로서의 책임을 완수한 그 자리와 공인으로 공적 사업이 성취된 그 자리와의 거리가 어떻게 되나요?"라고 하니 당신은 "한 걸음 진보적인데" 하고 빙긋이 웃으셨나이다.

더구나 당신이 평소에 하시던 모든 일이 당신의 멸사봉공의 정신을 증명하는 것이었나이다. 그리고 당신은 공적 사업을 하려거든 먼저 공인이 되어라! 하는 목표를 가지신 것이었나이다.

이 공인이란 세상이 생각하는 그런 범상한 공인이 아니라는 말씀이었나이다. 그 공인은 '나'를 완성하여 독립생활, 곧 일거수일투족을 우주적으로 할 수 있는 그런 사람을 말씀하시는 것이었나이다. 그래서 당신은 당신의 그 완인完人을 만드는 수도修道, 즉 정신에 정신을 모으는 공부 편으로 생각이 제일 무거웠던 것이 이제 미루어 생각나는 것이외다. 그리고 당신의 인생관으로 미루어 보아도 짐작할 수 있는 일이외다.

석가모니 부처님이 중생을 건지기 위하여 삼천대천세계三千大

千世界²⁹를 배경으로 대활약을 하시는 것이나, 폐결핵균이 무리를 지어 언제까지 폐를 파먹어 마친다는 기한하에서 열심으로 파먹고 있는 것이 다 같은 불사라고 하셨나이다.

생각은 존재, 곧 우주의 창조주로서 미균徽菌도 부처와 같이 생각이 있고, 생각이 곧 자아이니까 자아의 생활에 충실한 것이 불사이므로, 불사란 '우주적 사업'이라고 하셨나이다. 그리고 균이 폐를 다 파먹고 나면 폐를 잃어버린 임자는 그만 집을 버리고 떠나고, 그러면 미균들도 주인이 떠나버린 냉방에서 쫓겨나 모두 사라져버린 다음 세상은 쓸쓸해지고 만다 하셨나이다. 그러면서 위대한 건설적 준비는 그 무無에서 비롯한다고, 석가모니 부처님 사업의 구경究竟도 한 자국도 남지 않은 그 자리[惺惺寂寂]라고 하셨나이다.

또다시 오는 유有의 세계에는 불佛과 균의 사업을 바꾸어 하게 된다고, 그런데 현실계에서 위치적 대차가 있게 된 것은 불佛은 우주를 자체화한 대아大我요, 균은 우주적인 자아를 잃어버리고 가장 작은 한 조각 정신의 의존이기 때문이라고 하였나이다. 그러나 균의 위치에서 비롯하여 현실에 충실하면 우주적인 자아의 위치가 복구되는 것이며, 누구나 현실에 충실한 생활을

---

29 줄여서 삼천세계(三千世界)라고도 함. 고대 인도인들의 우주관으로, 소천세계, 중천세계, 대천세계로 나눈 세 개의 우주를 일컫는다.

하게 되어 공비公比되는 시간이 없게 되어야 우주는 건전하게 된다고 하셨나이다. 또한 현실에 충실함은 현실적 생활 외에 다른 조건, 곧 고락이해苦樂利害에 정신이 조금이라도 팔리게 되거나, 지난 일 또는 올 일에 대한 고려나 불순한 일이 전연 없어야 한다 하셨나이다.

과過, 금今, 후後를 한시화時化하고 피차의 처소를 하나로 쓰는 데에 완전한 성취가 있는 것이므로, 성공한 완전한 생활이란 시공을 떠나 전체화의 구현적俱現的인 인간 생활이라 하였나이다. 현실을 다시 세밀하게 말하면 공간적으로 있는 질량이며 체적뿐만 아니라 시간적으로 나타나는 생로병사와 시종始終과 성쇠와 촉감에서 생기는 온랭, 소리, 빛, 냄새 등이라 하였나이다. 그것은 자체가 있는 것이 아니요, 우리의 감각뿐으로 헛것을 보고 이름지으며, 인연이라는 무지개 줄에 걸려서 거짓 형상을 만드는 것이므로 허망한 일이지만, 허망한 것이 허망 그대로 말세가 다함이 없이 불멸상이 계속되니 허망 그대로 내버릴 수 없는 일이기 때문에 문제가 끊어지지 않는 것이라 하였나이다. 불멸상은 현실뿐으로서 나와 현실은 내적 본질과 하나요, 일할 '나'와 '일'이 두 쪽이 아니니 현실의 대상인 내가 먼저 현실화되어야 현실인 우주와 보조가 어긋나지 않게 되어 영원을 보전하게 된다고 하셨나이다.

우선 내 앞 현실에서부터 충실한 생활, 곧 생적 대가라도 지불해가야 소아적 위치라도 보전하게 되며, 현실의 충실이란 현실적 사업뿐 아니라 정신적 수입이 더 많게 되어야 완전한 인간적 생활을 하게 된다고 하셨나이다.

그래서 자그마한 가대家垈나 하나 마련하여 동지를 모아 수양단을 조직하여 자작자급을 하며 수양을 해볼까 한다고 하셨으니, 노력과 수양의 합치로 인격은 완전화하는 것이라고 하셨나이다.

어쨌든 당신은 당신의 수양을 많이 생각하였을 뿐, 단란한 가정살이 같은 것은 별로 생각하지 않았던 것이외다.

나는 우리들 사이에, 외계에서 오는 무슨 사건이 있을 것 같은 것은 물론 생각나지도 않았고, 당신의 맘과 내 맘이 하나가 아니라는 것은 생각조차 하지 않았기 때문에 때가 되면 어련히 결혼식도 가정살이도 할 생각이 나리라 하여 내 편에서 궁금히 할 필요조차 느껴 보지 않았나이다. 나는 서로 정다워지는 남녀는 그저 결혼이 전제되는 줄만 알았던 것이외다.

그러니 내 생각과 다른 일이 생길 무슨 염려가 있었사오리까? 우선 당신을 자주 못 만나는 것만 한이 될 뿐이었나이다. 그래서 이런 시조나 읊어지게 되었나이다.

겨울밤 길다기에
잠긴 회포 풀잖더니

첫굽이도 풀기 전에

새벽 빛이 새로워라

그런 줄 알았더라면

그만이나 감을걸

　당신은 공적 정신도 정신이려니와 새 정이 막 변할 그 무렵
이니, 별로 나에게 정적으로 정신을 기울이지도 않았을 때였겠
는데, 나 혼자만 그리도 안타까워했던 것이외다. 그런데 당신이
공적 정신 때문에 내게도 그리 담담하였다면… 다른 여자를 가
깝게 할 겨를이 또한 없었을 것이 아니오리까? 그래도 그때 당
신에게는 다른 여자가 확실히 있었던 것이었나이다.

　당신이 내게 "누구나 사람을 믿는다면 철저해야 하며, 믿는
그에게서 어떠한 의외의 일이 발견되더라도 실망 없이 여전하
게 믿어가는 것이 신의"라고 하시던 그 말씀은 아무래도 무슨
비밀이 탄로날 때를 대비하기 위한 말씀이었던 것이오이까. 그
리고 내가 당신 계신 데를 찾아간다니까 "나는 친구에게 신세를
끼치고 지내는데 친구가 나를 찾아오는 객을 후대하는 것이 미
안해서 나를 찾아오는 사람들은 다 거절합니다"라고 하시는 당
신의 말씀에 아무 이의가 없었지만, 당신의 친구인 ××씨가 나
에게 찾아와 금강산 신계사新溪寺에서 당신과 어떤 여인과 자기
세 사람이 환옹幻翁이라는 법사한테 불경을 배운 일이 있는데

그 여인을 당신 처소에서 보았다고 하였나이다.

그 여인은 당신과 어떤 경계선을 넘은 교제인가 보더라고요. 그리고 그 여인은 남성을 호리는 묘술이 있다고까지 말해주었나이다.

그러나 나는 사랑은 한 자리에 붙박아둘 수 있는 물건인 듯이 '그 사랑은 내게 맡겨 있으니까…' 하고 여부 없이 믿고만 있었던 까닭에 그때 당치 않은 소리가 내 귀에 들릴 리 없었나이다.

천만 편의 생각에 의존한 인생인데, 어찌 정이 하나뿐이겠다고 당신의 정을 내가 맡아 두었으니까 하고 안심하던 나는 얼마나 어리석었던 것이오리까.

그러나 당신의 정은 하나뿐이라고 믿는 단순하기 짝이 없는 나에게 당신은 못할 노릇을 한 무정한 남자인 줄이나 좀 알게 되었으면 합니다.

그리고 당신은 시간을 엄수하는 분이지만 사랑하는 사람끼리 만난 그 자리에 무얼 그리 시간적 구속을 느끼시던지, 우리의 만난 시간이 오래 될 때는 연방 시계를 들여다보시던 것을, 지금 생각하니 당신의 애인인 어떤 여인에게 내가 있는 눈치를 안 보이려던 당신의 거동이었던 것이었나이다.

그러나 나는 그때그때 내 시간적 생활권을 지어놓고 그 권 밖의 것은 보이지도 들리지도 않는 절벽과 같은 성격을 가진 만큼 무슨 눈치고 챌 길이 없었나이다.

어쨌든 이 일을 뒤늦게 알았기 때문에 추억의 괴로움을 면하게 할 아무 능력이 없음이 유감일 뿐이외다. 다만 그때는 공석에서 잠깐씩 슬쩍 추파를 교환하는 즐거움, 혹시 아무도 없는 조용한 구석에서 단둘이 만나 이마, 코, 뺨, 손에 키스를 내리부어주실 때 매서운 맛까지 느껴질 때가 있는 당신의 눈이지만, 그런 때는 온몸이 웃으시는 당신의 정의 눈매 그 하나로 화해서 나에게 바쳐버리는 듯하였나이다. 그리고 내 방에 찾아오시면 여자를 극히 우대하는, 넘치게 친절한 외국인 남편같이 무르녹게 구시던 당신의 정에서 풍기는 그 행복감에 도취되어 7, 8개월이란 시일이 얼떨결에 지나버렸나이다. 새록새록 느끼는 참맛은 다른 할 일을 다 녹여버리던 것이외다.

그 즐겁던 생활이 내게서 영원히 떠나버리고 만 것이옵니까?

'그 즐거운 날이 온전히 다 오지는 못하더라도 아쉬운 대로 가끔 만나주시는 그날이라도 있어지이다' 하고 내가 얼마나 애절을 하는지! 이 정경을 당신에게 통해볼 길조차 끊어졌으니….

그래도 당신의 마지막 편지에 '당신만 안심하고 사시며 인물이 적은 여성계에서 건보健步를 걸어주신다면 그저 기쁘겠어요. 사나이야 아무렇게나 구른들 상관 있나요….' 가시기는 가셔도 나의 신상을 길이 염려해주실 듯, 이런 등등의 생각이 당신을 다시 만날 기회가 있을까 하는 일루의 희망을 가지게 하는 것이외다.

그러나저러나 당신에게는 내게 말 못할 무슨 사정이 있었나 보외다.

당신은 "'나'를 알아 얻는 공부는 세속에서 얼마든지 할 수 있는 것이니 멀리 가서 찾을 것이 아니오. 지금 내가 보고 말하는 이것의 본면목을 알아내자는 것이기 때문이오. 그러나 이 공부는 정진과 습성의 가열한 투쟁인데 세속에서 공부를 하려면 우주적 마군魔軍의 동력으로 새로 보고 듣고 보고 느끼는 습성군에 재래 가졌던 구습성의 후원병이 함께 결집되어 시간으로 수로 늘어가게 되는 것이니, 그러한 강력한 신구 습성의 연합군을 나 같은 이의 미약한 정신력으로 어떻게 이겨낼 것이오? 그러니 아무래도 나 자신의 힘으로는 별 도움도 못 되는 사회 일을 그만두고 단 몇 해라도 입산 수도를 해야 할까보다"고 말씀하신 적이 있었어도 그때는 무슨 말인지 잘 이해도 안 되고 그저 지나가는 말씀이거니 하였을 뿐이었나이다.

그러면, 사랑에만 급급했지 아무 생각이 없는 나이니, 나에게 말을 붙여 보아야 말귀조차 못 알아들으니 그래도 당신의 동지가 될 만한 불경을 같이 배우던 그 여인과 어느 절을 찾아가신 것이오리까? 그래서 행방조차 알리지 않으시는 것이오리까?

어쨌든 당신이 다른 여인과 동행하였다는 일이 내게 더 실망을 시키는 일이 아닐 수 없나이다.

그러나 지금 와서는 당신이 안 계신 이 세계가 숨막히게 어둡고, 기다림으로 빈틈이 없는 내 방을 다시는 아니 찾아주시는 그 일만 눈물의 자료가 될 뿐이외다.

이제 나는 당신께 대하여 시비도 따짐도 없나이다. 오직 당신이 내 앞에 나타나야 할 절박한 그 일밖에는…. 그런데 하나밖에 안 남은 이 길이 막혔으니….

나는 본래 행복스러운 여자는 아니었지만 이렇듯이 심각한 비애를 느껴본 적은 없나이다. 이제 내게는 참을 시기가 다했나 하나이다.

나는 현생활에 만족을 짓거나, 지어서도 틀리는 때에는, 달리 새 길을 만들어 걷거나 한 가지 결정을 지어야 하는 성미이외다.

차라리 당신은 나로 하여금 당신을 아주 단념할 만한 소식을 다시 한 번 전해주셔이다.

그러나, 그러나 정적으로는 당신을 떠나버린다 하더라도 무량겁으로 걸어가야 할 내 길에 앞잡이이신 당신의 뒤를 아니 따르지도 못하게 되지 않았나이까?

당신은 조실부모하고 고모 슬하에서 자라다가 기미운동 때 청년 사상가로, 외국에 망명객으로 지내는 동안 뛰어난 결심과 신용과 재주 세 가지 자본만 가지고 사고무친四顧無親한 외국에서 갖은 악조건을 극복해 가며 꾸준히 노력하였나이다. 그 결과 최고학부를 마치고 최고학위까지 얻었나이다. 우리나라에서는 30세 전 최초의 박사로 금의환향을 하셨으니, 백천 사람의 뛰어난 정신력을 다생多生에 길러온 증명이 아니오리까. 나라의 배경이 있는 민족은 유학생이 돌아오기 전에 미리 고위高位를 정해놓고 기다린다지만, 당신 같은 나라 없는 백성에게 정치적 배경이 있나, 사회적 환경이 있나, 반가워할 가족이 있나. 그래도 10여 년이라는 짧지 않은 시일을 지나 고향이라고 돌아올 때, 그렇듯 쓸쓸하리라고는 생각지 않았을 것이외다.

하오나 활약할 기관이 있나, 같이 일할 동지가 있나, 높은 자리와 이권利權은 모두 일인日人의 차지이니, 아무리 굳센 장부의 심사라도 상하지 않을 수 없으련만 내색도 없이 민중을 위하여 직업적으로 귀천도 수입적으로 다소도 불고하시고 닥치는 대로 일을 해가시며 남모르게 정진을 하시는 당신을 뵈올 때 나의 감동심이 과연 어떠하였으리까?

그러나 우리나라의 민도民度는 당신 같은 분을 크게 환영할 줄조차 모르는 것을 볼 때 "지당한 보배는 발에 밟히고, 반드시 찾아야 할 인물은 오히려 등을 지는 세상이로구나!" 하고 탄식하였나이다.

어쨌든 당신 같은 분을 나의 남편으로 공공연하게 세상에 내세우게 되는 그날을 얼마나 손꼽아 기다렸사오리까. 그날을 미리 기뻐하는 나는 유일의 행운녀로 느끼었나이다.

당신은 과연 황량한 가을 같은 나의 마음 동산에 봄바람을 날려 온갖 꽃을 피게 하였나이다.

그보다 더 좋은 열매를 맺을 가을날을 위하여 미리 기뻐하는 이 기쁨이 과연 어떠하였사오리까?

나는 지금의 추억만으로도 가끔 이별의 설움까지 잊어버리고 황홀한 가경佳境에 배회할 때가 없지 아니하오이다.

그러나 잠시 맛본 추억의 즐거움은 기나긴 현실적 슬픔의 학대로 내 가슴에서 잠시도 견디질 못하나이다.

아아! 떨어진 오동잎 한 잎을 보고 가을이 온 줄 안다면, 당신의 사랑은 아무래도 다시 만회할 수 없나 하나이다. 그러나 당신이 "이 몸의 생멸이나 봉별은 상속하는 것이니, 만나는 즐거움이 있을 때 떠나는 괴로움이 있을 것을 미리 알아야 한다"고 말씀하신 그것이 사실화한 지금도 내 정신이 돌지를 않고, '그래도 당신을 영 못 만나는 그날이나 아주 남이 되는 그 시간이 설마 오기야 할라고' 하는 처량한 그 희망이 내 가슴에 온기를 풍겨주나이다.

만일 그런 날 그런 시간이 있다면 내 눈물의 '정精'이 그날 그 시간을 녹여버리고 말게 될 것같이 믿어지는 나의 정경은 나 스스로 불쌍해 못 견딜 지경이외다. 아무튼 내 혼의 신음소리가 끊임없이 내 귀에 들리는 것이외다.

어쨌든 상대적으로 된 것이 원리라면 안 보낼 그날이 갔는데 기다리는 이날이 어찌 아니 올 것이오리까? 그러나 올지 말지 한 그날을 만들어보는 정력을 정신 거두는 데 쓰면 얼마나 좋으리까?

그래도 당신을 만나야 할 나의 욕구는 어떠한 철언哲言[30]에도, 나의 아무런 따짐에도 사라지지 않을 고집이요 고질이외다. 다만 모든 학설을 물리치고 온갖 고집을 부숴버리는 법, 곧 '나' 찾는 도리인 정진 외에는 이 괴롬을 면할 별 도리가 없을 것이외다.

내게는 이념에 지나지 않는 일, 곧 '나'를 찾아 내 정신력으로 살아가리라는 이러한 막연한 생각보다도 요새 나의 앞에는 누구나 정신이 번쩍 드는 한 사실이 생겼나이다.

"나의 벗인 원주희元周姬라고 하는 여자가 예산군 덕숭산 견성암이라는 절에 가서 중이 되었다"고 당신에게 언젠지 말씀한 적이 있지만, 그 여자의 남편인 임林 아무개도 어릴 때는 중으로 있다가 향학열 때문에 절에서 나와 고학으로 일본 와세다早稻田 대학 영문과를 마치고 모 중학교에 교유教諭[31]로 있는데, 몹시 정에 주린 노총각이었던 탓인지 그 아내를 대단하게 여긴다고 합니다. 안에 들면 아내의 춥고 더운 눈치를 보아 문을 닫고 열며, 밖에 나갈 때는 업고 안고 다니듯이 아내 곁을 잠시도 떠나지 않고, 옷자락이 늘어지고 신끈이 풀리는 것까지 남편이 면

---

30 훌륭한 말.

31 '가르치고 타이르다'라는 뜻으로, 일제 때 중등학교의 교원.

저 알아 치켜주고 매준다는 것이외다. 등교 중에도 아내가 보고 싶어서, 자기 집에서 시내에 들어가는 길이 학교 옆인데 아내가 시내에 들어가는 날이면 그 시간에 지켜 섰다가 아내가 지나가는 양을 학교 유리창으로 내내 바라보고야 자기 자리로 돌아간다고요. 보다못해 동료들이 "몰래 보는 남의 여편네도 아니고, 밤낮 보는 마누라를 그리 못 잊을 바에는 한 책상에서 같이 사무를 보도록 주선해주리다" 하며 싱글벙글 웃고 놀려먹어도 그는 빙긋이 웃으며 "내 여편네니까 더 보고 싶을 거 아니야…?" 하며 계면쩍어하지도 않았다는 것이외다.

그리고 아내가 혼자 어디 가게 되는 때는 "길을 건널 때는 전차 자동차에 주의해요" 하는, 철저한 외호자外護者인 자기의 그 정신이라도 동행시켜야 '거去태평 내來태평'이라는 것이외다. 학생들과 수학여행을 가서 여숙旅宿 중에라도 아내의 어루만짐을 받는 꿈을 꾼 날이라야 경쾌한 몸으로 높은 산 어려운 길이라도 다니게 되고 집으로 돌아올 때는 기차에서 뛰어내려 오고 싶다고 하던 그 남편이, 아내를 산으로 들여보내는 그 고민은 가히 헤아릴 것이 아니오리까. 아내가 입산한 후 새로 결혼한 아내와 여러 해 산 뒤에도 친구가 그전 가정생활의 맛과 차이를 물으니 추억에 담뿍 싸인 한숨 속에서 겨우 새어나오는 소리로 "그전 아내와의 생활과 어떻게 비해요!" 하고 고개를 떨어뜨리더라고요. 그는 아내가 입산할 때 체면불구하고 그 아내를 따라

절에까지 갔다가 돌아오는데, 아내가 산모퉁이까지 바래다주고 들어가면서 "안녕히 가시우" 하는 쨍하는 소리가 귀에 울리자 가슴에서 불이 확 일어나며 눈에까지 뜨끔한 화기가 치밀어 더운 눈물이 푸욱푹 쏟아져서 돌아보지도 못하고 집에를 오는지 어디를 가는지 모르는 몽롱한 정신이었다는 것이외다. 그래도 차에서 내려 시름없이 걸어 성북동 고개까지 와서 저녁노을이 비치는 자기집 지붕이 바라보이자 그만 다리에 힘이 주욱 풀려서 그 자리에 털썩 주저앉았다는 것이외다. 한참 진정해가지고야 겨우 집으로 돌아오니 밥짓는 계집애가 외로이 찬바람만 몰아 가지고 마중나오며 울먹울먹하는 양을 볼 때, 그 감회야말로 20년 동안 쓸쓸한 세상에서 국내 국외로 돌아다니며 겪었던 갖은 괴로움과 설움 중에서도 좀더 큰 슬픈 뭉치를 한데 뭉쳐 두었다가 때맞춰 탁 안겨 주는 원수가 숨어 있었던가 싶더라는 것이외다.

무한고無限苦의 하룻밤을 지새고 그 이튿날 아침에 일어나니 눈에 묵직한 무엇이 덮인 듯 눈병이 났나 하여 안과에 가 보였더니 화기로 난 눈병이라 하여 비로소 산모퉁이에서 인사한 아내의 목소리의 타격으로 인한 것인 줄 알았다는 것이외다.

짓밟힌 종이 부스러기만 남은 빈 정거장 대합실 같은, 방구석에 아내의 환영幻影만 어른거리는 집에는 있을 수가 없어서 하루는 결심하고 아내를 찾아 산으로 가다가 짓궂게 차가 고장이 생겨서 하룻밤 중로에서 자게 되는데 아내를 만나지 못하는 초조한 생각으로 80리 산길을 밤새 걸어서 아내를 찾아갔다니, 자연 정의 하소연이 없지 않았을 것이외다.

그러나 아내는 발심출가發心出家한 여자라 도담道談이나 하러 오면 왔지 정담을 하러 올 곳은 아니라고 하는 냉연한 태도로 대해주었을 것이 아니오리까?

그래서 원한의 격감激感에 불타 돌아온 그는 아내의 사진과 유품 등을 다 불사르고, 아내의 몸 대신 덮고 자던 이부자리까지 남에게 줘버리고 나서 잠자리에 누워 마지막 이를 갈며 오지 않는 잠을 억지로 청한다고 하외다. 그래도 꿈에는 귀엽고 정다운 아내로 변하더랍니다.

하지만 현실로 돌아오지 않을 수 없어, 그 후로 더욱 마음 붙일 곳이 없게 된 그는 밤이면 극장으로, 낮이면 한길로 모자도 안 쓰고 돌아다니게 되고, 학교에서 학생들을 가르칠 때도 정상적인 태도가 아니었다는 것이외다. 집에 와서는 취한 김에나 겨우 잠을 자게 되는 것을 알게 된 그의 친구들은 걱정이 되어 곧 주선을 해서 동덕여학교 출신인 양梁 무슨 '순'이라나 하는 얌전한 여자와 결혼을 시켜서 한 5년 동안 3남매나 낳고 잘 지내다가 나이 40도 아직 먼 그가 이질에 걸려 일주일 전에 그만 별세해버렸나이다.

한 사람 죽는 것이 그리 큰 문제가 될 것도 없고 더구나 남의 내외 정답게 지내던 이야기를 지루하도록 늘어놓을 것이 없을 것이외다.

남편이 아내를 사랑하는 것은 예사이지만 그 남편은 너무도 유다르게 아내를 사랑했고, 그 사랑에서 벗어나 별다른 길을 떠난 그 아내의 초월한 정신이 본받을 만하다는 것이외다. 그보다도 그 남편이 사선을 넘어가던 전후의 큰 비극인 그 장면을 그려서 온 세상에 보여 그 일을 거울 삼아 모든 사람의 정신을 돌리게 하여야 하겠음이외다.

다시 말하면 그네들의 일로 인하여 세상 사람 모두가 다 실성한 사람인 줄을 알게 하여 병 고쳐줄 부처님께 귀의해야 하겠기에 말씀을 하는 것이외다.

일평생 백년의 일도 크다는데 미래세가 다함이 없는 각자적인 생을 위한 이 초발족正法을 배우는 첫걸음들은 첫 시기에 행불행의 두 길이 갈리게 되는 크나큰 일이다. 아직 나도 정신이 돌려지지는 않지만…. 누구나 다 습기習氣로 이루어진 가假정신의 의존인 가인생인 줄이나 알아야 참정신을 찾을 희망을 가지게 될 것이 아니옵니까?

다음은 내가 문병 갔다온 지 사흘 만인, 그가 죽던 날 목도目睹하고 온 동무 숙희淑姬라는 이의 말이외다.

숙희는 그의 아내와 같은 불교신자요, 제일 친하기 때문에 그가 몹시 반가워하면서 그저 입산한 아내 이야기부터 시작하더라는 것이외다.

입산한 아내는 움 속에 묻힌 보배 항아리처럼 평범한 여자인 듯하면서도 그같이 내명內明[32]한 여자는 드물 것이라고요. 그렇기 때문에 어렸을 때 중이 되어 법문도 많이 듣고 고승이 되어 인천人天을 지도한다던 자기는 움직일 생각도 아니하는데, 자발적으로 구원 얻을 길로 떠난 것이 아니냐고 합니다. 결혼생활 6년 만에 집, 양복, 그의 회중시계까지 월부로 샀었는데 그 빚을 다 갚고도 좀 여유까지 있게 된 그때 그 아내는 입문하였다는 것이외다. 결혼 기념으로 정도에 과한 값으로 회중시계를 산 뜻은 삼라만상森羅萬象이야 변모가 되거나 말거나 세상에서야 울거나 웃거나 여여부동如如不動하여 자기 책임인 시간만 엄격히 지키는 그 정신으로 가정적 기초정신을 삼을 수 있고, 가나 오나 추우나 더우나 일시도 그의 품을 여의지 않고 죽음의 길까지도 같이 갈 신의를 가지는 것이 아내의 사랑을 상징할 만한 까닭이었다고 하더이다.

그 시계는 아직 그 품을 떠나지 않았기 때문에 아까도 이별의 눈물에 수없이 잠겼던 주인인 자기의 파리하고 더러운 손에 그 몸이 어루만져졌다고요. 그러나 그 주인인 자기까지 저를 버리고 가게 되었다고 하면서 고랑이 진 그의 뺨으로 눈물 한 줄기

---

32 온갖 사물의 원리를 연구함.

가 주르르 흐르더라는 것이외다.

물질과 정의 가난을 또 같이 몹시 느끼던 두 남녀가 근고勤苦와 절약으로 6년 동안에 가정적 윤곽이 꽉 잡히게 된 그때에 그의 만족은 지극하였다는 것이외다. 우선 자기의 눈앞 위치부터 확보되어야 세계인으로서 활약할 튼튼한 입지가 준비된다 믿었던 것이외다. 그 후 가정생활의 안정을 목표 삼고, 하고 싶은 모든 일을 미루어 오던 그들은 결혼생활 6년 만에 처음으로 어디 여행이나 좀 가보자 하여 인천仁川 해수욕장으로 결정하였다는 것이외다. 신혼여행의 기분으로 욕장에까지 가서, 첫날인데 부부가 나란히 해변에서 거닐던 중 아내되는 이가 저거 좀 바라보라는 소리에 그는 고개를 들었다고 하외다. 동편잡목 몇 그루가 우뚝 서 있는 그 언덕 밑 해변가에 주먹덩이만 한 금강석이 7색의 광명을 비치는 듯 황홀한 빛이 번쩍여서 호기심이 생겨 둘이서 빨리 가보니 한 개의 진주 조개껍데기였다는 것이외다. 아내는 실망된 듯이 시무룩해져서 돌아와서 하는 말이 그 조개껍데기는 아직 남아서 황홀한 빛을 내고 있지만 그 몸뚱이는 어느 밥상에 한 젓갈의 반찬 보탬이 되어졌고 그 껍데기만 아직 남아 번쩍이고 있지만 조수가 밀려 왔다 나갈 때 같이 떠내려가다가 바위에 부딪혀 깨져버리거나 개흙에 묻혀버리면 적적한 해변에는 물새만 훨훨 날아다닐 것이 아니오? 내가 명예욕으로 걸작품을 하나 구상하고 있지만 그 작품을 발행하여 천하에 이름이 높아진다 치더라도, 나는 일찍… 혹은 오래 산다손 치더라도 3, 40년 후에는 죽는 일은 이미 정해진 것이 아니오? 나 죽은 뒤에 아무리 영광스러운 명예가 남더라도 저 알맹이 없는 조개껍데기가 빛을 내고 있는 것이나 무엇이 다를 것이며 그 작품을 읽는 뭇 사람이 인생의 갈 길을 알았다 치더라도 인생의 천만 갈래 길 중에 내가 가르친 길이 정말 정당한지? 그 조개껍데기를 보는 순간부터 달라진 인생관과 더불어 내가 구상하고 있는 작품에 자신을 잃어버리게 된 것은 그 입장에서 만들어질 작품인 까닭이라고요. 어쨌든 내가 먼저 사람되어 사람의 갈 길을 알아야 '인생의 정로'를 이야기하게 될 것이 아니냐고 말하더라는 것이외다.

내가 인간인지 아닌지도 모르면서 어찌 인간의 이면을 살필 수가 있을까, 인간의 이면을 알지도 못하면서 인생의 외면을 아무리 묘하게 그려 놓았자 마치 얼음을 진실로 아름답게 아로새겨 놓아도 소용없는 미술품이 되는 것 같지 않겠느냐고요.

아무 흥미가 없어진 아내 때문에 사흘 만에 그냥 집으로 돌아오게 되었는데, 불법을 좋아하는 아내의 제의가 있어 다시 경주 불국사로 불교 유적을 보러 갔다가, 불법이 생활화하였던 우리 선조의 유업인 불국사와 석굴암 불상, 곧 세계적 문화체文化體를 압도할 만한 정신적 문화체를 본 아내는 감격에 넘쳤던 것이외다.

반면 더욱 깊이 감상되는 것은 불교 전성시대의 생활면을 직접 보여주는 그 고도의 문화적 유적은 저렇게 불교적 빛을 내고 있는데 불법은 지금에 와서 왜 이렇게 적적해졌느냐고 탄식하여 마지않았던 것이외다. 곁에서 보던 교양 있어 보이는 한 노스님이 아내에게 말씀하였나이다.

"불교란, 우주의 창조원리를 파악하여 현실화시킨 종교입니다. 법으로 표현된 진리는 중생의 물질적 영역 안의 것이기 때문에 역사적 순환을 피할 수가 없고 흥망성쇠의 바다에 침륜沈淪되지 않을 수 없는 일입니다. 그러므로 괴겁壊劫[33]에 든 현 우주와 같이 불법佛法 현상은 쇠퇴하고 있는 것입니다.

나신 부처님은 가시고, 계신 하느님은 안 계시게 되며 부처님이니 보살님이니 하는 분들도 창조성의 피조물被造物로 같은 인생이나 중생은 우매해졌는데 그들은 나의 자아[根本]을 알아 얻어 쓰는 분들도 인생을 직접 구원할 수 없는 것이요, 구호의 길을 가르칠 뿐입니다.

구원의 길이란 '나'를 찾아 자유인이 되는 그 길입니다.

자유인만 되면 불교라는 그 권圈에서도 벗어나고 부처님이라는 그 우상도 떠나게 되는 것 아닙니까.

물을 건너면 배가 쓸 데 없는 것 같은 일입니다. 종교의 교리

---

33 사겁(四劫)의 하나로, 세계가 파괴되는 시간.

가 곧 우주의 원리원칙입니다. 그러므로 종교 교리에만 국한하는 종교인이 되지 말아야 하는 것은 교리는 현실, 곧 표면으로 상대성으로 되었기 때문에 무상법입니다. 나를 찾는 법, 곧 우주의 원칙의 반면은 교리의 이면이요, 일체의 창조주로 얼굴이 없는 행동체인데 그것을 발견해서 쓰게 되어야 내 정신으로 사는 인간이 되기 때문입니다.

그러나 처음에는 불교에 귀의하여 선조인 동시에 처음 선생[宇宙]의 원리를 먼저 발견하여[先佛, 後佛]이 계승님인 부처님의 정신, 곧 혜명慧明을 이은 선지식善知識[34]을 찾아 나를 찾는 법, 곧 자유인이 되는 법인 참선參禪을 배워야 합니다.

당대에 선지식으로는 예산 수덕사에 여승방은 견성암見性庵이 있는데 거기서 교화하고 계시는 송만공宋滿空이라는 분을 꼽습니다."

이렇게 정중하게 가르쳐주는 말씀을 듣고 아내는 입산할 생각은 내었으나 곧 떠날 말이 없는 것을 다행으로 여겼던 것이외다. 그 생각을 차차 잊어버리기를 바라면서 집으로 돌아왔는데 일체는 마음이 만드는 것이기 때문에 아내에게 무상히 느껴질 일이 또 하나 생겼던 것이외다.

아내는 꽃이라면 무슨 꽃이든지 좋아하여서 남들은 달이 아

---

34 불도를 잘 알고 덕이 높아 바른 도리를 가르치는 고승.

름답다, 봄 가을 시절이 좋다 하지만 달이나 시절은 설운 사람에게는 설운 감정을 돋우어 주는 점이 없지 않지만 꽃은 억센 산, 거친 들을 부드럽게 하며 화난 사람, 불평을 품은 이까지라도 평화와 위안을 주는 평화주요, 일체를 정화淨化하는 정화신이라 한다고…. 그러므로 아내의 말이 "꽃이라면 남의 원망의 대상이 되어 본 적은 없다"고 자랑한다던 것이외다.

여행에서 돌아온 아내는 자기가 가꾸어 둔 백 가지 꽃이 조그마한 집을 두루 빛내고 있다가 방긋방긋 반기는 것을 보고 정다운 여러 가족의 환영보다도 더 즐거워하였다고, 그런 꽃은 아내에게 또다시 없는 벗이었다고 말하였다는 것이외다. 그런데 아내는 사람이 추위에 괴로운 것보다 꽃이 얼어죽을 염려가 더 되었건만 사정 없는 시간은 빨리만 가서 그 해에도 느닷없이 내린 된서리에 아내가 환락을 느끼던 화단이 그만 폐허가 되었다는 것이외다. 그 고운 꽃들이 형해形骸만 남아 헐벗은 가지 끝에서 읊어 주는 뱁새의 애도사哀悼辭을 듣게 된 아내는 인생도 초로와 같아서 죽음이 호흡지간에 있음을 느끼고 그날 아침에 시급히 입산하기로 한 것이라고 그가 말하더라는 것이외다.

그들의 결혼 초에는 언제든지 같이 입산할 것을 의논하고 있었다는 것이외다. 입산하려는 그때 그의 아내가 그에게 말하기를 "당신이 그때 그곳에서 그 몸으로만 씌어질 일시적 이용물인 세속 학문을 배우느라고 20년 간을 그 고생하느니 그 대신에 어느 때 어느 곳에서 어느 몸으로라도 써야 할 공부, 곧 일체 우주를 '나'화 하는 그 일에 힘을 썼던들 이제는 일체 구속을 벗어난 대자유인이 되었을 것이 아니에요. 그러나 그 일은 이미 지나간 일이니 할 수 없지만 이제라도 나이 더 먹기 전에 입산하여 오로지 정진을 하여 완인完人이 되어야 하지 않겠어요. 생활하기 전에, 일에 착수하기 전에 사람부터 돼야 하지 않겠어요.

지금 우리가 한다는 사업은 장님이 장님을 끌고, 가없는 등에서 서로 붙들고 헤매는 셈이 아니오. 속담에도 '못에 임하여 고기를 탐내기 전에 차라리 물러가서 그물을 뜨라'는 말이 있지 않아요" 하고 말하더라는 것이외다.

그러나 그는 전일에 중의 정신으로 이상理想하던 생각은 일체로 묻어버리고 정情의 배를 채울 날이 아직 먼지라, 안타까운 정의 밥숟가락을 차마 놓을 수가 없다고 아내에게 아주 자백하였다는 것이외다. 또한 3년 동안은 기다리고 있을 것이니 정진하는 법만 배워가지고 다시 와서 가정 살림을 해달라고까지 애걸해보았다고 하더이다. 사실 그는 어떤 때, 혹 혼자서는 내가 중이거니 하는 생각과 한가지로 불법에 관한 생각을 좀 해보았을 뿐, 속인 정신으로 속인과 휩쓸려 사느라고 중이니 불법이니 하는 그 관념조차 잊어버린 세속인이 되어버렸으니 할 수 없었다고요.

아내는 그러면 혼자라도 입산하도록 허락하라고 하였다는 거외다. 하지만 그는 아내의 마음을 다소 이해할 수는 있지만 이별하는 일만은 그에게 너무도 감당하기 어려운 일이었다고요.

그러나 아내는 우리가 사는 이 현실이란 한 꿈인데 꿈속에서도 가장 변하기 쉬운 것이 정이라고 말했다는 것이외다. 또한 이 정을 제일 중요시하게 된 것은 인생뿐만 아니라 일체 생물이 모든 정에서 나니 정이 생의 시작이요, 생물의 생활 주체가 되었기 때문이라고요. 그러나 그 정의 변화무쌍한 재주로 인하여 무시겁래無始劫來로 일체 생물의 끊임없는 고苦를 받게 되는 줄은 당신도 번연히 아는 것이 아니오, 그러니 당신은 아직 떠날 생각이 없다 하더라도 사랑의 쇠사슬에서 벗어나 자유로운 사람이 되려는 남까지 못하게 방해하지는 않으리라 믿는다고요. 그러니 아내가 마음을 돌리지 않을 것은 분명하고, 또 아내를 극진히 생각하는 그는 자기 감정을 얼마라도 희생할 수 있기 때문에 허락할 마음은 없으나 허락하지 않을 수 없었다고요.

아내가 입문한 뒤 홀로 남은 그는 남의 남편이 되어서 아내를 사랑하는 일은 당연한 일이지만 자기가 생각을 하여도 이 세계가 자기만큼 전적으로 아내를 사랑하는 사나이가 있을까, 하였다는 것이외다. 그런데 배어나갈 틈이 없이 간절하고도 세계를 덮을 만큼 넓은 자기 사랑의 품에서 초월할 만한 그 힘은 어디서 생긴 것이냐? 사랑의 배후에서 나온 그 까닭이냐, 또는 신교신력信教信力에서 나온 그 힘이냐? 이 두 문제가 서로 싸우는 바람에 미칠 듯이 괴로웠던 것이라고요.

이 수수께끼가 풀리지 않아서 술 안 먹고는 잠을 못 이루고 몸부림을 치고 지내다가 하룻저녁에는 영화에서 천주교 신자인 어떤 처녀가 은애恩愛가 깊은 애인을 버리고 사자 굴로 자수해서 들어가 순교하는 것을 보고 비로소 자기 아내도 신교력으로 입산했으리라 하는 판단을 내리고야 겨우 마음을 진정하게 되었다는 것이외다.

그러나 아내가 입산할 때에는 입산하는 이유가 이해된다는 것쯤은 이별고와 상쇄되어 발심할 여유가 없었다 치더라도 천주교 신녀를 본 뒤에는 자기가 애욕에 치우친 정신만 아니었다면 겨우 마음을 진정할 정도에 그칠 것인데 애욕에 치우치게 되어서 어릴 때부터 인연 깊었던 불법으로 다시 돌아오지 못한 것은 자기의 탓이니 누구를 원망할 것이냐고요. 그리고 이론만 늘어 가는 세속학문을 위하여 20년 동안이나 배움의 길에서 그 고생을 하며 그래도 큰 희망이나 있는 듯이 몽롱한 살이를 하다가 최후의 길이 느닷없이 닥쳐오면 죽음의 공포심에만 떠는 이들보다도 더 무서움을 느끼는 것은, 모르고 지은 죄보다 알고 지은 죄의 갚음이 더 중한 줄을 알기 때문이라고요. 사방에서 불길이 쳐들어오는 화택火宅[35]에서 장난만 하는 아이들처럼 아

---

35 괴로움에 가득 찬 이 세상. 곧 사바세계인 속세.

무엇도 모르는 인간은 할 수 없지만, 알고도 죽음에 대비를 아니한 죄과는 어디에 사赦함을 구할 것이냐고요. 정신 안 차리고 지내던 나의 사후死後의 일을 뻔히 알게 되었으니 얼마나 떨릴 것이냐고요. 금생 일도 작은 일이 아닌데 끝나는 날을 만날 수 없는 무진無盡의 앞길을 만회할 길이 없는 이때에야 생각이 나다니, 그제야 염라국 사자한테 청이나 해볼까, 명을 이어 부활의 공부나 해보게 하는 생각이 나더라는 것이외다.

예전에 어떤 중이 중노릇은 아니하고 온갖 못된 일만 하고 지내다가 임종 때가 닥쳐서 차사差使이 갖은 형구刑具을 가지고 잡으러 왔는지라 자기가 한 짓은 잊고 어찌할 바를 모르고 떨고만 있다가 차사에게 지극히 공손하고 간절하게 "한 7일만 말미를 주시면 그 동안에 중노릇을 좀 해보고 죽겠습니다" 하고 청을 하니 차사들도 중노릇 해보겠다는 일이라 할 수 없이 허락하고 물러갔다는 것이외다. 평소에 들어두었던 화두인 '만법이 하나로 돌아갔다'고 하니 '하나'라는 것은 무엇인고? 하는 의심을 우주화하게 되어 7일 동안을 일심으로 하나가 무엇인지 의심하는 생각까지 끊어진 일념에 들어 마침내 누구의 눈에도 띄지 않게 되어, 곧 기멸起滅[36] 자재自在하게 되었다는 것이외다.

---

36 사물이 생하고 멸하는 것. 즉 인연이 화합하면 생(生)하고, 인연이 흩어지면 멸한다는 말.

그런즉 대인大人은 기起와 멸滅이 한 경계요, 소인은 그 경계의 분별이 상속하기에 만생 만사의 고를 받게 되는 것이라고요. 지금 내 앞에는 만생 만사의 생사의 바다가 가로놓여 그 바다에서 부침하는 고를 세세생생世世生生 이어받게 되었으니 큰 문제가 아니냐고요.

지금이라도 모면할 도리는 차사에게 잡혀갈 것이 뻔한 그 중처럼 앞뒤 일을 모두 잊어버리고 적연불매寂然不昧[37]한 자리에라도 들 수 있으면 차사에게 잡혀가지 않게는 될 수 있지만 평소에 익히지 못한 정신적 힘이 새로 생길 리 없다는 이론이 앞서는 나는 차사가 온대도 청을 할 생각도 없고….

아아, 이제 내 일은 정말 큰 일이다. 내가 평소에 해놓은 사업이란 과부와 고아들을 만들어놓은 그뿐이로다.

사랑이 괴로움의 근본이라더니 그 사랑 때문에 내 아내도 자식들도 이 괴롬을 받아 그칠 날이 언젠지 모르지 않느냐, 중이 된 아내는 이 사랑과 괴로움을 벗어나 영겁永劫에 해탈의 길을 걷게 되었으니 그와 나와는 이렇듯이 천양지판으로 되는 것을 모르기나 했으면… 하고 말했다는 것이외다. 이때 찡그리는지 우는지 모를 그 얼굴에는 눈물비가 주르르 흐르더라고 합니다.

숙희는 애처로운 그 환자의 입에서라도 의외로 그런 좋은 말

---

37 고요한 모습 그대로 흔들림이 없는 경지.

을 듣게 된 것이 기뻐서 숨소리도 낮추고 정성스럽게 듣고 있다가도 환자가 말하기 힘들어하는 눈치만 보이면 간호하고 있는 그의 장모와 같이 마루에 나가서 이야기도 하고 방에서 신문도 뒤적거리면서 환자를 쉬도록 하였지만, 주치의는 환자의 곁을 아주 떠나라는 눈치여서 숙희는 환자의 아내가 환자에게 아이들 울음소리가 안 들리게 한다고 아래채 구석방에 임시로 거처하는 데를 찾아갔더니 그 아내는 3년 전에 볼 때보다 뺨에 살은 좀 내렸으나 갸름하고 하얀 얼굴이 아직도 젊고 예뻐 보이는데 청상과부靑孀寡婦라는 싸르르한 느낌이 들어 눈물이 핑그르르 돌더라고 하더이다.

그 아내는 도리어 안심해 보이는 태도로, 어린아이들이 있는 방이라 냄새 날까 보다고 미안해하면서 자리를 정해주고는 "임선생이 어제는 참으로 위독했어요" 하고 말문을 열었다는 것이외다. 그래서 자신의 마지막 길이 캄캄하니 자연 불법을 멀리한 후회가 되는 동시에 불쌍한 유가족한테나 마지막으로 불법에 대한 간절한 말을 하는 것이니 꼭 명심하라고요. 시간이 낮과 밤의 연속인 것같이 현실 생활은 생멸의 반복이라, 우리는 반드시 한 번 죽지 않을 수 없으니 자기의 죽음을 그리 슬퍼할 일이 아니라고요. 그러나 아이들만 맡기고 이별의 길을 떠나게 되니 미안은 하지만 물질과 정신의 가장 좁은 한계 내에 있는 자신보다 절대력 앞에서 생사간에 안심하고 더 잘 살아갈 도리가 있다고 했다는 것이외다.

죽을 때 가서야 이렇게 말하는 것을 이상하게 느낄지 모르지만 사실은 가족들한테까지 이런 말조차 아니 해주었기 때문에 마지막 갈 길이 이렇게 아득하게 된 것이라고요. 사람이 죽을 때 착한 말을 한다더니 자기도 죽을 때 하는 이 말은 참으로 보배로운 말이니 이 말을 믿고 실행한다면 과부, 아니 그대 목숨이 수천 번 끊어진다 해도 행복스러운 길만 열려 다함이 없을 것이라고 하더랍니다. 가령 어디에 내가 요구하는 것은 무엇이나 다 주고 더구나 나를 무엇이라도 다 갖춘 사람으로 만들어주는 사람이 있다면 불원천리하고 찾아가서 내게 있는 것을 다 바치고라도 그것을 얻으려고 할 것이 아니냐고요.

그런데 앉은자리에서 만날 수 있고 내게 있는 대로의 신심과 정성이라는 대가만 내면 얻어질 그 일을 가르쳐 주마고요.

그러면 우리에게 무엇이나 다 주고 무엇이나 다 줄 수 있는 사람을 만들어 주는 이는 누구냐?

그분은 관세음보살님! 그분이라고요. 관세음보살님의 말씀이 "중생들은 현실에 팔려서 정신이 단일하게 되지를 못하니 어린애가 어머니, 하고 부르듯 내 명호를 자꾸만 부르면 처음에는 기계적으로 입으로만 불리다가도 나중에는 입과 마음이 서로 조응하게 일체 소원을 다 이루어주게 될 뿐 아니라 마침내 관세음보살을 부르는 자기가 곧 일체를 갖추는 완성된 사람, 곧 관세음보살인 것을 알게 된다"고 하셨나이다. 그러니 팔자를 아주 관세음보살님에게 맡기고 지내라고요. 부모나 친척이나 자녀가 그대를 아무리 생각해준다 해도 그대와 같은 인간이기에 그대의 바라는 대로 못해 주지만 관세음보살님은 시간으로 양으로 일체를 갖추신 분이시라 일체 소원을 이루어 주신다고요.

어쨌든 이 말을 해주는 것이, 보호해줄 많은 사람이나 재산을 넉넉하게 남겨주는 것보다도 참으로 큰 보배를 물려주는 것이라고요. 그러나 무능한 때나 의타적으로 계신 관세음보살을 부르게 되는 것이지, 실상은 관세음을 부르는 그 정체를 파악하여 나도 관세음임을 발견해야 된다고 하였답니다.

어쨌든 밥은 육체나 살리지만 염불은 영육靈肉을 다 살리는 양식이라고요.

그 아내는 빙그레 웃는 낯으로 "정말 그런 좋은 이야기를 왜 진작 안 해 주었나 싶도록 감동했어요" 하며, "그런데 임 선생은 용한 박 의사라는 이가 여러 가지 방법으로 치료한 어제 오후부터 좀 풀렸는데 아마 아주 풀릴라나 봐요. 숙식을 아주 못했는데도 어젯밤에는 잠을 좀 주무시고 아침에는 죽을 한 공기나 잡수셨어요" 하면서 아주 안심해하는 그 아내의 모양, 그것은 절대적인 자기의 필요에 대하여는 턱없이 바라고 믿는 인생의 심리가 아니리이까. 그러나 그 아내가 자기 내외의 업을 녹일 만큼 염불이나 지극하게 하였으면 모르지만 아직 그런 신심信心도 없어 보인즉, 아아, 얼마나 가련한 희망이냐, 하는 생각으로 숙희는 남의 일 같지 않게 슬퍼지더라는 것이외다.

오후 다섯 시쯤 되어 숙희가 병실에 가보니 환자는 기다리고 있었다는 듯 반가움에 얼굴 근육이 잠깐 떨리더랍니다. 환자는 힘을 모아 간신히 말하기를 자기는 아무것도 모르는 아내와 문법問法한다고 핑계대고 포교당에 유흥 겸 가보았고 불공한다고 간혹 절에 구경 다녔을 뿐이라는 것이외다. 그리고 누구에게나 내 종가요, 내 조상[佛]이 계시는 절에 가는 것을 세속인들과 같이 구경 다닌다고 말하게 되었고 불교에 관한 말을 할 기회도, 말할 기회도 없이 전연 속인으로 지내는 동안 처자에게나 학생들에게 종교적 사상을 고취할 생각은 아주 잊어버리다시피 하고 다만 인간적 또는 정적 책임감을 가졌을 뿐이었다는 것이외다. 그러다가 지금은 사정私情이 아주 절박하나, 말 한마디 해볼 데 없던 차에 마침 숙희 씨가 와서 자기 말에 절실히 감동되어 하는 데 힘을 얻어 의외로 말이 많아졌다고 하더라는 것이외다.

그러면서 불법 중에 인생난득, 장부丈夫난득, 출가出家난득, 불법佛法난득 등 사 난득四難得이 있는데, 이 사 난득 중에 제일인 첫째 한 조각 정신만 가진 이 몸이지만 이 몸이나마 내생에도 잃어버리지 않게 되어야 할 것이 아니냐며 사람의 몸이라야 사람의 정신으로 올바른 판단을 지어 법문을 알아듣고 정신 수습하는 공부를 하게 될 것이 아니냐고 했다는 것이외다.

그런데 천상 사람은 낙에 취하고 지옥 사람은 고에 빠지며 짐승은 둔탁鈍濁해서 공부가 안 되고 다만 고락이 상반한 사바세계 인간이라야 '나'를 찾는 법, 곧 진리 참구參究에 제일 적당하다고 부처님이 말씀하셨다고요.

자기는 사바세계에 인간의 몸으로 나서 더구나 장부로 출가까지 하여 정법正法을 만났으니 얼마나 환경이 좋았느냐고요. 그런데 정과 애라는 그 독물 때문에 백천만겁에 얻기 어려운 여러 가지 가장 좋은 조건을 다 잃어버리고 마지막 끝날 기약도 없는 극말적인 시간을 당하였다고 하더랍니다.

10년 전 늦은 가을에 입산한 아내를 따라 견성암見性庵이라는 절에 갔을 때 "사람의 몸 가졌을 때 사람의 정신을 찾으라…. 가사袈裟 입고 사람의 몸 잃어버리는 것처럼 가련한 일은 다시 없느니라" 하고 대중에게 말씀하시던 만공滿空 큰스님의 말씀이 지금도 쩡쩡하게 상기想起되어 들리는 듯하다며, 환자는 어떻게 표현할지 모르는 표정을 하더니 별안간 이마에 푸른 기운이 꽉 끼치며 진땀이 흐르고 목에서는 꿀꺽꿀꺽 소리가 들렸다는 것이외다.

숙희는 하늘과 땅과 환자와 자기가 함께 차차로 질식할 듯 갑갑함을 느꼈다 합니다. 의사는 응급치료에 급급하고, 아내와 아이들과 친지들이 우는 그 광경은 처량하다는 말로는 표현 못할 슬픈 정경이고, 한편으로 의사와 아는 사람들을 부르러 간다고

야단이었는데, 이 장면보다도 이 환자는 이제 가장 큰 참극의 주인공으로 지금 보는 최극의 고통보다도 사선死線 너머는 천야만야千耶萬耶한 구렁이 있거니와, 그 구렁 속에는 어느 겁에나 헤어날지 모르는 삼악도三惡道, 지옥, 아귀, 축생이 벌어져 있는데 그 구렁에 처박히게 된 주인공은 이 찰나에 무슨 다른 정신이 있을 것이냐 하는 생각이 들더라는 것이외다.

그런데 이 육체라는 것은 정신의 의복일 따름인즉 의복은 찢어지거나 낡으면 언제나 갈아입을 수 있는 것이 아니오리까?

갈릴 때는 정신의 변모대로 육체의 모양도 따라 달라지는 것이 아니오리까?

천 벌 만 벌 내가 지어둔 대로 입힐, 첩첩이 쌓여 있는 이 옷인 육체야 천 번 만 번 바꾸어도 아무 일이 없을 것인데 이것을 '죽음'이라고, 이 일만이 문제라는 인생은 얼마나 무지한 것이오리까?

내 옷을 내 마음대로 갈아입지 못하고 도리어 옷 갈아입는 것이 죽음이라고, 죽음의 당자와 친지가 몸부림치고 슬퍼하면서도 실성은 아니하였다는 것이외다.

그러나 자기가 실성한 줄 모르지 않은 환자는 사선을 넘어 위험에 놀란 그 힘으로 죽음의 고통을 이기고도 남아서 다시 숨을 돌려 말을 하더라는 것이외다.

육체를 여의고 갈 길이 망망한 내 고혼孤魂은 앞을 서고 눈물

바다에 잠긴 시체는 처량한 상여소리와 함께 북망산北邙山으로 떠나가는데 젊은 과부와 천애지각天涯之角의 고아들은 오늘은 밥이 있고 집이 있는 설움이지만 지아비, 아비 없는 훗날에는 주린 배를 움켜쥐고 추위에 떨며 남의 집 처마 밑에서 잠을 자게 되는 슬픔을 당할지 누가 알까….

말끝을 채 마치기도 전에 사정없는 염라국 차사가 달려들어 불쌍한 그 영가靈駕를 끌어내니 영가는 아무 반항 없이 조용히 따라가는 모양이고 시체조차 뜻이 고와서 잦아진 듯 적적하고 태평하여 보이더라는 것이외다.

그 아내는 남편의 유언대로 슬픈 중에도 관세음보살님의 큰 능력과 대자비를 믿는 마음으로 항상 입을 달싹달싹하며 태연하게 보살필 일에 착수하여 잘 해나가나, 철없는 상주喪主랄까? 다섯 살배기가 엄마 치마 밑으로 따라다니며 먹을 것 투정이나 하는 꼴이, 보는 이로 하여금 눈물을 자아내더라는 것이외다.

마침 대비하고 있던 법사스님이 시다림屍茶林, 영가에게 하는 설법을 하시는데 그 송구頌句 중에 적어 온 한 구절이 있나이다.

生從何處來 死向何處去

生也一片浮雲起 死也一片浮雲滅

浮雲自體本無實 生死去來亦如然

獨有一物常獨露 湛然不隨於生死

생종하처래 사향하처거

생야일편부운기 사야일편부운멸

부운자체본무실 생사거래역여연

독유일물상독로 담연불수어생사

그의 49재는 아내였던 주희가 스님으로 있는 견성암見性庵이
라는 절에서 지내기로 하였는데, 그것은 그곳에 영가를 천도薦度
해주실 만공滿空스님이 계시기 때문이었나이다.

다음은 그의 죽음을 지켜본 숙희가 7일 되는 초재初齋에도 참
석하였다가 주희周姬의 감상담을 들어온 이야기외다.

"내가 처음 살림을 시작할 때에는 내외적 생활의 안정을 전
제로 하고 남편은 전차비 10전이라도 내 손에서 타가야 먼지에
쌓인 먼 길 가까운 길을 걷지 않게 되고, 나는 고료로 약간 들어
오는 수입까지라도 살림에 보태느라 떨어진 양말에 빛바랜 '세
루' 옷이나 입으며 그릇 가지를 내가 사서 여다놓고 알뜰히 살
아서 빚도 다 갚고 살림살이에 윤곽은 잡혔것다, 아무 이상 없
는 부부애를 갖추었었죠. 평생 정과 물질의 가난으로 고생하던
남편은 나만 믿고 한참 만족을 느끼는 판에 밥 짓는 계집애 하
나만 남겨놓고 아무도 없는 빈집에 세간 부스러기까지 한편 방
에 몰아 쌓아 놓았지요. 떠날 임시에는 남편의 절 살림을 아는
탓으로 칼, 가위, 전등, 휴지까지 챙겨 유학 보내는 어머니가 딸

의 봇짐 싸주듯 친절하게 싸주고도 불가항력의 이름을 지긋이 참아 겨우 지탱하는 침착한 태도로 어이없이 바라만 보는 남편을 떼어버리고 돌아서게 될 때, 아무리 절대의 희망의 길을 떠난다 하여도 그래도 발길이 가볍지는 못하였지요.

그러나 절에 와서 냉정하게 비판해본 결과, 그가 3년만 있다가 다시 와서 가정 살이를 하자던 말이나 사랑의 맛만 보다가 어떻게 그만두려느냐는 사랑에 어린 소리를 하던 것이나 차차로는 같이 입산수도하자는 논의까지 하고 결혼한 처지요, 더구나 여러 불보살 앞에서 서원을 세우고 계를 받은 후 최상복最上服인 '가사'를 받고 인천人天의 스승이 될 무상법을 배우던 불제자가 되었던 이가 가정살이를 다시 하자는 그런 무서운 말을 어찌 할 수 있었을까요? 더구나 중생이 다 사랑의 쇠사슬에 걸려서 무한겁에 지극한 고를 받는다는 법문도 들었을 뿐 아니라 현재 남이 받는 고도 보고 듣고, 나도 사랑 때문에 그 괴로움을 느끼면서도 그래도 여전히 사랑에만 탐착貪着하게 될 수 있을까 하는 생각을 하게 되었지요. 그래도 너무 정에 주리던 이라, 처음 얼마간은 안 그럴 수 없을지 모르지만 차차 마음을 돌릴 날이 있을 터이지 싶었더니 끝내 돌이키는 생각은 조금도 없었던 그의 말로가 그렇지, 다른 도리가 있었겠나요.

그리고 임종 때 후회를 한 것도, 법문을 들어서 인과법은 짐작하니까 자기 전도가 망망하여 무궁무진한 고의 길을 여의지 못한 두려움을 견디지 못해 부르짖은 것이겠지요. 천주교 신녀가 사자 굴에 뛰어드는 광경을 보고 감격하고도 종교에 귀의하지 못한 것이 후회되었다면 죽음이 다 닥친 자기가 종교의 위대성을 설교할 겨를이 어디 있겠어요? 더구나 종교에 대한 인식 부족을 발로시킨 것이 오직 종교심이라는 것은 지극한 마음인데, 지극에는 대對가 끊어져서 지극이라는 이름까지 버려야 하며 종교도 믿음도 부처도 예수도 다 여의게 되는 그 자리를 이야기로 늘어놓고 있었을 것이오? 그리고 천주교 신녀의 행동은 장하지만 그 내용이 지극하지는 못하여 보는 이도 지극하게 감격하지 못하였는지도 모르지요. 나는 예전 보광불寶光佛 때에 일념一念이란 여인이 병자에게 자신의 살을 일주일을 두고 매일 한 근씩 베어 팔아서 천금을 받아 가지고 그 돈을 죄다 보광불께 예단禮單으로 바치고 시심시불是心是佛이란 간단한 법문 한마디를 얻어듣고 곧 완인完人이 되었다는 그 이야기를 듣고 과연 감탄하였지요.

　나는 입산 후에도 정진이 잘 되지 않아 내가 무엇인지 알 수는 없고 어떻게 번민이 심한지 성불이고 뭐고 다 그만두고 차라리 소멸되는 도리나 있었으면 좀 좋을까 했지요. 그러나 물질이 불멸하는데 물질의 바탕인 참생명이 없어질 까닭은 없지 않은가! 마을에 살 때는 극단으로 절망할 때는 자살이라는 최후의 피난처가 있는 줄 알고 적이 안심도 할 수 있었지만 죽지 못하는 원리원칙을 안 이때의 고민이야말로 절정에 이르렀으니 참으로 숨막히는 일이 아닌가 하고 한없이 울어보기도 했지요. 하지만 그때는 사자 굴이나 불구덩이에 뛰어들어가 '나'를 알 수 있다면 곧 뛰어들 수가 있었지만 일주일을 두고 매일 살을 한 근씩 베어내는 일은 견딜 것 같지 않으니까…."

그 여자의 행동은 과연 지극에 이른 것이외다. 그 여인이 일곱 근의 살을 베어내고도 죽지 않은 까닭은 무엇인가. 생은 독립적인 창조성을 지닌 정신이라 육체에 의존하지 않기 때문이외다. 따라서 육체는 정신이 만들고 버리고 하는 것이므로 지극정성, 곧 물질적 정신과 정신의 정신이 합치될 때 육체적 생사는 정신의 임의대로 되는 것이외다. 그리고 전체적 정신의 소유자로 '나'에 체달體達되지 못하였어도 신심만 견고하면 정신 하나로 어떠한 기적적 행동도 할 수 있는 것이외다. '예수'께서도 '믿음이 겨자씨 하나만 하여도 이 자리로 태산을 곧 옮겨 온다'고 말씀하셨다지 않았나이까.

믿는 마음이 곧 내 마음이라 내 마음은 일체의 창조주이기 때문이외다. 다시 말하지만 지극은 나머지 없이 얻어 우주적 행동을 하게 되는 것이요, 다 버려야 다 얻어지는 것이 원리이기 때문이외다. 다시 말하면 소아小我인 나를 다 바치면 대아大我를 얻는다는 말이외다. 즉, 어쨌든 그가 최후 시간에라도 자기를 다 버리는 지극한 후회를 할 수 있었다면 만사가 해결될 것인데 그리 못된 것이 유감이로군요. 지극히 후회가 된다면 죽어갈 길이 아득한 것조차 생각할 겨를이 없을 것이며 말길이 끊어진 적적寂寂한 자리에서 후회조차 느낄 새가 없을 터이외다. 그런데 무슨 서럽지 않은 울음에 넋두리처럼 요령 없는 말이 그리 많았으며, 죽어갈 길을 몰라서 쩔쩔매면서도 처자가 못내 잊을 수 없다니…. 아무튼 이 현실이 환幻이니만큼 전도가 망망하니 악도가 무서우니 하는 것도 망상이라, 다만 망상의 근본인 내 정신을 찾아야 할 뿐인 것을 알아 선정禪定에 들 겨를이 없었으니 종교적 인식을 마지막까지 못 가졌던 것이지요. 그러나 평소에 양심적인 사람이었고 늦게라도 후회하는 마음만은 없지 않아 다시 불전에 귀의하여 자책하는 마음으로 고요하게 죽었으니 내세에는 불법을 다시 여의지는 않게 될지 모르지요. 하지만 벼랑에서 한 걸음 헛디뎌 하향일로下向一路로 걸어가던 사람이요, 또 사람이 죽어 사람 되기가 백분의 일도 안 된다는데 믿을 수도 없는 일이 아니오리까.

어쨌든 이번 큰스님의 법문을 듣고 해탈이나 하였으면 하지요. 영가는 육체를 가졌을 때보다는 식識이 좀 덜 어둡다니….

"그런데 내가 그분 초재初齋 때 지장보살님께 '불쌍한 영가를 잘 천도해 줍시사' 하는 염원이야 없지 않았지만 아주 무념으로 절을 하자 어째서인지 손등에서 난데없는 물방울이 굴러 혼자 빙긋 웃었지요" 하며 주희는 다시 빙긋 웃더니 가벼운 한숨을 쉬며 "인연 깊은 그와의 일막의 희비극은 그만 끝이 난 모양이군요" 하고 고개를 들며 "그러나저러나 이런 급한 소식을 늦게 듣고 늦게야 들어왔으니… 촌각이 아까운 내 시간인데…" 하며 긴장된 표정으로 몸을 가누어 바로 앉으며 "어쨌든 이런 전감前鑑[38]으로 정신차려 정진에 더욱 힘을 써야 할 뿐이오" 하고 담담하게 고개를 숙이더라는 것이외다.

나는 이런 이야기를 듣고 나서야 비로소 주희가 사랑하는 남편과 가정을 버리고 출가한 곡절을 알게 되었나이다.

그리고 있고 없고, 좋은 것 언짢은 것이 분명히 보이는 일, 곧 현전現前에 내가 재산을 많이 가졌다든지 무슨 사업이 잘 되어 간다 하더라도 그대로 한 보조로 현상을 유지하기도 어려운데 하물며 눈에 보이지 않는 내 정신적 일에 향상되기야 얼마나 어려운 일이옵니까? 그래서 주희가 남편 되었던 이의 생전 지내던 일을 미루어 장래 일을 염려하는 말이 다 이해되는 듯도 하오이다.

그리고 당신도 오랜 동안은 아니지만 정신적 향상을 위하여 얼마나 내게 간절히 말씀하셨나이까?

그러나 그때 나는 당신의 일체 것을 사랑으로 합리화시킬 뿐

---

38 지난 일을 거울 삼아 비추어 보는 일.

이었나이다.

그렇게 된 위인이라 지금까지도 정신을 바짝 차릴 만한 이 일을 보면서도 다만 놀라운 생각이 날 듯해질 뿐 그저 정신이 멍멍하기만 하외다. 마치 어두운 산길에서, 먼데서 비치는 불빛을 잠깐 보고 다시 어둠에 잠겨버린 사람이 동행을 잃고 이리 가면 태산이 가로막히고 저리 가면 구렁텅이가 있어 아득하고 답답한 것과 같은 이 정경을 당신의 눈에 한번 슬쩍 보여라도 드릴 수 있었으면 하여질 뿐이외다. 아마 사랑의 줄은 너무 억세고 내 맘은 너무 약한 탓인가 하나이다.

어쨌든 최후 승리자가 될 수 있는 강한 마음을 알아 얻은 인간은 자타일체自他一切, 곧 너와 남이 없는 '하나를 이룬 인간'이라 하셨나이다. 그러면 인생들이 성性이 성을, 그리고 육肉이 육에 줄이어 애태우는 꼴들은 봄 꿩이 제 구슬픈 목소리에 서러워져서 울다가 울다가 피를 토하고 죽는 것 같은 비극이외다 그려!

그러나 세상에 사랑을 여읜 인간은 없는 것이외다. 그래서 석가모니 부처님도 사랑의 길이 둘만 되었더라도 성불을 못하였을 것이라 하셨다지 않나이까?

야박하기 짝이 없는 애별고愛別苦를 참고 참아 성불하신 부처님같이 나도 일시적인 적막을 견디어서 만겁에 외로움을 면해야 할 것이 아니오리까.

그리고 뜨거운 사랑의 반면에는 반드시 차디찬 적막이 숨어 있을 것을 왜 모르기야 하오리까.

그러나 마치 불빛에 덤비는 불나비가 무더기로 쌓인 동무의 시체조차 눈에 보이지 않아 불로 또 대들고 대들어 제 몸들을 그슬리는 것같이 나도 애욕의 눈이 어두워 무진無盡한 삼악三惡의 험난한 전정을 헤아릴 길이 없나이다.

그리고 닭의 눈에는 금강석 한 개가 보리 한 알만도 못하다지 않나이까.

나는 지금 당신의 정, 그 외에는 성불 같은 것을 생각할 여유가 없나이다.

인욕忍辱도 할 수 있고 재욕財慾도 금할 수가 있지만 애착심만은 마치 졸음이 푹푹 퍼붓는 때 같아서 어쩔 수가 없으니 어찌하오리까?

계신 그제도 안 계신 이제처럼 내 맘 빈틈 없었던들 당신은 가실 길을 못 찾았을 것을!

아! 어쩌다 가셨던지 당신은 그만 가버렸으니 가신 뒤뜰에는 나의 기다림이 차서 넘치게 되고 초조한 나의 생각은 시간의 숫자와는 당치도 않게 길고 짧게 느껴지다가 이제는 헤아림조차 잊어버린 아득한 시일이 머나멀게 지난 듯 해지나이다. 슬픔까지 잊은 그전대로의 평범한 생활에 들게 될는지도 모르는 것이외다.

무엇에나 극에 이르면 끝장이 나는 것이 아니오리까?

기다림의 끝에 이른 내가 돌아올 마음조차 사라진 빈 보따리만 짊어지고, 영 그만인 길을 떠나버리게 되는지도 모르나이다.

그제야 내가 기다림으로 몸부림치던 빈 뜰앞에 당신이 돌아와서 하염없는 덤불을 허우적거리며 눈물을 흘린들 날아가는 새들의 웃음거리밖에 더 되오리까?

아! 이제라도 좀 빨리 오셔 주사이다. 기다림으로 지탱해가는 이 숨소리가 끊이기 전에….

이런 넋두리 앞에 나타나는 현실은 당신이 꼭 보아야만 할 나의 편지가 책상에 수북이 쌓인 것이외다. 갈 데 없음을 미리 아는 편지의 반항심을 구태여 어겨서 겨우 쓴 편지외다. 이 편지가 어느 때라도 당신의 손에 들어가 어루만져질 때가 있기는 있사올 것을 믿는 힘이 이긴 것이외다.

그때에는 당신도 인간적 감동심으로라도 한 줄기 동정의 눈물은 아끼지는 아니할 것이외다.

그 눈물로 인해 당신이 혹 회심이라도 되실까 하는 애달픈 희망으로, 나의 실감을 샅샅이 적어 흐르는 물에 띄워 보내는 양 언제 어떻게라도 보내 볼 도리가 있을까, 하고 써놓기는 하였나이다.

그리고 그 애달픈 희망이 이루어지는 날이 곧 이별의 슬픔이 다하는 날일 것을 미리 짐작하는 아쉬운 나의 심경인 것이외다.

B씨에게, 제1신

그러나 흐르는 물에 보내는 양이란, 아아! 얼마나 막연하고 처량한 말이냐! 향하는 곳이 어디라는 것조차 알리지 않고 하늘 끝, 땅 밑 어디로인지 달아나서 다섯 달째나 감쪽같이 자취를 감춰버린 야속스러운 그 사람이 그래도 잊히지 않아서 이 안타까운 심정을 알려라도 볼 양으로 온갖 슬픈 사연을 다 적어는 놓았으나 어디로 보낼 데를 모르니…. 흐르는 물, 백천만에 흐르는 냇물 강물 그 어느 흐르는 물에 띄워 보낸단 말이냐. 아! 이 얼마나 아쉽고 기막힌 말이냐!

정말 가랑잎에 붙여 날려야 하느냐, 비행기에 넣어 떨어뜨려야 하느냐! 아무래도 보낼 곳이 없지 않느냐. 주소도 모르는 이 편지를 천상천하의 모든 배달부를 다 불러서 부탁한대도 전해질 길은 없지 않으냐! 보낼 데 없는 이 편지를 어이하랴. 내가 미친 짓을 한 것이 아니냐…?

싱겁기만 하던 나의 가슴에서도 불이 후끈 치밀었나이다.

편지를 그만 벅벅 찢어버리고 싶은 것을 그래도 참고 꾸깃꾸깃 뭉쳐서 동댕이쳐버렸나이다.

편지는 미닫이 밑에 떨어지면서 꾸겼던 뭉치가 이리저리 펼쳐졌나이다. 편지는 아무 죄도 없건만 원망도 괴로움도 없는 표정으로 일으켜주기를 바라는 듯 가만히 누워 있었나이다.

나는 가엾은 편지를 더 학대하기가 미안해서 도로 끌어다 안았나이다. 기를 수 없는 아기처럼…. 나는 편지를 끌어안고 몸부림치며 흑흑 흐느껴 울기를 마지않았나이다.

나는 편지를 끌어안고 울던 그때처럼 끝없이 슬프기만 한 때를, 천애의 고아로 부모상을 당한 때도 경험한 것 같지 않았나이다. 운다고 말릴 사람이 있나, 동정할 이가 있나, 싫어할 이가 있나, 외로운 등불만 꺼먹꺼먹 바라보는 데서 혼자 실컷 울다가 울다가 제풀에 지치니 슬픔도 그쳐지고 눈물도 마른 듯 마음이 비어졌나이다.

나는 우두커니 앉아서 어둠을 방위하고 서 있는 미닫이를 물끄러미 바라보다가 "반가운 사람을 맞아주고 보내주는 두 가지 책임을 한꺼번에 사면해버릴 날도 있을 것이냐!" 하고 미닫이에게 묻던 작년 봄 그때 생각을 불현듯 떠올렸나이다. 그때는 '그런 당치 않은 생각은 부질없이 왜 하노?' 하고 스스로도 이상스러웠던 그 생각이 '이제 와서는 정말 마치고 마는구나' 하고 새삼스레 무상히 느껴지는 순간에 생각이 홱 돌이켜졌나이다. 그날 당신은 "믿지 못할 것은 세상 일이라, 만난 기쁨이 가기 전에 떠나는 설움이 오는 것이니 이 기쁨에만 취하지 말고 오직 우리가 할 일은 '하나'화에 이르는 공부를 하여 봉별逢別이 하나요 애증이 둘이 아닌 법을 증득證得[39]하게 되는 날 비로소 만나거나 떠나거나 사랑하거나 미워하거나 부동적 평안함을 얻는다"라고

---

39 바른 지혜로써 진리를 깨달아 얻음.

하셨나이다.

어쨌든 나는 절망의 바위 끝에서 눈물의 바다에 빠졌던 그때에 비로소 당신의 말씀을 상기함에 따라 참으로 무상無常을 느끼게 되었나이다.

그리고 무상한 현실은 나의 피조적인 것을 알게 되니 언제나 교체되게 지어 놓은 봉별逢別은 왜 괴로워하였던 것이오니까?

어쨌든 현실은 변화의 과정이 끝없이 되풀이되어 절대의 위인도 경국傾國의 의인義人도 숨 한번 들이쉬고 내쉬지 못하게 되면 백 년이 다 못 가서 그 무덤 위에 논밭을 갈게 되고, 논밭을 갈던 소나 사람도 필경은 논밭으로 화하는 날이 있고야 말 것이 아니오리까? 논밭 또한 무너져 늪이 될 날도 그리 먼 장래는 아닌 것이 아니오리까?

과거는 흘러갔고 현재도 자꾸 흐르고 흘러, 오는 미래와 합류되어 흘러, 이러한 허망한 윤회輪廻라는 수레바퀴에서 인생은 돌고도는데 무엇이 실實답다고 내가 당신을 안 놓으려고 몸부림을 친 것이오리까? 더구나 그때 나의 유일한 소원은 당신과의 이별이 없는 그날이었던바, 그 완강한 생각이 인연취산因緣聚散을 면치 못하는 그 법칙을 말씀하셔도 도무지 귀에 들리지 않았던 것이외다.

볼 수 있고 상상할 수 있는 것은 모두 변하고 천류遷流되는데 어찌 정이 그대로 있으리라 믿고 의지하였던 것이오리까?

나는 그것을 모르고 당신만 믿다가 대들보가 부러지면 집이 무너지듯이 당신이 떠나는 날 내 온갖 희망이 절망의 바다에 잠겨버리게 되었나이다.

그러나 환멸경幻滅境이 다하면 진실경眞實境이 나타나는 것이외다.

현실이 허망하지만 현실 생활은 영원의 순력巡歷으로 포기할 도리가 없는 것이 원칙으로 되었나이다. 다만 현실의 애착으로 일어나는 고뇌를 면하게 되는 법, 곧 현실에서 현실의 근본인 안전지대를 찾아내는 것이 진실경이외다. 고금을 일시화하고 이곳저곳을 한자리로 만든 경지외다.

그 참경계를 발견하는 데는 오랜 시일을 요구하는 것도 아니요, 종교 교리에만 의지하는 것도 아니요, 꼭 정한 무슨 법칙이 있는 것도 아니외다.

다만 털끝 하나 남지 않은 모든 정신에 체달되면 그만이외다. 모든 정신이란 희로를 느끼는 이 정신을 다 소멸시킨 자리외다.

나는 믿을 데도 없고 의지할 데도 없는 절망의 바위 끝에서 눈물 삼매에 들었다가 한걸음 더 나아가 마음이 그만 단일화하게 되어 비로소 세정世情을 단념하고 이 정신의 정체, 곧 '나'를 발견하게 되는 법을 따라 전력을 기울여보려는 생각을 결정하게 된 것이외다.

결정하고 나니 우주가 그대로 나 하나라, 현실은 나의 몸이요,

현실의 내적 본질, 곧 면목이 나타나지 않은 현실은 나의 정신이라는 생각이 명확해졌나이다.

나는 나의 세계를 세울 곳이 따로 있는 줄 알고 찾아 헤맸던 것이외다.

아아, 이런 묘한 도리가 아니었다면 내가 스스로 만들어 놓았던 그 사랑의 쇠사슬에 얽혀가지고 세세생생世世生生에 한없는 고생을 어찌나 받았을 것이오리까? 전화위복이라더니 이렇게 된 경우를 말한 것인가 하나이다.

만일 내가 당신과 더불어 즐거운 가정이나 꾸몄더라면 믿지 못할 세상일이라는 것보다 순일한 정신으로 돌아갈 기회를 얻기 어려웠을 것이요, 순일한 정신으로 돌아갈 기회를 얻기 어려웠다면 정진하기는 더욱 어려웠을 것이 아니오리까?

밥은 육체를 살리지만 정진은 정신으로 육체까지 살리는 참된 식량이 아니오리까?

그러나 지금 내가 말하는 이 인식이 어느 정도까지 가져졌는지는 스스로 모르나 정신을 떠나서는 참생명이 살 길을 잃어버리는 줄을 알았나이다.

그래서 지금 우선 한가한 마음으로 정진할 수 있게 된 것을 기뻐할 뿐이외다.

이것이, 당신이 주신 크나큰 선물이외다. 다 이루어진 다음 더 큰 감사를 드리겠나이다.

나는 득소위족得小爲足[40]해서는 안 될 것을 아나이다. 더구나 사랑을 진정시키는 주사를 맞은 이 상태는 믿을 수 없는 것이외다. 최후의 생각까지 사라지지 않는 사랑! 생각 아니한다는 그 생각까지 아니하게 되어야 사랑과 더불어 온갖 번뇌는 사라질 것이 아니오니까?

곡식을 심어 가꾸어서 거두기까지의 노력이 가치 있는 것이지 김을 매다 그만두거나 다 익은 후라도 거두지 않으면 중간 노력은 헛노고에 지나지 않는 것같이, 완성이 되기 전에 만족을 느껴 그만둔다면 본래 우매한 중생과 마찬가지로 생사고를 못 면할 것이 아니오리까?

그래서 나도 곧 주희 씨와 같이 견성암 중이 되려 하나이다.

더구나 그곳은 도량道場, 도반道伴, 도인이 계신 원만한 수도장으로 만공滿空 대선사가 계시다 하나이다.

지금은 바람 혼자서 잠이 안 오는지 사르르 숨소리를 내며 캄캄한 밤 골목으로 거닐 뿐, 군밤장수의 외치는 소리까지 끊어졌나이다.

눈이 반반해져서 이왕 잠이 아니 올 바에는 우선 이 무상의 기쁜 소식을 온 천하에 알려야 하겠기에 원력願力을 세운 노래를 불러 보겠나이다.

---

40 조금 얻는 것으로 만족함.

나는 노래를 부릅니다.

나의 노랫소리에 시간의 숫자와 공간의 한限 자도

그만 녹아버리나이다.

나는 나의 노래의 절대 자유를 위하여 노랫가락의

고저와 장단을 맞추는 아름다운 구속도

사양하나이다.

그저 내 멋대로 나의 노래를

소리 높여 부를 뿐이외다.

나의 노래는 슬픔을 풀고 기쁨을 돕는

서정시抒情詩도 아니외다.

더구나 착한 것을 권하고 악한 것을 말리는

교훈의 글귀도 아니외다.

그렇다고 하늘 사람의 거룩한 말씀이나

지하 사람의 고통의 부르짖음도 아니외다.

그리고 나의 노래를 찬양하거나

뜻을 안다는 이가 있다면 그것은

나의 노래에 결점을 낼 뿐이외다.

그러면 석가모니 부처님도 모르는

우주의 원리원칙을 들먹거려 보려느냐고요.

그런 망발의 생각을 할 리도 없나이다.

다만 유정有情 무정이 일용하고 있는

백천삼매百千三昧의 묘구妙句 그대로

읊조릴 뿐이외다.

그래서 썩은 흙덩이나 마른 나무등걸이라도

나의 노래에는 감응이 있게 되나이다.

허공이 너무 느껴지는 바람에

비가 눈물을 그치고 바람이 웃음을

멈추게 되나이다.

끊임없이 요동하던 파도는 바쁜 걸음을 멈추고

우주적 게으름뱅이 편편한 대지가 다

궁둥이를 들먹거리나이다.

천당에서는 주야로 그치지 않던

환락적인 음악 소리가 제 염치없음에 자지러지고

지하에서는 간단없이 지옥 죄수를 때려부수는

그 채찍이 넋 잃은 사자의 손에서 슬그머니

떨어져버리나이다.

그러나 부르는 장소가 시장市場이외다그려!

싸구려, 비싸구려, 장사치들이 대지를 흔들어

넘기는 그 소리에 나의 노래는 저기압에 눌린

연기처럼 사라지기만 하나이다.

마치 밑빠진 독에 물을 길어 붓는 것처럼

지녀지지도 못하는 노래이지만

그래도 나는 더욱 소리 높여 부를 뿐이외다.

밑빠진 구멍에라도 언제까지나 물을 길어 붓기를

그치지만 않는다면 필경 물이 대륙에 스며넘쳐서

밑빠진 그 항아리에까지 차고야 말 것이

아니오리까?

나도 나의 노래를 세세생생에 불러서

삼천대천세계에 차고 넘친다면

나의 노래가 듣기 싫어서 귀를 틀어막는

그 솜[綿]까지도 나의 노래가 되는 것이 아니오리까?

아아! 나는 그저 소리 높여

내 노래를 부를 뿐이외다.

나의 등 뒤에서는 시계가 세 시라고 소리질러 알려 주나이다.

세속에서는 때가 한창 쉴 때이라, 수목樹木이 눈을 감게 되고, 허공의 숨소리까지 그쳐졌건만 어떤 절에서나 날마다 이때 곧 새벽 세 시에는 일어나야 한다고 당신이 말씀하신 적이 있었나이다.

재작년 여름에 금강산 표훈사表訓寺에서 내가 하룻밤 잘 때에 그 절의 노스님이 부드럽고 온화한 목소리로 세 시에 도량석을 하는 소리에 깊이 감동되어 드러누워 있기가 황송해서 몸이 몹시 피곤하건만 일어나 읍揖하고 앉아서 듣던 일이 기억에 나타나나이다.

따라서 고요한 새벽에 가만히 앉아 정진하고 계실 줄로 상상되는 당신의 모양이 그 언제 꾼 꿈처럼 내 눈에 스르르 떠오르나이다.

그렇다면 내게 그렇듯 정을 느낄 줄 알던 당신이 어떤 여인과 동반을 하여 가셨다면 나를 버리고 깊은 산속에까지 떨어지지 못하고 동행해야 하는 그 여인에게 얼마나 애정을 깊이 느낄 것이오리까?

그렇다면 오롯한 정신은 아니 되올까 오히려 동정되나이다.

그러나 이 동정심이란 애인의 결혼식에 결혼 축하물인 양 애달픈 자기의 정회를 실려 보내는 가엾은 꽃다발은 아닌 줄을 잘 아시기 바라나이다.

어쨌든 눈물을 흘리며 펜을 들던 엊저녁 때와는 딴 감정을 갖게 된 나인 것만은 사실이외다.

나는 이때의 경험으로도 마음 하나로 생사고락을 임의로 할 수 있는 것을 알게 되었나이다.

그리고 생존의 책임은 반드시 스스로 가져야 하는 정칙을 모르기 때문에 현실 생활에 대한 표준이 명확하지 못했던 만큼 생명의 험렬險烈함과 그 결의과 피의 법도를 알 길 없이 지내던, 철없던 나의 일은 얼마나 위험한 것이었겠나이까?

이제 잠깐 사이에 나의 딴판으로 갈린 이 감정면을 실연에 애끓는 모든 남녀에게 보였으면 하나이다.

한 생각이 일어나면 생사고락과 피차과 남녀의 분별이 생기는데 피차라는 경계선에서는 촉처觸處에 대립이 생기고 남녀라는 성별경性別境에는 대하는 것마다 성을 범하게 되는 것이외다.

어쨌든 우리가 다겁루생多劫累生으로 살아오는 동안에 누구와는 부부가 안 되었을 것이며 무엇하고는 인연을 아니 맺었겠나이까? 아무튼 봉별逢別의 세계에서는 별리別離의 슬픔이라, 다만 무념경無念境에만 설움을 면하게 되나이다.

그러나 마주서면 인연이요 돌아서면 이별로 담담하게 살아가며, 네 계집 내 남편하고 다툴 것도 없고, 잊네 못 잊네 괴로워하지도 말고 자유롭게 지냈으면 인생이 얼마나 평화롭게 될 것이오리까?

천상인天上人들은 애착심이 없기 때문에 극치의 애정적 교환이 교환되는 그 순간에 결산된다고 하나이다.

석화石火 같은 눈빛의 교환이, 무한겁의 생활기록으로 이루어진 그 미진수적 세계 인간의 애정사인 셈이외다.

어쨌든 애욕과 소유욕, 명예욕이 굳센 중생계에서는 사랑 때문에 고와 다툼이 끊어지지 않는 게 사실이외다. 더구나 만나면 떠나지 않을 수 없는 인연관계조차 모르는 것이외다.

다만 사랑과 미움이 둘이 아니요, 성과 성이 본래 하나인 '나'를 깨달아야 할 뿐이외다.

'나'를 깨닫는다면 사랑하거나 미워하거나 천상인이 되거나 지하 중생이 되거나 탈선하지 않는 독립적 생활을 하게 될 것이 아니오리까?

이렇게 사는 것이야말로 대아적 생활을 말하는 것인데 먼저 소아적인 내가 털끝 하나 남지 않고 다 소멸되어야 할 것은 사실이 아니오리까? 우선 살아서 이 육체와도 남이 되어야 할 것이 아니오리까?

그러나 이 현실이 아무리 환멸경이라 하더라도 우리가 영원 무궁하게 현실 생활의 반복을 계속하여 살아온 것은 사실이니 이 복잡다단한 생활에 젖은 그 습기習氣를 그리 쉽게 해소시킬 수 없을 것이외다.

그러니 우리가 얼마나 애를 써서 정진을 해야 할 것이오리까?

밤은 새었나보외다.

어떤 큰 어둠이라도 내 눈앞에 닥쳐만 봐라, 하는 당당한 기세로 군림하였던 전등불도 희무레해지나이다.

모든 생명이 움직이는 이런저런 소리도 들려오나이다.

나도 펜을 놓고 나의 새 날을 맞이해야 하겠나이다.

오늘은 내가 처음으로 천재일우의 기회를 갖게 된 새로운 날이외다. 부활한 인생의 첫출발의 자리외다.

무량수로 지나간 생활에서 나는 자업自業의 술모術謀로 인하여 얼마나 많은 희비고락을 겪었는지 모르지만 그 모든 생활을 화장火葬시키고 금생에서 당신이 주신 양극단적 생활, 곧 만나서 무척 기뻤고 떠나서 실컷 슬퍼졌던 그 살림의 영결식도 오늘 같이 치르기로 하였나이다.

동시에 무궁한 내세를 개척하기 위한 출발일도 또한 오늘 이 시간으로 정한 것이외다.

우선 길 떠나기 전 준비를 갖추고 나서게 된 만족감을 흐뭇하게 느끼나이다.

세속에서는 웬만큼 전일專一한 정신으로 하는 일은 다 정진이라고 하지만 이 정진은 그런 유類의 정진이 아니외다.

생각이 끊어지고 말길이 딱 막힌, 상상도 허락하지 않는 성성惺惺한 무념처에서 자성自性을 발견하려고 애쓰는 정진이외다.

어쨌든 일체 우주는 '나' 하나뿐이니 부분적인 굳은살[失性]의 생활을 도려내 본체 곧 우주적인 내 육체의 혈액과 신경이 고루 통해질 그 공부를 하여 토목와석土木瓦石까지 함께 웃고 울며 살아가야 하지 않겠나이까?

그래야 성한[見性] 사람 노릇을 하게 되는 것이 아니오리까?

어쨌든 누구나 회광반조回光反照, 곧 생각의 반면을 살펴보면 '나'는 기어이 발견되는 것이 아니오리까?

이제 당신은 나를 버려도 좋습니다.

취해 주신대도 싫지 않을 따름이외다.

지금 당신이 당장 나타나신대도 놀라게 반가울 것도 없나이다.

그리고 당신이 길이 아니 오셔도 나는 울지 않을 큰 애가 되었나이다.

지금 나는 당신의 애인도 동지도 될 자격이 이루어졌다는 자신이 생긴 때문이외다. 그리고 만나고 떠남은 둘이 아님을 알았음이외다.

그리고 당신과 나는 변함이 없고 이별이 있지 않은 '임'의 자리를 본래 여의지 않았던 것을 알았나이다. 실연의 비애를 느끼던 것이 자아배반自我背反의 자학적 슬픔이었나이다.

그리고 나는 당신에게서부터 인천人天에까지의 스승이 될 만한 희망을 이룰 것을 기약하는 것이외다. 나는 부처님이나 하느님의 존재 전 존재인 '일찍사람', 곧 중僧이 되기로 하였나이다.

'일찍사람'은 존재 전에 정신이 갖추어진 인간이외다. 중이 못 된 존재, 한 인간으로도 생활이 시작되기 전에 정신이 갖추어져야 참 인간이외다.

더 크게 한번 외치나이다.

"백년의 교육이 한 생각 돌리게 함만 못하다!"고.

생각이 곧 일체라, 남김없이 다 돌리면 즉석에 대아大我을 이루고 조금만 돌려져도 이만한 쾌감을 느낄 수 있으니까요!

아아! 생각을 조금만 돌려도 내 세계는 이렇게 크고 넓은 것을…. 내가 시공화되어 이제 하늘을 향하여 땅이 되어라 하면 하늘이 땅이 되어 내려와 엎드릴 것이요, 땅에게 하늘이 되어라 하면 금세 땅의 기운이 풀려 하늘로 올라갈 것이요, 방향을 틀어 동을 서로 만들고 북을 남으로 변하게도 할 것이외다.

그리고 내가 살고 싶은 세계라면 내 앉은 이 자리에서 곧 천당이나 지상이 세워질 것이며 내가 남녀간 무슨 성을 갖든지 하늘이나 창공까지도 내 성의 대상이 되어 성에 맞춰 음양간에 응하여줄 수도 있는 것이외다. 다시 말하면 생각하지 않는 곳에 욕구적 자료는 다 갖추어 있기 때문에 생각의 임의로 일체 것을 현실로 쓸 수 있는 것이외다.

내가 상상할 수 있는 한계 내에서는 무슨 엄청난 말이라도 할 권리가 있고, 말은 현실이니 어떤 어마어마한 일이라도 현실화할 능력이 내게 있는 것이외다.

거짓말이란 이 사바세계에만 있다 하나이다. 천상계天上界에는 말과 실현의 시간과 장소가 어긋나지 않기 때문에 거짓말을 모른다 하나이다.

우주가 곧 '나'니 만유萬有가 '나' 밖에 다른 것이 없기 때문이외다.

어쨌든 중생은 자기가 각양의 형구形具를 갖추어놓고 자기를 때리면서 형구가 벌을 주는 줄 알고 충천衝天의 원망으로 몸부림치는 것이외다. 나도 그중의 한 여인임을 비로소 알았나이다.

이런 유치한 이야기를 늘어놓는 것은 우리 중생은 하잘것없는 일에도 불가능한 일이라고 하여, 찾아볼 생각도 없이 그 구속 하에서 부자유하기 짝이 없는 생활을 하는 것을 설파한 것뿐이외다. 할 수 없다는 열등감만 안 가지면 만능의 인간이 되나이다.

아무튼 내가 나를 찾아 내 생활을 하는 데에 인간이라는 의의가 서는 것이외다.

내 상상이 현실이요, 실제요, 존재인 까닭에 일체능一切能을 가진 것이 인간이 아니오리까. 이렇듯이 자유자재한 나를 버리고 내 스스로 한 여성이 되어가지고 막다른 골목에 고개를 처박고 당신이라는 한 남성을 피나게 부르는 그 실성한 짓이 얼마나 가여웠사오리까?

내가 곧 당신이요, 당신이 곧 나인데 내가 나를 부르며 헤매는 모양은 또한 얼마나 우스웠사오리까?

만일 한 생각 돌릴 길이 없었다면 일부분인 정신이나마 탈선이 되어버릴 날까지 있을지도 모르는 일이었나이다.

이 육체적 생활이 잠깐 그릇되는 일도 작은 일이 아니라는데 하물며 헤아릴 수 없이 오고 오는 내 생활인데 그 생활의 시작이 비뚤어진다면 얼마나 어마어마한 위험이리오까?

내 생각 한 털끝 사이에 행불행의 두 갈래 길이 영원히 벌어지는 무시무시한 판이 아니오리까. 없어지지 않는다 하여 있는 것이 아니외다. 움직인다고 산 것이 아니외다. 나는 움직이는 산 인형이었나이다.

아아! 한 생각 돌리게 한 당신의 은혜에 어떻게 보답을 해야 하오리까.

무념에 들게 한 은혜는 사랑의 배신과 상쇄되고도 크게 남는다는 진리를 몰랐던 지난날이 이 순간 남김없이 청산되었나이다.

이제 나는 보은할 만한 인간이 되어야 할 뿐이외다. 보은할 만한 인간이라야 은인에게 보은을 하게 되고, 남의 부모, 자녀, 국민으로도 책임을 다할 수 있는 인간, 곧 인간적 사명을 완수할 수 있는 완성된 인간이 되는 것이 아니오리까?

그러므로 나는 보은할 만한 완전한 인간이 되기 위하여, 남을 모두 구제하기 위하여 미래세未來世가 다하고 남도록 정진과 노력의 쌍수적 길, 곧 인생의 정로로 매진할 것이외다.

그리하여 마침내 갈 길과 가는 사람이 하나가 되고, 받고 주는 상相이 끊어져야 유위有爲의 생활, 곧 현실에서 무위락無爲樂을 얻은 대자유인이 될 것이 아니오리까.

눈물과 인생과 행복과…

인간이 되려고 출가한 처녀

인간이 되려고 출가한 처녀

ꙮ

"중이 되려고 새로 온 처녀가 자기 집에서 편지가 오자 그 편지를 보고 뒷방에서 자꾸 울기만 한답니다!"

이런 말을 전해 들은 나는 가뜩이나 저런 처녀가 내내 중노릇을 잘할 수 있을까, 하고 못미덥던 차 기회를 놓치지 말고 현장에서 그 마음을 좀 더 잘 알아볼 양으로 그 방으로 찾아가서 방미닫이를 슬그머니 열며 "울지 않으려고 중이 되려 온 사람이 울기는 왜 울지? 서러운 생각이 난다면 정답게 위로해줄 사람이 많은 세속에서 살지, 산중으로 들어올 필요가 없지 않어?" 하고, 처녀를 눈여겨 바라보았다.

처녀는 오똑한 코에 갸름하고 하얀 얼굴을 물로 문질러 씻은 듯이 젖은 눈과 볼에 생긋 웃음을 띠며, "비극을 구경하노라면 정물情物이니만큼 저절로 눈물이 흐르는 것이지요, 뭐…"하며, 가만히 고개를 들다 말고 수그렸다.

"연극이 따로 있는 줄 아나?"

"그럼 연극이 따로 없다는 말씀입니까?" 하고 되묻는 처녀의 눈은 잠깐 더 빛났다.

"연극 구경하는 것, 밤에 꿈꾸는 것, 절간에서 속가에서 살림 살이하는 것, 모두 같은 연극이요, 생사고락이라는 것이 또한 환몽극幻夢劇인데, 일막 바뀌는 것은 영화의 필름이 끊임없이 교환 이동하여 장면이 바뀌는 것과 다르지 않은 거라우. 그런데 무슨 편지가 왔기에 저물도록 울고만 있다우?"

나는 처녀의 눈치를 다시 살피며 말했다.

"어쨌든 우리는 내 정신을 하나로 모으지 못하고 천만 조각으로 갈라진 정신에 의존하여 마치 만경창파에서 물결치는 대로 바람 부는 대로 떴다 잠겼다 하는 파선객破船客같이 업의 바다에 떠도는 생활, 곧 생사고해에서 영원히 머무는 인간들이오. 그것을 안다면 시급히 내 정신을 회복하여 업의 바다에서 헤어나야 할 일밖에 무슨 다른 생각이 날 것이오? 나의 영원한 목숨인 정신을 하루바삐 도로 찾기 위하여는 육체의 목숨은 초개와 같이 알아야 한다는 말이오. 그런데 세속에 대하여 무슨 미련이 있을 것이며 더구나 어느 겨를에 눈물이 나겠소? 일시적 적막을 참아서 만겁萬劫에 위안을 머금은 무가보無

청춘을 불사르고

價寶[1]를 하루바삐 회복해야 할 것 아니오?"

처녀는 긴장된 표정으로 아무 말 없이 앉았다가 보던 편지를 가만히 내 앞으로 내놓았다.

누님 전 상서

누님 떠나신 지 벌써 사흘째. 지난 두 밤은 거의 새우다시피 지냈습니다. 더구나 진숙이가 잠을 잘 안 자고 언니를 찾으며 울어대기 때문이었습니다.

픽도 길어진 겨울밤, 얼마나 괴로우시겠습니까?

사흘이 이렇게 길고 지루한데 아직 어른 될 날도 먼 저희 남매, 더구나 어머니도 안 계시고 오직 한 분으로 의지하던 누님조차 안 계신, 길고 긴 이 살이를 내내 어떻게 견디어 갈는지요?

어머니 가셨을 때는 저희들이 너무 어려서 아무 생각도 없었지만 누님은 컸으니 그때 겪은 누님의 애상哀想으로라도 오늘 저희들 정경情境을 좀 살피실 듯도 하건만….

어제는 진숙이가 누님 가시던 '나분들 고개'를 자꾸만 올라가 보자고 떼를 써서 할 수 없이 데리고 올라갔었는데 춥기는 다

---

1 값을 매길 수 없을 만큼 귀중한 보배.

른 날보다 더 춥고 진숙이는 다리가 아픈 모양이고 해서 우리 집에서 바라뵈는 둥구나무 옆 바위 사이 양지 쪽을 찾아 쉬었습니다.

그 고개는 어머니가 외갓집에 가서 맛난 것 많이 얻어가지고 오시던 고개, 손꼽아 기다리는 누님이 방학 때마다 저 줄 학용품, 진숙이 줄 과자를 사가지고 서울서 내려오던 그런 반가운 고개가 아니었습니까?

그런 고개이건만 이제는 어머니의 상여를 넘겨 보내고 오직 한 분인 누님마저 떼어서 깊고 깊은 산중으로 영영 보내버리는 크나큰 슬픔을 주는 원망스런 고개가 되었습니다그려! 저는 진숙이를 꺼안고 그렇듯 무상한 세상일을 느껴 느껴 울었습니다.

진숙이는 누님이 오나 보려고 가자고 했는지, 누님 계신 데나 바라다보려고 그랬는지 알 수 없으나 올라가서는 가잔 말도 있잔 말도 없이 나를 따라 울면서 발발 떨기만 하는 것이 어찌도 불쌍한지 저의 눈물은 과연 하염없었습니다.

아무리 운들 무슨 소용이 있겠습니까.

무정한 까막까치는 저희 남매의 일에는 아랑곳도 없이 제 사정만 지저귀다가 획획 날아가버리고, 뺨을 에는 듯한 솔바람만 쐬쐬 뿌리는 빈 언덕에 오래 있을 수도 없어, "언니가 오늘은 아니 오나 보니 그만 내려가자" 하고 달랬습니다. 진숙이가 고개만 까닥까닥하기에 눈물이 얼까봐 잘 닦아주며 찬찬히 달래서 데리고 내려왔습니다.

아버님은 누님 가시던 날부터 출입을 끊고 누워 계십니다. 아버님은 누님의 입산 동기가 어머님 없는 슬픔이라고, 악담 중 "중간 상처喪妻하라"는 소리가 제일이겠다고 눈물을 흘리며 순이 할머니보고 말씀하시더랍니다.

계모는 쌀쌀맞게 "큰년이 놀아나더니 너희들마저 놀아나는 거냐? 어디들 갔다 끼니에 밥도 못 찾아 먹어!" 하고, 식어빠진 밥을 차려다 던지듯이 주는데, 밥상을 대하면 더구나 따뜻한 정이 어린 탐탁한 밥상, 누님이 차려다 주던 그 밥상 생각이 어찌 아니 날 수 있습니까?

누님이 집에 계실 때 절더러 계집애처럼 잘게 군다고 나무라던 생각이 나서, 하고 싶은 말씀을 줄이오나 누님이 저희들 정경情境을 헤아려서라도 다시 돌아오시기 바랍니다. 고개 너머로 누님 돌아오시는 모습이 제 눈앞에 그림같이 떠 있습니다. 더구나 진숙이는 누님이 영영 가신 줄도 모르고 자꾸만 언니는 언제 오느냐고 조르는 모습 애달파 못 보겠습니다.

누님이 맘 돌려 돌아오실 날을 미리 반가워하면서 붓을 놓습니다.

12월 20일 동생 진범鎭範 올림

편지는 나의 손에서 슬그머니 떨어졌으나, 경계하였건만 나도 모르는 결에 눈물이 눈썹에 넘쳐버려 그 처녀에게는 아니 보일 양으로 얼른 일어서면서, "이런 편지를 보면 인간적 동정심으로라도 눈물이 저절로 흘려지겠지만 그 눈물의 가교架橋를 밟고 다시 속세로 돌아간다면 생사의 바다로 도로 빠져들어 생사고를 면치 못하게 되는 것이야. 어서 다리의 힘을 길러 생사해生死海[2]에서 부침하는 부모님과 동생들을 건져 피안, 곧 생사 중에서 생사고를 받지 않는 영구적 평화정까지 가게 해야 할 것이 아닌가. 어쨌든 일시적인 어려움을 참아 만년의 평안을 얻어야할 텐데…"하고, 나는 그만 큰방으로 돌아왔던 것이다.

나는 그 처녀가 오던 날 그 처녀의 고백을 이미 들었다.

저는 충남의 ××군 ××면 면장의 딸로 고향에서 소학을 마치고 서울 숙명여고를 나와 본교 대학에 들어가게 되었는데, 그전 성북동 이모 집에서 통학을 하는 동안 이성異性의 시달림을 많이 받게 되어 반발적 감정으로 이성을 무섭게 경계하게 되었습니다.

대학에 합격한 날 저녁에는 제가 지켜야 할 조목 중 제1조로 학업을 마칠 때까지는 남성에 대한 생각을 정신적으로까지 어

2 생사대해(生死大海). 생로병사(生老病死)의 인생을 큰 바다에 비유한 말.

른거리지 않게 할 것, 하고 결심을 하였습니다.

그러나 저는 뜻하였던 일과 정반대의 일을 만나게 되었습니다. 그 이튿날 시내에서 성북동 고개를 넘어오다가 스프링코트와 신사모를 곁들여 옆에 놓고 이마의 땀을 씻으며 길가에 앉아 있는 25~6세 청년의 눈을 보고 그만 의식까지 빼앗겨버리게 되었습니다. 체면상 그대로 걸어오기는 하였어도 자신도 모르게 두 번이나 고개를 돌이키게 되었는데, 그 청년 또한 자기 시야가 내 모습으로 빈틈이 없어진 듯 저를 바라만 보는 것이었습니다.

그날 저녁 자리에 누워서 생각하니 자기의 마음을 자기가 도무지 예측할 수 없는 일이 얼마나 이상한지 몰랐습니다.

어떤 남자가 나를 못 잊어 죽는 한이 있더라도 그것은 그의 운명으로 죽는 것이니 아랑곳하지 말라고 거듭 다짐했던 내 마음이 몇 시간도 지나지 않아서 이렇게 변하다니…. 내 말도 내가 못 믿는 세상일 바에는 만일 그와 사랑이 성립되고 결혼까지 한다 하더라도 그의 맘이 달라지지 말라는 법은 없을 것을 알 것이 아닌가?

누가 시킨 것은 아니나 그래야 할 사건이 생긴 것이외다. 자발적으로 생명을 걸어 홀로 서원誓願을 세운 그 일이 하룻밤 사이에 여지없이 무너져버리는 사람의 마음이니 사람의 마음은 과연 믿지 못할 것이외다.

인간이 되려고 출가한 처녀

더구나 그가 내 마음과 같은 마음으로 나를 바라보았다는 것이 나의 착각인지 누가 알며, 이미 결혼한 남자로 남의 남편이요, 남의 아버지인지도 모르는 일이 아닌가? 아아, 미친 마음을 돌려 내가 나와 약속한 어젯밤으로 돌아가자. 자기가 자기를 배반하는 일이 있는 줄조차 모르던 나라니! 참 내가 이게 웬일인가?

이런 푸념을 혼자 하며 고개를 흔들고 돌아누워도 바로 그 편이 그 남자가 광채나는 눈동자와 부동의 자세로 나를 바라보고 앉았던 바로 그곳이었나이다.

그날 새벽에야 겨우 잠이 들락말락하는데 "전보요!" 하는 소리가 대문 밖에서 들려왔습니다. 제 가슴이 덜컥하는 것은 무슨 불길한 예감이 생긴 까닭이었나이다.

아니나다를까. 병약하게 지내시던 어머니의 부음訃音이었습니다. 그런 와중에도 그에 대한 미련은 여전히 남아서 허공에라도 걸어놓을 수가 있다든지 땅바닥에 붙여놓을 수가 있다면 그렇게라도 나의 떠나는 이유를 써놓고 싶었습니다.

저는 특급 열차에 오를 때까지는 얼떨결이었으나 차에 앉아 가만히 생각하니 대문호로서 큰 희망도, 느닷없이 닥쳐온 그와의 아름다운 꿈도, 의지처인 어머니란 담과 함께 모두 무너져버리는 우주적인 암흑에 부닥친 것을 비로소 느꼈습니다. 집에 돌아와서, 슬픔보다도 인생은 이보다 더 비참한 갖가지의 역경을 당하여도 살아가지 않을 수 없다는데… 하는 막연한 정신으로 어머니의 초종범절初終凡節을 다 치렀습니다. 그러자 아버지께서 저를 불러 놓고 극히 처연한 표정으로 나를 바라보시더니 초상 때도 별로 눈물을 흘리지 않던 분이 눈물에 목이 메어 느끼는 목소리로 "나는 너희 3남매를 위하여 불편을 참고 인생을 홀로 지낼 생각이다" 하시고는 한참이나 잠자코 앉았다가 눈물조차 그친 비장한 기색으로 후우 쉬는 한숨과 함께 무거운 목소리로 "더구나 너를 믿기 때문이다. 그러니 살림을 맡길 만한 살림꾼이라도 생기기 전에는 네가 두 동생과 나의 뒷바라지를 하여라. 어머니 잃은 자식을 학교에까지 못 보내는 애비의 맘을 영리한 너는 헤아릴 것이다" 하셨습니다.

저는 잠자코 승낙하는 표정을 하였으나 허망한 세상에서도 행여나 바라던 그와의 희망적인 인연은 그만 영영 끊어져버리는구나! 하는 생각이 어머니 잃은 슬픔 못지않았습니다.

그때 제가 맏이로 제 아래 사내 동생은 열세 살, 국민학교 6학년생이고 끝의 여동생이 다섯 살이었습니다. 어머니 잃은 두 동생은 어머니 겸 누나요, 형인 저만 믿으니 나도 심혈을 기울여 그애들의 보호자가 되고 아버지에게는 효녀로 평판이 좋았습니다. 그러나 어머니의 둘째 기일이 되기 두 달 전이었는데, 아버지도 고모님이나 동네 사람들의 권고에 마음이 흔들렸던지 하루는 저를 불러 놓고 "집안 사정으로 보나 20이 넘은 너를 출가시켜야 할 형편으로 보나 살림의 책임자가 없어서는 안 되겠다"는 등의 이유로 속연續緣하여야겠다는 말씀을 하셨습니다. 저는 아버지의 뜻을 거스르지 않을 생각이며 더구나 결정한 마음으로 말씀하시는데 이의를 둘 수도 없었으나, 이제 다시 학교에 가보려던 희망조차 그만인 데는 슬펐습니다.

다시 대학에 들어가려고 강의록이나 참고서를 사다가 애써 공부하던 일도 단념하지 않을 수 없었습니다. 그리 넉넉지도 못한 살림의 주부로 올 이는 어떤 여인인지 모르나 이름만의 어머니가 애써 학비를 대어주도록 아버지에게 권하지 않을 것임을 미리 헤아린 까닭입니다.

어쨌든 저는 아무 말 없이 아버지의 뜻에 따랐을 뿐이었습니다.

군청에서 일 보던 32세 된 노처녀와 41세 된 노신랑인 아버지가 결혼을 하였습니다

저도 제 맘을 못 믿는데 아버지의 마음인들 어찌 믿겠습니까. 저 역시 저의 일생을 친정살이에 바칠 수도 없는 경우이고 계모도 성품은 좀 날카로우나 양심적인 분이라, 저는 오히려 다행으로 생각하였습니다.

한편으로 저의 혼담은 부쩍 늘게 되었는데 결혼해야 한다는 데는 그려낼 수도 없던 그때 감각이 재현되어 은근히 내 가슴을 흔드는 듯하였습니다. 하지만 어차피 누구인지조차 알 길

이 없는 막연한 존재로 허망하게 바라던 그이를 아무래도 단념해야 되겠고 그렇다고 다른 남성이 그립지도 않았지만 여자는 결혼하는 것이 상례라는 생각에서 막연하게나마 마땅한 혼처를 기다릴 수밖에 없었습니다. 그러나 좀처럼 마땅한 데도 나서지 않았습니다. 그러다가 작년에 불교잡지 12월호에 실린 일엽스님의 글을 보게 되었습니다.

'일체 존재는 생을 포기할 도리가 없는 것이 결정적인 사실이다. 생은 결합과 해소의 이중작용의 원칙대로 생사를 반복하게 되어 육체라는 의복은 언제나 갈아입어야 하고 생활이란 꿈은 끊임없이 장면이 바뀌어 천당, 인간, 지옥으로 돌고돌 뿐이다.

이 사바세계 인간들은 각자적으로 자기들의 지은 대로 살아가는 영겁의 순력의 존재, 곧 미래 세계가 다함이 없는 행려자行旅者인 줄을 모르는 것이다.

다만 어느 때 일으켰든지 그 망념妄念인 습기의 집적이요, 연장인 정신[혼]의 쇠사슬에 얽매여 기계적으로 그날그날 걸어 오갈 뿐이다. 다시 말하면 삼도고三途苦[3]의 길, 곧 험한 산 깊은 물처럼 다함이 없는 행로의 노정을 알아야 할 눈이 멀었고, 자고 먹고 쓸 여비조차 없이 말꼬리에 매달려 울며 끌리는 죄수 같은

3　지옥, 아귀, 축생의 3악도의 고통.

인간들인 것이다.

명안明眼과 노비路費는 희노를 느끼며 걸어가는 이 정신의 주인공, 곧 생명의 원천이요 일체 요소를 갖춘 창조성인 본정신이다. 이 사바세계 인간들은 다 본정신을 잃은 실성인이다.

따라서 사바세계는 실성인의 집단이다.

소위 종교인들까지 믿는 정신이 곧 내 정신으로, 믿는 대상의 정신과 합치될 때 나의 정신이 회복되어 나도 대상화되는 것이다. 그것을 모르고 대상의 처분만 기다리는 것이다. 전체적 정신인 완전한 나를 알아 얻어야 완전한 인간이 되고, 완전한 인간이 되어야 피할 길이 없는 고락의 기나긴 길에 안신입명安身立命⁴을 하게 되는 것이다.

완전한 인간만 되면 자유와 평화를 누리게 된다. 마음대로 하는 정신을 다 알아 쓰기 때문에 대자유인이 되는 것이다.

내 마음대로 하는 데 불편이 있을 리 없기 때문이다. 완전한 인간의 대표는 부처님이므로, 그 알아 얻은 도리, 곧 내 본정신을 알아 얻어 인간이 되어야 하겠으므로 그 제자인 중僧이 되는 것이다. 귀의불歸依佛이 귀의자아歸依自我인 것이다. 어쨌든 죽음이란 생명이 옷 갈아입는 것이지만 중생으로는 육체적 생사가 큰일인데 죽음이란 노소가 없다.

---

4 믿음으로 마음의 평화를 얻어, 하찮은 일에 마음이 흔들리지 않는 경지.

언제나 죽음의 대비인 정신 수습하는 공부, 곧 수도를 하지 않으면 무궁한 앞길을 보증할 수 없는 것이다. 이 정신의 연장이 일일무수래日日無數來의 미래 세상이니, 이 몸 가졌을 때 이 말씀 들었을 때 이 정신이 확립되지 않으면 내세는 이 현상 유지, 곧 이 생활, 이 몸을 지속하지 못하는 것이다.

인생의 문제를 해결하는 것이 문제의 시작이자 끝이므로 인생문제를 해결하는 것이 인생인 것이다. 인생만 되면 일체 문제는 해결되는 것이다. 그때에 비로소 인생 생활이 개막되는 것이다. 인생이 되는 첩경은 입산 수도 생활이다. 세속에서도 하지 못하는 것은 아니지만 세속에서 하는 일은 더운 물방울로 얼음을 녹이려는 것이요, 중이 되는 것은 얼음덩어리를 뜨거운 가마솥에 넣어 녹이는 것 같은 일이다.'

저는 학생 때부터 독서가였는데 어떤 글에서도, 누구의 가르침으로도 못 받던 무상無上의 법임에 얼마나 반가웠겠습니까? 더구나 제 뜻이 선생의 글에 계합된 것은 제가 평소에도 때를 따라 변하고 환경에만 의존하는 이 마음 외에 내 마음대로 할 수 있는 마음, 곧 환경에 휘둘리지 않는 마음이 따로 있을 것도 같은 생각을 때때로 생각해본 적이 있는 까닭입니다. 그때 평소에는 상상조차 하지 않았던 생각, 곧 중 될 생각을 하룻밤 내로 결정했던 것입니다.

이런 명백한 고백을 들은 견성암見性庵 대중은 그 처녀의 중 되는 것을 곧 허락하게 되었던 것이다.

더구나 마음대로 되는 마음이 있을 것도 같았다는 생각이 중 될 소질이 있다는 증명으로 여겨졌던 까닭이다.

그 처녀는 여섯 달 동안 수련 후에 비로소 머리를 깎고 나서 자기 동생에게 보낼 회답을 써가지고 대중에게 보였다.

진범이 보아라.

입산 후 입산 생활의 개막이 되었기에 붓을 들었다. 곧 번뇌의 상징인 머리를 깎아버린 일이다.

그 말이 그 말이려니 하여 처음으로 보낸 네 편지 그것만 읽었다.

그러므로 그 편지 한 장의 답장이다.

그러나 너도 나이 이미 열다섯 살! 예전 노인네 말씀대로 호패號牌를 찰 대장부의 나이가 아니냐? 그런데 어린 아녀자 같은 편지 사연에, 동정은 하면서도 좀 불만스런 느낌이 없지 않았다. 더구나 출가외인이 되는 한국의 전통을 모르지 않는 네가 어차피 남의 아내로 갈 나에게 앞날을 내내 부탁할 수 없음은 알 것이 아니냐? 그리고 내가 늘 집에 있어서 너희들 뒤를 보아준다 하더라도 의복 음식 등의 편의와 그 외 마음의 위안이 될 뿐, 나도 내 일을 모르는 위인이 너희들의 앞길을 위해 무슨 도움을 줄 수 있겠느냐. 그러므로 너희들을 떠나서라도 와야 할 길을 온 것이다.

생生은 영원하기 때문에 인생의 앞길도 끝없는 것이요, 끝없는 앞길은 안식처로 지향해야 할 뿐이다.

나는 이제 모든 사정은 다 던져버리고 영원한 안식처를 장만하기 위하여 중이 된 것이다. 그리고 너희들이 아직 어린 때라 나만 따를 마음이지만 좀더 자라면 내가 붙잡아도 너희들의 자유세계로 달아나게 되는 것이다.

그런데 너희가 '나분들 고개'에 올라가 언제는 반가운 사람을 맞아주던 고개를 향하여 네가 왜 오늘은 모두 보내버리는 슬픔을 주느냐고 고개를 원망하였다지? 고개는 기고 날고 걷는 그 아무나 오가게 하는 공로公路일 뿐 반가워하고 섭섭해하는 것은 너희 마음의 변화라는 것을 알아야 하느니라.

너희들의 본마음은 환경에 휘둘리지 않는 부동지로 각자 주인의 맘대로 부릴 수 있느니라. 어머니 잃은 너희들에게 영구적인 어머니 관세음을 소개하마.

언제 어디서나 가르쳐주고 소원대로 하여줄 어머니로 몸이 아플 때, 외로울 때, 서러울 때 일심으로 "관세음보살, 관세음보살"하고 그 어머니를 부르면 몸과 마음의 편안과 혼의 자라남이 있게 하는, 인간의 어머니와 비할 수 없는 참으로 의지할 어머니가 있게 되리라. 돌아가신 금생의 어머니는 지금 살아

계셔도 금생일막今生一幕만 지나면 그만이다.

내생에는 전생에 모자로 살던 일까지 서로 잊어버리고 원수가 되는 수도 있느니라. 그리고 승단僧團 생활을 하는 것은 학생이 학교생활을 한 뒤 사회인이 되듯이, 완인完人이 되어 사회생활을 하기 위한 것이다. 우선 마음의 안정을 기반으로 본마음의 안정을 얻는 것이다.

너희와의 서신 왕래도 그만두련다. 혼까지 소멸되어야 하겠으므로, 편지 연락도 못 하게 되는 것이 애처로운 일이지만 할 수 없는 일이다. 사실 나도 너희들이 무정하다고 울며 안타까워하는 표정만 삼삼하게 떠오르지 않으면 공부에 전심하겠는데 그것이 걱정이다. 대구속大拘束 후에 대자유가 오는 것이므로 야박하기 짝이 없더라도 어쩔 수 없으니 양해하여라. 그리고 너도 곧 열여섯 살이 될 것이 아니냐. 남자로 사상적 방향이 서고 사업적으로 방안이 설 나이가 아니냐? 정신적 방향으로는 염불삼매念佛三昧로 정신력을 기르고, 일로는 무엇이나 하고 싶은 일을 시작하여라. 잘 안 되더라도 전생에 익히지 않은 탓일 뿐 일체 요소를 갖춘 소질은 누구나 이미 지녀 있는 것이니 일관하게 나가면 되느니라. 누나의 마지막 간절한 부탁이니 우선 믿기만이라도 하기 바란다.

그리고 아버님께는 이렇게 여쭈어라. 소녀가 입산한 것은 일생 부모의 불효를 밑천 삼아 다생多生 부모의 효를 이루려 함

청춘을 불사르고

이오니 아버님도 한 자식을 위하여 슬퍼하는 대자비를 일만—
萬 자녀에게 베푸시기를 바라며 불경에 있는 한 글귀를 드리옵
는데 이 한 구만 납득하시면 우선 소녀의 불효를 면하겠습니
다, 라고.

行年忽忽急如流
老色看看日上頭
只此一身非我有
休休身外更何求

행년홀홀급여류
노색간간일상두
지차일신비아유
휴휴신뇌갱하구

무술년 2월 25일 진아鎭娥 답서

무심을 배우는 길

—

피엉긴 가슴을 안고 사는 R씨에게

피엉긴 가슴을 안고 사는 R씨에게

ↄ

경향京鄕 간에 어지간히 이야깃거리가 되던 우리의 '로맨스'는 37년 전 가을에 허덕이는 낙엽의 전송餞送으로 그만 막을 내렸습니다. 무한극수적 수명을 가진 우리의 시간에 비하여 가장 짧은 한 토막의 시간 중에서도 1, 2년이란 시간적 꿈이었던 그 꿈의 인연으로 이 편지를 쓰게 된 것은 아닙니다.

나는 내가 가지고 싶은 조건에 맞는 것인지 채 알게 되기도 전에 어느새 내 것을 만들어 따질 새 없이 열렬하게 됩니다. 또한 받아들인 생활에는 충실한 곰같이 어두워져서 그저 아름답게 꾸미고 착하게 만들어 만족한 생활을 누립니다. 그러다가도 따짐이 시작되어 파탄에 이르는 결론만 나면 그만 미련 없이 빈 보따리를 걸머지게 됩니다. 뒤에서 부르는 소리는 도무지 들리지 않기 때문입니다. 그러나 산모롱이에서 옷깃 한번 슬쩍 스쳐 지나는 일도 오백 생에 인연을 지었던 그 결과라고 합니다. 그러니 1, 2년의 인연인들 가볍다고야 하겠습니까?

그렇지만 오백 생 아니라 오백만 년의 생이라도 한 토막씩 이어가는 망령된 습기의 연장이요 집적으로 이루어진 혼의 반영인 줄은 전연 모르고 세속적 인간 생활이 참된 사실인 줄만 알던 속진俗塵에서의 그때에 이미 잊어버린 그 꿈의 인연으로 이 편지를 쓰게 된 것이 아님을 거듭 말합니다.

나는 입산하여 인간이 가장 귀한 점, 곧 존재적 가치표준을 인간에게 두게 된 까닭을 알았습니다. 인간은 내 마음대로 하는 나를 이루어야 비로소 가장 귀한 존재가 되는 것을 알았습니다. 당신과 지내던 예전 그날 그 시간들과 갖가지 사건들이 일어났던 그 장면, 또 그 이면에 잠긴 느낌까지 죄다 연상됩니다. 그 모든 일들이 다만 내 생각이었다는 것은 현실이 증명해 줍니다. 이것은 분자적 정신의 의존인 나의 소아경小我境입니다. 만일 내가 전체적 정신을 가진 대아적大我的 인간이라면 이 생각이 위로는 삼제三際, 옆으로는 시방十方인 일념一念, 곧 우주적인 내 일임을 스스로 증명할 것입니다. 이 '나'를 알아 얻어서 운용하게 되어야 대아경大我境을 증득한 인간입니다. 온 세상이 나를 잃어버린 줄도 모르니 놀라운 일이 아닙니까? 이 소식을 친소와 이해를 떠나 누구에게나 알려주려는 그 원력 아래서 이 편지를 쓰게 된 것일 뿐입니다.

지금부터 서른아홉 해 전, 남북으로 서로 헤어져 오늘까지 글 한번 오감이 없었건만 그래도 당신의 안부를 알려 주는 이가 있었습니다. 당신이 평남平南 북해안에서 소지주로 과수원을 경영 하면서 그 안에 운치 있는, 작은 공원을 만들어 구경꾼들이 끊이지 않는다는 이야기부터 서너 해 동안의 당신 소식을 알았습니다.

당신도 여전히 화젯거리인 나의 소식을 자주 듣고 계실 줄로 압니다. 아마 우리가 떠난 지 서너 해가 지난 때로 기억됩니다. 그때 당신의 친우이자 화가인 K씨가 처음으로 당신의 심회心懷을 전해주었습니다. 당신이 나와의 이별을 몹시 후회하더라는 것입니다.

당신이 가슴을 두드리며 탄식하여 마지않은 그 흉내를 내면서 "이제 와서 깨어진 그릇을 맞춰보는 여인처럼 어리석은 생각을 하는 것이라"고, "사실 R씨는 사람을 사랑하지 않고 사랑을 사랑하였던 것이라"고 당신의 심정을 몰라주는 말을 하던 것입니다.

그래서 나는 나의 사랑이 철저하지 못해서 당신이 독신자가 될 수 없다는 이유로 내가 당신을 버리게 되었으며 이별의 책임은 내가 져야 한다고 자백을 하였습니다. 당신의 아버지가 당신에게 물려준 3백석지기 논은 한 자리에 놓여 있기 때문에 그

논 있는 들판을 'R가 들판'이라 한다고, 그 들판이 바라뵈는 언덕 위에 2만 평이나 되는 3년수의 과수원을 사놓았는데 거기에 얌전한 문화주택이나 하나 지어놓고 당신과 둘이 살라고 하였다고 했습니다. 당신도 나에게 "2년만 거기서 동거해주면 일생 생활비는 만들어줄 테니…"라고 말한 것은 당신이 본처를 두고 나를 속여온 것이라, 나는 소실이라는 불쾌한 생활을 돈 때문에 살 수는 없어 그대로 떠나게 되었습니다. 그때 무수히 떠 있는 낙엽이 놀잇배인 듯 떠놀고 파란 물이 남실거리는 호숫가를 지나다가 당신이 돌연히 나를 안고 호수로 뛰어들려 할 때, 나는 마침 늙은 시닥나무를 붙들고 몸부림을 치는데 당신은 멀리서 콩대를 지고 오는 농부를 바라보며 나를 놓아주었습니다. 다시 걸으면서 전에 가약으로 정사의 연극을 꾸미던 비밀의 이야기를 당신에게 했더니 당신은 "의문의 여인…" 하며, 표정이 혼란하더라고 말하였습니다. K씨는 자기가 글을 쓴다면 우리들의 일을 소설로 발표할 것이라는 것이었습니다.

그때 나는 고향도 친척도 없으니 할 수 없이 오래 살던 서울을 향하여 무거운 발길을 옮길 때 참으로 막연하고 허전하였습니다. 다만 그래도 살 도리가 있겠지, 하는 기적을 바라는 심정으로 서울까지 왔던 것입니다.

그 뒤 약 5년이나 지나서 성북동城北洞에서 시내로 들어가는 전차 칸에서 당신의 매형을 만나 당신이 사냥을 다니다가 다암

산多岩山 밑 오막살이에서 베 짜는 젊은 여인을 사귀어 아들까지 낳았는데 본부인이 질투로 그 여인과 동거하는 집에 불을 싸지르자 본부인과는 그만 이혼을 하였다고, 그런 말을 묻지도 않았는데 전해 주었습니다.

그 뒤 전혀 당신의 소식을 알 길이 없던 차, 아마 내가 입산한 지 약 10년이나 지났을 무렵 신도들이 향촉을 싸가지고 온 신문지를 통해 우연히 당신이 발표한 시詩 한 편을 발견하였습니다. 이 뜻밖의 사실은 한동안 내 눈을 지면에 붙박이게 하였습니다.

갈대

세볼 엄두 아니 나는
갈대의 대가족은
비바람 무릅써도
서로가 다 안 여읜 맘
그래도 어버이 자녀 사이 정
오감 잊잖은 양
바람 슬쩍 충동이면
서로의 설운 사정

몸부림쳐 울부짖네

갈대의 외로운 혼정魂情

내 가슴에 숨어들 제

잠자던 임의 추억

다시금 부풀어서

내 혼은 임을 찾아

하염없이 헤매누나

땅끝 하늘가에

임 자국 그 어덴가

자국조차 스러진 데

눈설은 존재들이

무상을 알리건만

그지없이 아쉬움은

가신 임 뒷모습을

피엉긴 가슴에서

또다시 뒤져내서

입술은 떨게 되고

눈물은 그 임인 양

떠는 입에 대어드네

도회지에서 산다면 아무거나 심심풀이도 많고 어떤 여인이고 사귀기도 하며 그날그날의 위안이라도 있으련만, 밖으로 나서면 해변에서 쓸쓸한 갈대밭 앞에 외로이 노니는 갈매기나 구경하고 안으로 들어서면 표정 없는 거치름한 촌마누라의 모습, 끼마다 같은 얼굴의 소박한 밥상이나 대하게 되는 단조로운 당신의 생활, 다감한 당신의 정경情境이 눈에 선합니다.

그래서 외로움을 잊고 괴로움 없이 살아 나아가는 데 도움이 될까 하고 붓을 든 것입니다. 그것은 무심無心을 배우는 일이옵니다. 사실 '무심'은 배우는 것이라기보다 인간 본연의 마음으로서, 맛이 없다 하며 스스로 버리고 온갖 번뇌의 주머니인 유심有心을 스스로 취하여 무시겁래無始劫來로 괴롭게 사는 것이 어리석은 인생살이인 것입니다. 그러므로 이제는 오히려 '무심'만 배워 얻으십시오. '무심'은 전체심이므로, 그 마음을 얻는다면 당신이 사는 그보다도 더 무미한 생활에서도 당신의 마음 하나로 갖은 맛을 낼 수도 있음을 알려드리고 싶습니다.

당신은 지금 위안이 절실히 요구되는 것입니다. 외로워하는 것은 위안을 얻기는커녕 외로움을 메울 만한 다른 모든 요구의 자료를 사라지게 하여 외로움의 음랭굴陰冷窟에 갇혀버리는 것입니다. 외로움이 끊어지고 요구하는 마음이 없어진 '무심', 그것이 일체의 요구를 얻을 원천입니다.

'유심'이란 유한적인 그 마음만 버리면 일체 요소인 '무심', 곧 무한대의 마음이 얻어집니다.

'무심'은 내 맘, 남의 맘, 이 맘, 저 맘, 없는 맘, 있는 맘을 단일 화시킨 일체 존재의 창조주요 만능적 자아입니다. 각자적 내 생활은 내 마음인 내 혼의 반영으로 내 혼의 선악, 대소, 강약, 그 정비례한 현생활을 하는데 혼의 전능인 혼의 창조성, 곧 '무심'을 얻어야 됩니다.

아무튼 내 혼이 내 맘대로 살려면 무심을 얻어 쓰게 되어야 인간의 존재적 최고위인 내 위치를 지키게 됩니다. 내 혼인데 내 맘대로 안 되는 것은 내 혼이 아니라는 것이 증명되지 않습니까? 그러니 참혼인 '무심'이 내 것입니다.

이 마음은 천변만화하므로, 세상의 모든 현상이 변화 과정의 되풀이로서 믿을 수 없을 뿐만 아니라 마음이라고 생각하는 마음은 참 마음이 아니기 때문에 무심을 찾으라는 것입니다. 상상하는 것은 다 참 마음이 아니기 때문에 무無라고 하는 것입니다. 이 무는 유有의 대상이 아니고 '유'의 본질이요 일체의 '무'로서, 이 '무'를 요득한 혼이라야 환경에 휩쓸리지 않고 감정에 팔리지 않게 됩니다. 그리하여 애타는 심사가 고요히 쉬게 됩니다.

외로움이란 혼정魂情은 물질적인 생각입니다. 외로우니, 서러우니 하는 것이 누구 때문에 일어나는 감상이라고 생각하는 것은 망상에 지나지 않습니다. 외계에 접촉도 없고 의식을 느끼지도 않는 자리에서 사유에 잠기게 되는 것은 내가 하는 생각이 아니고 누가 시키는 것이겠습니까? 그러니 외계도, 의식도, 사유도 다 나의 피조물임을 현실이 증명하는 것입니다.

그러므로 외로움이나 즐거움이나 내 맘대로 누릴 수 있는 것이 '무심'입니다. 마치 의심을 일으켜 풀지 못하면 궁금증만 나지만 의심은 내가 일으킨 것이요, 비밀이 없다는 것을 알면 증세가 가라앉는 것같이 나만 알면 쉬워집니다.

그러면 무심이란 곧 '나'라는 말이 아닙니까? 내가 나를 잃어버리기 때문에 외로우니, 즐거우니 하는 복잡한 문제가 일어나 스스로 영일寧日이 없게 만드는 것입니다. 이때 이 자리에서 누구나 찾을 수 있는 이 '나'는 나의 반면反面인 내적 '나'이니 전 인류가 다 나를 찾는다면 이 세계는 자타가 일원화한 평화세계를 이룩할 것입니다.

평화는 '나' 자체입니다. 그러므로 외계에서 얻으려고 헤맬 것이 없는 것입니다. 당신이 임을 여의어서 외로운 줄로 알고 있는 것은 오인입니다.

물질적 영역 안의 법은 상대적인 것으로 임은 만났으니 떠나게 되고 다정했으니 미워하게 되고 살았으니 죽게 됩니다. 임을 따라 허덕이는 사람은 마치 바람을 따라 곤두박질치고 부딪침이 그치지 않는 가랑잎과 같습니다.

K씨도 당신이 사랑을 사랑하였다고 말하였지만 그 속뜻은 몰랐을 것입니다. K씨도 생각의 정체인 진아眞我를 잃어버리기 때문입니다.

진아이며, 자성自性인 나를 잃어버린 실성인失性人인 당신인 까닭에 전에는 사랑을 사랑했고 오늘은 외로움을 외로워하는 것입니다. 그리고 현실적 인간생활에 외로움이니 사랑이니 하는 느낌이나, 좋고 나쁘고 간에 무슨 행동이나, 죽고 나고 하는 일체 삶이란 아무 목적도 의미도 모를 요동하는 바람결에 지나지 않는 허무입니다. 이 현실로 미래세未來世가 다함 없이 상속되는 것이 우주적 원리니 문제는 안 될 수 없게 되었습니다.

더구나 이 현실, 곧 일체 존재를 온전하게 간직하는 것은 각자 자기의 책임입니다. 이 책임은 다른 누구에게 미룰 수가 없으니, 그 삶의 일용비를 위하여 누구나 벌이를 아니할 수 없습니다. 그 벌이의 근본, 곧 실리를 어디서 얻느냐 하면 무심인 본정신 곧 생각의 정체를 알아 깨닫는 공부입니다.

정신적 수입은 거리(재료)가 되고 육체적 노력은 그것을 요리하는 것입니다. 그러므로 인간은 사상적으로 방향을 정하고 행동적으로 방안을 세우는 쌍수적 노력이 반드시 있어야 합니다. 마치 농토를 장만해가지고 농사짓는 일 같습니다.

그리하여 일체 우주 내에는 소비 시간이 없게 되어야 건전한 우주가 됩니다. 이 법을 바로 가르치는 교육원이 불교원입니다. 당신도 이 편지를 보는 대로 입원하시기를 바랍니다.

입원하는 즉시 노력 없이는 성공이 없고 대가 없이는 얻어지지 않는 그 인식부터 가지게 됩니다. 이 말씀을 전달하고 싶은 생각은 입산 후 몇 번이고 있었습니다.

그러나 6·25사변 이후로는 당신의 생사를 알 길도 없고 더구나 내 딴에는 시간을 허비하지 않고 정진하느라 애쓰고 있는 관계로 모든 일을 잊어버리게 되었습니다. 그러던 중 3년 전 가을에 이곳 견성암 어떤 비구니가 서울로 탁발을 하러 다니다가 서대문구의 어느 조그만 기와집엘 들렀답니다. 그때 50쯤 되어 보이는, 키가 조그마한 동탕하게 생긴 어떤 신사가 허둥거려지는 몸을 가누면서 뒤주에서 손수 쌀을 퍼주더랍니다.

그보다 앞서 "어디서 왔느냐?"는 물음에 "덕숭산 견성암에서 왔노라" 하니 거기 김 모라는 여승이 있지 않느냐고 하면서 명함 한 장을 주더라고 내게 전해주었습니다. 명함에는 '아무쪼록 장수하십시오. 그대는 그래도 행복이 있을 것입니다'라는 역력한 당신의 필적을 볼 수 있었습니다.

아직도 생의 욕에 미련이 남아 있는 인간인 나도, 아는 분이 일찍이 듣지도 보지도 못한 그런 사변을 겪고도 재생인再生人으로 무사히 사셨다니 반가웠습니다.

그리고 나는 당신이 혹시나 찾아주시려는 뜻이 있더냐고 물어보고 그 명함을 두고두고 보면서도 깊은 추억은 느껴지지 않았습니다. 그러나 당신이 금생今生인 육체적인 생명만을 생명으로 알고 이 목숨으로 아무쪼록 장수하라신 말씀, 그 말씀을 적은 명함을 들여다보면서 나의 입가에는 빙그레 웃음이 맴돌았습니다.

젊은 시절엔 당신이 오히려 세상을 비관하여 나와 함께 죽어 버리자고 강요했었건만 이제 늘그막에 와선 생에 대한 애착이 한결 강해진 줄로 느껴졌습니다. 이에 따라 잊어버렸던 그 옛날의 갖가지 일들이 꼬리를 물고 연상됩니다.

나는 아직 법신法身을 요득하기는커녕 나의 혼, 곧 이 업신業身인 나에 대하여도 어떤 인간이라는 것을 아직도 잘 알지 못합니다. 그러나 세속에 있을 때에도 나 하고 싶은 일에는 이목이나 체면도 가리지 않던, 어리석다 할지 순진하다 할지…. 그러했던 나였습니다. 남이 어떤 계획으로 무슨 말을 하든지 그대로 믿을 뿐, 몇 번이고 속아서 한평생을 속아 살았는지도 모르지만 그래도 나는 지금까지 누가 나를 크게 속인 기억은 하나도 없이 살아왔습니다. 그러므로 내 동무들이 "남자는 믿을 수 없는 인간"이라고 부르짖던 그 말도 멀리 들릴 뿐이었습니다.

당신이 나와 처음 사귈 때부터 본처가 없다고 하는 말을 내가 그대로 믿었다가 갖은 곤경을 당하였지만, 다만 사랑을 위함인 줄 믿고 한 번도 원망을 해본 적이 없습니다. 도리어 사랑이 철저하지 못하여 언약했던 백년해로를 내가 먼저 어기게 되어 미안하기만 했을 뿐이었습니다.

그러나 이중생활은 아니할 것을 결정한 내 뜻대로 실행했습니다. 그 생활을 떠난 바에 그 생활에 미련이 있다면 내 생활을 창조할 수 없는 비열한 인간이라고 주장했던 나였으므로 당신을 여읠 때의 장면은 아득한 그 어느 시간, 그 어느 밤에 구경했던 영화의 화면처럼 어렴풋합니다.

어쨌든 그 생활은 완전히 청산하였습니다.

그때 당신은 부모를 모시는 구식 가정이라 본처와 이혼하겠다는 말도 내보지 못할 형편이었습니다. 당신의 부모는 어떤 신여성新女性을 동반하여 지내는 유학생 아들에게 학비는커녕 용돈 한푼 대주지 않겠다고 위협하며 다만 본처와 내가 처첩으로 산다면 잘 살게 해준다고 했습니다. 그러나 당신도 나도 그렇게는 살 수 없었기에 극히 곤란한 처지에 놓였습니다.

나는 그래서 애인 동지로, 사회의 일원으로 남이 알 듯 모를 듯 별거해 지내자 하였고 당신은 호화자제豪華子弟의 경험도 없고 생활비를 마련할 주변도 없는 위인이라 나의 생활난을 참을 수 없다며 그만 둘이서 죽어버리자는 것이었습니다.

또한 시인인 당신은 "설사 이 세상에서 뜻대로 산다 하더라도 겨우 70까지 살기도 어려운 무의미한 삶보다는 이별 없는 만족한 최후 순간을 만년화시키는 일이 얼마나 아름다운 일이냐"고 시정詩情에 담뿍 취해 말씀하셨습니다. 그러나 나는 그 말을 받아들일 수 없었지만 죽지 않을 이유를 말할 여유는 없었습니다. 당신은 내가 당신을 떠나 다른 길을 찾는다고 오해를 하기 때문이었습니다. 나는 그때 당신에게 마음만 다 바친 것이 아니요 어떤 남자와 별석에서 말 한마디 해본 적이 없고 차 한잔 나누지 않았음을 기억합니다. 그것은 당신과의 공간이 잠시라도 생기지 않도록 하기 위한 것이었습니다. 그러나 당신은 늘 나를 의심하였습니다.

어느 날 당신은 내게 "당신에게는 이 세상에 아름다운 미련이라도 있는 듯, 혼자 누리고 자유롭게 잘 사시오" 하는 유서를 내게 써놓고 철도자살을 한다고 뛰어나가지 않았습니까? 그때 나의 놀랍던 가슴, 당신이 낭떠러지에서 떨어지는 광경을 바라보는 듯하던 그 여운이 지금도 남은 듯합니다. 그때 나는 뒤좇아 함께 죽을 것을 부득이 약속하게 되었습니다.

당신은 그날로 6백여 리나 떨어진 진남포鎭南浦서 병원을 경영하는 친형을 찾아가서 '헤로인' 두 개를 가져왔습니다. 나는 분홍빛 곽 속, 굵은 손가락만 한 교갑에 든 하얀 가루를 손에 들고 물끄러미 들여다보았습니다.

이 조그만 두 개의 약이 귀중한 사람의 목숨을 감쪽같이 뺏어버리는 것이다! 워낙 둔감한 나는 그다지 놀라지도 않은 채 다만 귀가 먹먹한 듯했습니다. 더구나 죽음만은 무슨 꾀를 내서라도 피할 결심이었으니 걱정이 되거나 무섭지는 않았습니다.

그때 나는 영육이 함께 영존하며 존재적 책임을 각자가 져야된다는 원리도 모르고 다만 '건강한 청년남녀가 사회적으로 큰 공헌은 못할망정 제 목숨을 끊어 제 위치를 스스로 무너뜨리는 비겁한 일을 왜 하랴!' 하는 생각이었습니다.

아무리 어려운 일을 당해도 근심할 줄 모르는 성격이의 주인 공이었던 나는 자살을 피하는 것이 오히려 마땅했던 것입니다. 또한 '사람이 살아나가는 데 어떤 도리가 없지는 않겠지' 하는 막연한 희망이 있었기 때문입니다. 그렇다고 당신을 비겁하게 생각하여 정이 변했거나 불만스럽게 여기지는 않았던 것은 아직도 내 기억이 증명하여 줍니다.

우리는 그때 인간적 책임감을 느끼지 못하는 혼미한 인간으로 그럭저럭 살아나가는 것이 인생인 줄 알고 소비적 생활만 한 끝에 닥쳐올 내 앞길을 생각하지 못하였던 것입니다.

시계 바늘은 좁은 영역을 영원히 돌아야 합니다. 돌지 않으면 쓰레기통 안에 흩어진 시체로 변할 뿐입니다. 우리는 살아서 노력해야 하는 것을 몰랐던 것입니다. 당신은 그때 남자로서 아무 예산이 없는 인간이었습니다. 생전 고생을 모르고 자라난 당신은 처음으로 돈이 궁했고 또 돈 때문에 창피도 당했었지요. 더군다나 나라는 '기생충'때문에 물질적으로 정신적으로 하도 많은 고생 끝에 급기야는 그 극에 이르렀던 일이 기억됩니다.

당시 당신의 모든 행동에 대하여 내 딴에는 너그러이 해석하느라고 애썼습니다. 우리는 영구적으로 생을 포기할 수 없는 원칙을 몰랐기 때문에 인간으로서의 책임감이나 삶에 대한 각오가 없었습니다. 그러므로 피할 수 없는 중대한 현실에 대하여 죽음을 생각하는 환경이 만들어졌던 것입니다.

그때 내 앞에 놓였던 절박한 문제는 당신의 의심도 면하고 죽음도 피해야 할 일이었습니다.

그러나 나에게서 같이 죽겠다는 허락을 얻은 당신은 나와는 딴판으로, '죽게 되었던 사람이 살 일이나 생긴 듯'이 활발한 기색이었습니다. 약을 가져온 그 어느 날 저녁, 당신과 늘 만나던 도렴동都染洞 하숙집에서 밤 열두 시에 음독할 것을 약속하고 그 약도 내게 맡겼습니다.

나는 끝내 죽지 않으려 했습니다. 어떠한 방법으로도 죽음을 면하려 했습니다. 나는 죽음의 막다른 골목까지 이르렀으나 죽어지지 않아서 못 죽은 것으로 당신을 속이려 했습니다. 나는 약갑藥匣을 들여다보며 곰곰이 생각하다가 깜짝 놀랄 묘안을 생각해냈습니다.

그 약과 같은 하얀 가루가 세상에 널려 있다는 생각이 그때까지 나지 않았던 게 이상하였습니다. 그때는 "먹고 죽을 무서운 약인데…" 하는 생각으로만 사로잡힌 까닭이었습니다. 그 약과 같이 가늘고 하얀 가루를 바꾸어 넣으면, 그것을 당신이 알 까닭이 없을 것 아닙니까? 그러나 짧은 시간 안에 당신 몰래 그와 같이 반짝이고 새하얀 가루를 구하는 일이 쉬운 문제는 아니었습니다. 갑자기 비밀을 지켜줄 사람도 생각나지 않고, 그 약을 구하러 나갈 시간의 여유도 없었기 때문입니다. 생각다 못해 똑같기는커녕 빛깔이나 굵기가 완연히 차이 나는 '소다'를 바꿔 넣기로 작정하였습니다. 그러나 단단히 맞춰진 갑을 열다가 흠이 생길까 두려웠습니다. 바꾸어 넣은 약을 먹으면 죽을 염려는 없으니 죽음에 대한 걱정은 여일 수 있다 하더라도 곧 그에 못지않은 다음의 고비가 닥쳐올 것이 근심되었습니다. 그래서 이리 들여다보고 저리 살펴보고 애태우다가 '될대로 돼라!' 하는 체념의 한숨은 드디어 그 약을 서랍에 넣어버리게 하고 말았습니다.

　시간은 닥쳐왔습니다. 마침 평양平壤에서 와서 그 집에 투숙 중이던 소설가 김동인金東仁 씨가 우리의 방에서 밤늦도록 가지 않아 민망해하다가 그가 간 직후였습니다. 서투르고 염려되는 사람들의 대좌對座처럼 눈치만 보며 서로 말없이 앉았다가 내가 물을 떠다놓고 약을 가만히 꺼내놓았습니다. 많은 손님들에게 시달리던 대문까지도 고요하였고 방 안의 이부자리는 우리의 두 시체가 잠시라도 쉬어갈 보금자리로 시름없이 기다려주었습니다. 그러나 그날 밤 누가 야순夜巡의 책임을 맡겼는지 늦게까지 바람이 자지 않고 사르르 휘돌았기 때문에 사람의 발자국인가 당신은 불안해하였습니다. 그때 방바닥에 놓인 약을 둘이서 물끄러미 들여다보던 내 마음은 조마조마하였습니다. 그러나 당신은 아득한 딴 정신에 잠겨 있었습니다. 마지막으로 무슨 말을 서로 나눈 듯한데 그것은 다 잊어버렸습니다. 다만 당신이 약이 바뀐 줄을 모르는만큼 죽음에 직면한 그 순정 어린 태도가 나를 깊이 감동시켰음을 어렴풋이 기억할 뿐입니다. 당신의 순정에 동화된 나는 약을 바꿔 넣었다는 기억을 잃어버리고 말았습니다.

그러니 죽음이 무섭지도 않고 순정화된 그 감정은 모든 감회感懷가 일원화되어 아무 분별이 없건만 눈물은 그저 흐르고 흐를 뿐이었습니다. 당신도 물론 울었으련만 당신의 기색을 살필 여념이 없던 나는 당신의 눈물을 본 기억은 없습니다. 그런데 어떻게 얼마의 시간을 보냈는지 모르나 한참만에 그래도 희미하게나마 죽을 약이 아님을 느낀 내가 먼저 목으로 넘기게 되었습니다. 당신은 깜짝 놀라는 표정으로 흠칫하였습니다. 나는 "날마다 내게 죽음을 강청强請하던 당신이 왜 놀라는 거요? 죽음에 직면하니 살고 싶은 의욕이 새로워지는 거요?"라고 물었습니다.

당신은 "내 목숨보다도 중하게 여기던 당신의 최후에 놀란 것이겠지요" 하며 슬쩍 표정을 돌리는 것이었습니다. 물그릇을 들고, 잘 들리지는 않으나 깊은 한숨을 쉬는 당신은 "생의 최후도 당신과 함께하기 위해 나도 마시는 거요" 하며 약을 목에 넘기고 나서 지극히 처연한 표정으로 "아버지의 얼굴이나 마지막 보았으면… 내가 죽었다는 소식을 들으시면…" 하였습니다.

당신의 어머니는 당신을 서울로, 일본으로 유학을 보내고는 당신이 감기만 걸려도, 산하를 넘는 먼 곳에서도 응감應感하여 아드님이 넘어간 고개에 올라가 아드님이 있는 곳을 바라보며 천지신명天地神明께 오직 행복을 빌면서 울었다고 들었습니다. 당신은 그런 어머니의 생각은 하지도 않고 최후까지 아버지 말씀만 했던 것입니다. 그러니 당신이 아버지 생각을 얼마나 간절히 하였던가를 짐작할 수 있었습니다. 나는 부모를 잃은 지 10여 년이 지났고 당신 외의 사람에게는 아무 미련도 없지만, 죽고 싶지는 않고 오직 당신의 의욕이 일어나게 할 묘계妙計를 생각할 뿐이었습니다. 그런데 나는 평소에 당신이 나에게 대하여 "나는 그대만 생각해주는데 그대는 항상 내게 부족하게 한다"고 늘 괴롭게 굴던 생각 때문에 빈정대는 듯한 느낌이 생겨 "날마다 정情의 근수斤數를 달아보며 당신만 무거운 척 남을 들볶더니 정말 당신의 정 무게가 무겁기는 무거웠겠군요. 아버님의 정까지 늘 포개 달았으니까…" 하고 대꾸했었습니다.

당신은 그 말은 들은 척도 아니하고 내 몸을 당겨 껴안고 누우며 "이제는 모든 괴로움의 최후! 그리고 당신과 나만이 자유세계! 이제 당신과 나는 하나!… 사심私心은 끊어야 해요"라고 했습니다.

나는 나의 가슴으로 당신의 가슴을 떠미는 체하며 "사심을 끊어요? 사선死線에까지 동행하는 나를 그래도 못 믿으니 사선 넘어 저승길에서도 싸우며 가야겠군요…" 하니까 당신은 나를 다시 힘있게 껴안으며 "아니야, 이 자리에서 의심이 날 리가 있어? 만족에 겨운 말이 어찌 의심해서 나오는 것 같은가?" 하고 말했습니다.

그 말에 나도 대꾸도 못 하고 당신 가슴에 고개를 파묻고 시간의 흐름을 느끼면서 죽을 약을 먹지 않은 생각이 분명해졌습니다.

실컷 운 뒤라 그런지 앞날을 막연하게 느끼면서도 몹시 싱거운 연출 장면인 듯했습니다.

당신은 "잠이 들기는커녕 눈이 도리어 또렷하여 잠겨지지도 않으려 하니 이거 참 이상한 일이 아니냐"고 한참 있다가는 또 그 말을 되풀이하는데 나는 가만히만 있을 수 없어 "약이 너무 오래 돼서 김이 다 빠진 것이겠지요"라고 말할 때, 나의 마음도 목소리도 자연스러웠습니다.

목사인 아버님의 가르침으로 평소에 거짓말을 못 하던 나의 그날 밤의 말과 행동은 비상시의 비상 행위라 할까…?

당신은 "그 약은 형님이 그날그날 치료하는 데 쓰는 약장에서 꺼내 왔으니 맥빠진 약일 까닭이 없다"고 강경히 말했습니다.

내가 "그러면 약이 바뀐 것이 아닐까요"라고 되물으니 "나는 어려서부터 형의 병원에 드나들어서 약명이나 약품을 모르지 않아요" 하고 단박 나의 말을 부인하였습니다.

당신도 그렇겠지만 그때 내겐 대문을 두드리며 주인 찾는 소리가 두어 번 크게 들렸습니다. 그보다도 바람결에 속삭이는 나뭇잎에까지도 신경이 끌리도록 눈만 총총했습니다. 그럭저럭 밤은 지나갔습니다. 등불은 밤을 새우고 피곤해서인지 날이 밝자 가물거렸습니다. 당신은 죽지 않게 된 다행으로 느끼는 듯 "이젠 죽지 않을 모양이오, 죽음도 팔자에 있다더니, 고생을 좀 더 해보라는 건가"라고 말씀하시던 순간 누군가 대문을 열어달라는 큰 소리와 함께 사람들의 발자국 소리가 골목 밖에서 들려와 우리들로 하여금 자리에서 일어나게 만들었습니다. 우리는 시치미를 떼고 평소와 같이 아침상을 받았습니다. 그때 죽지 않았던 것은 참으로 다행한 일이었습니다. 내 본정신을 가지고 생사를 왕복할 수 있다면 죽거나 살거나 관계없지만, 우리의 생활 목표도 세워지지 않은 그때 그 인간으로 사선을 넘었다면 무궁한 전도는 어찌 되었겠습니까?

나는 불문佛門에 들어와서 비로소 어느 입각지(근거로 하는 처지)에서 출발하든지 목적을 변치 말고 일관해서 나아가기만 하면 생활로도 반드시 목적을 이루게 되고 자아 발견에 도달한다는 것을 알게 됨에 따라 지난날 우리의 일에 대해서도 판단할 수 있는 힘이 생겼습니다. 지금 내가 인생 정로의 초발족임을 하느님도 부인하지 않을 것으로 믿으니 당신도 빈 마음으로 여겨 읽기를 바랍니다.

그때 우리는 생명의 험렬險烈함과 피의 결의에 대하여 일반적

인간이 가진 천박한 지식도 없었던 것입니다. 생존경쟁의 대비는커녕 그럭저럭 살아가는 바보였습니다. 더구나 나는 눈은 멀고 다리만 성한 당나귀같이 철은 없고 담만 커서 여자로서도 생각만은 엄청났습니다. 반면에 당신은 시인이면서도 야심이 만만하여 바탕은 버리고 물욕의 생활권 내로 들어갔던 것입니다. 나는 어느 정도 순진하게 인생의 갈 길을 찾아보았습니다. 그리하여 존재적 가치표준을 인생에 두는 까닭을 알았습니다. 문제의 시초부터 마지막 귀결은, 인생 문제가 해결된 때 곧 인간을 이룬 때입니다. 인간만 되면 문제는 끊어져서 백천百千 문제의 열쇠를 몸소 열고 닫는 자유와 평화를 얻은 가장 귀한 위치를 가진 인생이 됩니다. 인생은 나를 알아 얻어, 내 맘대로 내 생활을 현실적으로 하는 존재를 말합니다. 우리가 가지고 사는 '나'는 내 맘대로 쓸 수 없으니 내가 못 쓰는 내 것을 뭣하겠습니까? 내 그러니 임의로 쓸 수 있는 '나', 곧 무심을 찾아 써야 합니다. 현실은 명확한 현실이건만 떳떳하지 못하여 흐르는 시간과 함께 변하는 것이 철저히 인식되어 한 가닥 현실에도 애착하지 않으면 자연 무심해지는 것입니다.

무심은 지금 우리가 가지고 쓰는 이 마음의 반면反面이니 이 마음이 비면 나타나는 것입니다. 나는 그 깨달음을 위하여 정진합니다. 그리고 그때 우리의 사랑도 비교적 순진하였던 것이 사실이나 그 깊은 속에는 서로 이용하려는 것, 곧 사욕이 있었음을 알았습니다. 정情의 보수, 생의 위안, 생활에의 의존, 미美의 유혹 등등의 조건부 사랑이었습니다. 더구나 당신이 나를 사랑한 동기도 인격적으로 대상을 삼기보다 관능적 감정에 기인한 것이 분명하였습니다. 쌍꺼풀진 눈 속 그 윤기 있는 동자에는 일만 가지 표정이 감춰 있다는 둥 풍염豊艶한 뺨, 매력 있는 입 모습, 예쁜 손 운운하면서 나의 미모를 일컫던 것으로 알 수 있는 일이었습니다. 더구나 내가 동경東京 '메지로'의 어느 하숙에 있을 때 당신이 나를 두 번째 찾아와 아직 잘 사귀어지지도 않았을 때 내 손을 바라보다가 느닷없이 "나는 손에 제일 많은 매력을 느끼게 되어요. 여자가 손만 예뻐도 내 사랑은 그 여성에게 흠뻑 쏠릴 수 있어요" 하시며 나의 표정을 은근하게 살피던 그때 일이 상기됩니다.

인간적 사랑은 순간적 교환, 곧 시선과 시선의 교환조건이 맞으면 이루어진다지만 우리도 어떤 만남의 자리에서 인사한 뒤 두 번째의 회합이었던 것입니다.

그때 나를 찾아오는 본국의 유학청년들이 많아서 나는 당신에게 웃는 얼굴로는 대하면서도 늘 무심하였던 것입니다. 당신은 얼마나 별렀던지… 비로소 사랑한다는 말을 주고받을 때 어떻게든지 입이나 한번 맞춰보고 말까, 하는 생각까지 했었다고 하였습니다. 나 역시 당신에게 대하여 미美와 재산과 취미가 같다는 둥둥의 조건이 붙은 사랑을 사랑하였던 것입니다.

그리고 나는 그때에 가졌던 우리의 인간성을 상기하여 봅니다. 당신과 나는 다 같은 물질적 정신계로 정신이 치중되었지만 나는 막연하나마 정신계를 지향하게 되고, 당신은 생활난에 인격이 휘둘리게 되었습니다. 그리하여 나는 물질적으로는 어떠한 곤란이라도 견디어 사랑만 지녀가면 다행이라는 생각이었고, 인간적 책임감을 깊이 느낄 줄은 모르면서도 다만 문호文豪가 되어 보겠다는 창작 의욕이 불길같았던 것입니다.

문화인으로 자처하던 우리는 그때 물질의 내적 본질을 적용할 줄 모르고 도리어 그럭저럭 살아가는 것이 생활인 줄만 아는 철없는 인간들이었던 것으로 생각됩니다.

일체 존재는 각자 자기 생존의 책임자로 보존과 향상을 위해 촌각寸刻의 공비空費도 허락되지 않는 것을 몰랐던 것입니다.

물질적 문화인은 마침내 정신적 문화인을 이루는 것입니다. 당신의 지금 위치는 알지 못하지만 그때 사업 방향으로 전환한 것은 크나큰 오산이었다고 봅니다.

사람이란 누구나 한 가지씩의 소질을 가졌다는 것은 다생多生의 노력의 결과요 연장인데 소질대로 일하지 않으면 시간과 노력에 큰 손실을 보게 되는 것입니다. 그때 당신은 소질대로의 생활을 등졌으니 지금은 어떤 생활을 하고 있는지 모르지만 백년 탐물貪物은 하루아침 티끌로 사라지는 것입니다. 그리고 이 세상에서도 사랑에 신성神聖이란 말은 많이들 붙입니다만, 그러나 '신성' 그 의의는 아는 이가 많지 못합니다.

신성은 나의 일체 요구가 다 떨어진 자리, 곧 나의 혼까지의 소멸처消滅處를 말하는 것입니다. 내가 소멸처에 들 때 상대도 일체도 다 소멸되어 만공[滿空, 일체화, 곧 합치]의 세계가 이루어지는 것으로서, 그곳을 신성계라 합니다.

그런데 신성은 사랑이나 정으로나 신심信心, 효심, 애국심, 인류애, 자비심, 악심으로나 나의 일체 정신의 한데 뭉침, 곧 정신 통일 또는 우주 단일화인 무심無心 그 자리로서 거기서 피어난 정화精華가 곧 인격의 완성화입니다.

어느 입각지에서 출발하든지 정신의 단일화, 곧 신성한 데까지 이르면 무엇이든 성공하지 못할 것이 없는 것이 우주적 원리입니다. 일체 중생은 정신을 집중하면 일체 사물의 본면목을 볼 수 있습니다. 그 정신이면 만능적인 생활을 할 수 있는 것을 모르기 때문에 갖가지 형태로 나뉘어진 분자적 정신에 의존함으로써 온갖 자유를 다 잃어버리고 죄수생활을 하는 것입니다. 또한 동업 중생끼리 생활권[生活圈=世界]을 만들어 먼지같이 많은 군거생활群居生活을 하는 것입니다.

우리가 하늘을 쳐다보면 모래알같이 많은 성군星群이 보입니다. 그 성군이 모두 사바세계, 곧 인간이 살고 있는 세계로서 우주의 중앙에 있고, 아래는 비인간非人間의 비문화 세계로서 무간지옥無間地獄까지 있고, 위로는 욕계欲界, 색계色界, 무색계란 세계가 벌려져 있습니다. 불경에는 각국의 거리距離, 인구, 인정, 풍속까지 다 그려진 현실 세계입니다. 상상 전은 창조성이요, 상상 후는 현실입니다. 각자가 창조성, 곧 본정신이 행하는 정신력의 척도에 의해 정신 작용의 한계가 정해지는데, 그 한계대로 넓고 높게 세계 인류가 연결되어진 생활을 하게 됩니다. 태양을 중심으로 하여 위성적 조직으로 된 세계는 다 사바세계요, 그 맨위의 천상[1]에는 최고 문화인으로, 사바세계인이 상상도 못할 만큼 수승殊勝한 인간만이 산다고 합니다. 그들은 선행으로 이루어진 인간, 곧 성현으로서 생활비와 일용품이 자체화하였기 때문에 자광명自光明으로, 일월日月이 소용 없고 말하고 생각하는 대로 곧 수용된답니다.

그리고 '아미타불'이란 부처님의 천국 곧 극락세계에는 염불念佛 공부를 시키지만 다른 모든 천당에는 노력도 필요 없고 낙樂에만 도취되어 정신통일을 위한 공부도 하지 않기 때문에 낙을 누릴 대가를 지불할 책임이 문제 된답니다. '아미타불'은 공부를 시키지만 그 나라에 가지 않아도 가르침을 받을 수 있고 부처님의 명호名號를 부르는 자체를 알아야 할 뿐입니다. 자신의 공적이 없이 믿고, 부처님을 의지해서 그저 천상에 나게 되

---

1 육도(六道) 중 가장 높은 세계. 육도는 지옥도, 아귀도, 축생도, 수라도, 인간도, 천상도를 가리킴.

는 줄 아는 인간은 가장 어리석은 인간입니다.

다만 부처님이나 '예수'를 믿는 것은 천당이나 극락세계에 나려는 것이 아니요, 그들이 알아 얻은 도리, 곧 나의 창조주인 만능적 자아를 우리도 전수傳受하려는 것입니다. 이 세계인으로 이 세계에 거주하며 육체도 임의대로 천상천하를 내왕할 수 있는 무한대의 정신력을 지닌 사람도 이 세계인이 당신들의 가르침을 받을 만한 때를 기다리고 숨어 있습니다. 천상인은 거의 그런 만능적 생활을 하지만 자아 곧 본아本我를 다 찾아 쓰는 사람은 적습니다. 오직 불佛이란 이름을 얻게 되어야, 전체적 정신 곧 일체능一體能의 자아를 요득한 완인이라야 천당, 인간, 지옥 등 인연대로 스스로 가려 살게 됩니다. 세속의 지식으로도 구경究竟에 이르면 불가사不可思, 불가량不可量의 알 일이 있어 그 일만 알기도 어렵습니다. 하물며 내 생각에 미치지 않는 일, 곧 배워서도 모르며 보이지조차 않는 만능적인 정신력을 어찌 헤아린다고 도리어 미신이니 비과학적이니 하고 부정해버림으로써 쾌감을 느끼겠습니까? 우매한 그런 인간은 어두움의 길을 스스로 취하는 것입니다. 그런 사람들로 이루어진 이 세계는 이렇게 암흑한 것입니다.

인간이라면 부인할 일은 명확한 근거를 잡아 부인하고 취할 일이면 취할 수 있는 판단력을 가져야 인생 점로를 걸을 것이 아닙니까? 이 세계인은 두꺼비 꼬리 흔드는 것 같은, 존재 없는 현대적 과학을 만능이라고 하며, 이와 같은 오묘한 진리는 매미가 겨울 일을 부인하듯 합니다.

내가 알지 못하는 일이 다함이 없다는 것을 짐작조차 할 줄 모르면서 도리어 만인을 가르칠 지식인으로 자타가 인정하는 인간들이 되어 자만심만 가지고, 알지 않으면 안 될 일은 부인하게 되니 가장 애달픈 일입니다. 알고 알아서 끝장에는 모를 줄을 알아야 무위락無爲樂을 얻게 됩니다.

미진수적微塵數的인 세계와 인류의 생활은 껍질이니, 물체 없는 그림자가 없는 것같이, 알맹이 없는 껍질은 없는 것이 아닙니까? 그 알맹이가 희로喜怒를 느끼는 마음이 아니라 이 마음 외의 존재인 본마음이 '참나'입니다. 그러므로 알맹이인 나의 본마음 하나가 있기 때문에 상상할 수 있는 것은 다 실제입니다. 참마음인 알맹이를 빼어 놓은 현실 생활을 하는 우리들은 실성失性한 인간입니다. 물질적인 이 마음이 없을 때는 없으니 어느 때 일어나는 무슨 마음이든지 단일화시켜 무심에 이르기만 하면 절대적인 성과를 이루게 되기 때문에 위에 말씀드린 바와 같이 사랑하는 마음도 일원화한 사람은 일체화한 완전한 인간이 됩니다.

그래서 이런 이야기가 있습니다. 관세음보살이 인연이 있어 구원해줄 한 남자를 위하여 그 화현신化現身인 미녀로 선암산仙岩山이라 하는 산길에 나타났습니다. 지나가던 그 남자가 황홀한 정신으로 미녀를 쳐다볼 때 추파로 살짝 응해주니 미녀를 따라 높은 산 깊은 골로 하염없이 쫓아가다가 벼랑 위에까지 올라가게 되자 미녀가 그 아래의 대해大海로 뛰어내려 물속에서 손을 내미니 사랑에 빠져 몰아경沒我境에 이른 남자는 그 손을 잡으려고 그대로 뚝 떨어지면서 만능적 자아를 발견하였다는 것입니다.

자아를 발견하여 시공時空이 자체화한 완전한 인간이 된다면 갑남을녀로 합해서 된 사랑이라야 사랑이리요. 존재는 일체 존재가 다 내 성적性的 대상이 될 수 있습니다. 만일 내가 남자라면 일체 여성이 다 애인이요, 아내가 될 것입니다. 다생루겁多生累劫으로 살아오는 이 육체가 결합해소[生死]의 반복적 생활을 계속하는 동안에 일체 군생이 다 내 애인이요, 아내로 살아온 것입니다. 만나면 떠나게 되고 떠나면 만나게 되는 우주적 원칙을 인식한다면 "너와 내가 어찌 떠날 수가 있으랴!" 하는 등의 애달픈 탄식은 나오지 않을 만한 인간으로 될 것입니다. 그만한 인간이라면 생사고락이 상대성으로 된 그 원리를 요해了解하여 영구적인 고혼孤魂의 생활을 영구적인 각령覺靈으로 바꿔 살게 될 것입니다.

각령은 불[佛=一切]의 존재 전입니다. 그러나 불이 일체의 대칭 대명사이기 때문에 각자의 영전靈前을 각령覺靈이라 하고 각령하기 전을 불계佛界, 곧 공계무심空界無心, 도道, 진리眞理, 나[我], 마음, 생각 등등이라 합니다. 불후佛後를 석가모니불, 아미타불,

미륵불 등등으로 일컫습니다.

어쨌든 성불成佛해야 불가사겁후不可思劫後까지의 생활비가 장만됩니다. 이 생활비가 장만되어야 내 본고향인 시종적 안전지대가 내 차지가 됩니다. '불'이란 그 보고는 공동 소유이므로 아무라도 차지할 수 있습니다. 그 보고는 햇빛이 만상萬象을 다 비춰도 남는 것같이 헤아릴 수 없는 중생의 것입니다. 그 보고에 들어온 나는 아직 채취 방식을 모르나 남들이 채취해 쓰는 것을 내 눈으로 보기 때문에 이 일은 부처님이나 하느님이 와서 부인하더라도 의심나지 않습니다. 믿음보다 증명입니다. 그러나 믿음이 증명을 보여 줍니다.

이런 무상법無上法을 알게 된 나는 목말라 애쓰다가 무량수원無量數源을 바라보게 된 것 같으니 갈증에 부르짖는 동지들의 생각이 아니 날 리 없는 것입니다. 나는 지금 물 내음을 맡게 된 사슴이라. 물 있는 방향으로 달리고 있으니 뒤를 따르라는 말씀입니다.

우리가 그때 죽지 않았던 일이 얼마나 다행한 일입니까? 그때 죽음의 대비도 없이 그대로 죽었더라면 내가 어찌 이 최상 법문 중에 들어올 수 있었으며 또한 이 말씀을 이렇게 당신에게 전할 수 있었겠습니까?

금생今生의 연장이 끝없는 나의 앞길인데 내 앞길을 위하여 이 법을 못 만나고 그대로 죽었더라면 얼마나 무서운 일입니까? 자살은 살인하는 것보다 더 큰 죄랍니다. 우주적 시은施恩으로 뭉쳐진 이 몸을 버리는 것은 우주에 대한 배은背恩이며 반역자로 생의 패배가 되어 미래세에는 어떤 악도적 살림을 하게 될지 모르는 것입니다. 그러니 악도에 떨어지면 사람의 몸도 언제나 다시 받아볼지 모를 것이 아닙니까? 물론 이 사람 몸이나 혼으로 사는 것은 꿈입니다.

그러나 꿈을 부인하는 것은 생명을 부인하는 것입니다. 생명은 꿈꾸는 물건이기 때문입니다. 꿈은 생명의 표현이고 꿈꾸는 것은 생명의 움직임이요, 꿈꾸게 하는 것은 생명의 원천, 곧 무로서, 이 삼합체三合體가 완전한 생명 곧 진인간眞人間입니다. 더구나 진인을 이루지 못한 이때에 비명非命에 죽으면 귀신의 몸을 받게 되어 귀도鬼途에서 서로 애인 동지가 손목을 붙잡고 험한 산 깊은 골로 울며 다니노라면 인간적 정신은 점점 흐려져서 한 생生, 한 생 타락일로로 걸어가게 됩니다. 그때는 고통만 늘게 되고 고苦를 못 이기면 자연 서로 원심만 깊어가게 되어, 언제나 떨어지지 말자고 죽음으로 맹세한 두 사람이 생사간에 다시 만나지 말라고 고축告祝하게 됩니다.

일체 존재는 어차피 생을 포기할 수는 없으니 생에는 의식이 있기 때문에 어떤 보잘것없는 존재라도 애증은 느끼게 되지만 향하일로로 걷는 존재가 그 언제 참다운 생명을 찾게 될 것입니까? 상식적으로 판단하더라도 현재 가진 위치를 보존하지 못

피엉긴 가슴을 안고 사는 R씨에게

해서 깨뜨려버리는 위인이니 그 후의 위치가 짐작될 것이 아닙니까?

우리는 먹어야 하고 편하게 살기를 바라게 됩니다. 일체 요구는 편안, 그 하나를 위함입니다. 먹으려면 일해야 하고 편하자면 정신적 수입[收入=精進修道]이 있어야 합니다. 정신적 수입, 곧 사상적으로의 정진과 사업적으로의 방안, 이 쌍방적 방향만 정하면 생의 균형을 얻어 우선 외로움이나 괴로움이 사라지게 될 뿐 아니라 생의 정로를 걷게 됨에 따라 안도감을 느끼게 됩니다. 이미 지난 젊은 시절의 지나치고 너무 오랫동안 연극이 오히려 고달프게 회상될 줄로 압니다. 다만 마지막 부탁이 있습니다. 일체 존재에게는 사난득四難得이 있습니다. 인생난득, 장부丈夫난득, 출가(出家=僧)난득, 불법[佛法=自我把握 ; 正法=成佛]난득이 그것입니다.

당신이 이 법을 들어 납득한다면 재가승在家僧으로 최고[最高=상대적인 최고가 아닌 絶對高]인 생生학원의 제3학년에 오른 셈입니다. 한 학년만 더 치르면 인생대학을 마치고 완인完人이 됩니다. 완인은 자타가 일원화한 완전한 편안을 얻을 것입니다. 나는 여자로서 인간으로는 같지만 남녀가 질적으로는 천양天壤의 차이가 있답니다. 그래서 여자가 장부 되는 일이 성불하기만큼 어렵다니 좋은 말이나 먼저 알면 뭣합니까? 당신이 이 말씀을 믿고 수도修道를 한다면 단시일에 일초一超 여래지如來地에 이르게 되어

'나'를 건지게 될지도 모릅니다. 우리는 포기할 수는 없는 '나'를 이미 가졌으니 '나'의 근본을 알자는 말씀입니다. 그러니 이 몸 가졌을 때, 이 말을 들었을 때 이 법을 알아 얻어서 놓치지 말고 잘 지닌다면 이 생의 연장이 영겁화하게 되어 필경 성불[成佛=完人]합니다. 누구나 알아야 한다는 말이나 글은 쓸 줄 알면서도 참으로 알아야 할 것은 모르는 이 무지 때문에 중생이 무진고無盡苦를 받는 것입니다.

어쨌든 돈벌이보다 정신적 수입의 수지를 맞춰 가야 합니다. 그것이 더욱 급한 일입니다.

돈벌이는 금생 일생의 일이요, 정신적 수입은 영생적 사업인 까닭입니다. 더구나 정신적 수입의 수지가 맞지 않으면 현상유지, 곧 소아적인 이 몸도 잃어버리게 됩니다. 정신적 수입이란 정신의 정체를 발견하려는 법으로, 물질적인 이 정신을 소멸시켜 무심에 이르러야 발견되는 것입니다.

물론 정신이란 생계비 부족으로 외로움과 괴로움의 불편한 일이 생기는 것입니다. 이 정신의 정체만 발견되면 정신 하나로 지옥에서도 천당락을 누릴 수 있습니다. 거듭 말씀이지만 행불행의 생활이 모두 내 마음인 까닭입니다. 세속 사람도 "마음에 달렸지, 마음이 팔자지" 하는 말을 하면서 일을 당하여는 도무지 마음대로 안 되건만 그 일이 오히려 당연한 줄로 여기고 "왜 이렇게 마음대로 안 되는가, 내 마음대로 못하는 내 것이 있을까" 하는 생각조차 하지 않고 스스로 지어놓은 자업自業의 쇠사슬에서 벗어나지 못하는 것입니다.

그런데 정신을 잃어버린 실성인들을 서로 끌고 행로行路로 시간적으로 끝도 없는 험난한 들판에서 헤매는 그 속에 휩쓸려 지내는 당신이 이 소식을 진실로 희귀한 소식인 줄로 아실는지 모르겠습니다. 일생의 일도 큰일이라는데 미래세가 다함이 없는 크나큰 일의 해결법이니 어찌 그 귀함을 헤아릴 수 있겠습니까?

정신을 잃어버린 인간이 정신 수습하는 일 외에 돌아볼 것이 무엇입니까? 이 사상으로 지향하는 일, 곧 사상적 방향만 결정되어도 생의 의욕이 풍부해져서 안도감을 느끼게 되고 안도감은 용기를 내게 되어 어디서, 언제, 어느 때, 무슨 몸으로 무슨 생활을 하든지 잘 살아가게 될 것입니다. 당신이 아무리 물질적 문화인이라 하더라도 인생 항로의 방향을 돌린 것은 잘못된 일입니다.

문화인은 그래도 물질경을 초연하여 마침내 정신적 문화인이 될 수 있는 것입니다. 그런데 문화인으로 딴 길로 가게 된 당신은 60줄에 든 오늘날까지의 경험으로 인간들이 모두 바라는 만족이니, 기쁨이니 하는 데에 체달하여 본 적이 있습니까? 체달이라 생각된 때가 있더라도 유심으로 된 체달은 상대적인 좁은 한계 내이기 때문에 짧은 시간에 사라져버립니다.. 무심은 무한계이므로 고락간 슬슬 구슬리기 쉬운 자유계입니다.

시간의 영원과 요소의 일체인 유심의 창조주인 그 무심을 모두 채취採取하면 거기에는 희망의 성취도 있고 임의로 창작적 생활을 하게도 됩니다. 늘 꾸는 꿈이요, 더구나 잊어버린 꿈이지만 꿈만이 '참살이'라 믿을 그때에 차마 버리지 못할 일체를 다 버린 사선死線에까지 동행하였던 당신이라 특별히 전해드립니다.

'무심'만 얻으면 '유심'인 현실 전체는 내 것이 됩니다. 무심하게 쓰던 글은 '무심'의 붓끝이 저절로 물러나므로 이만 그칩니다.

무술년 8월 29일 김일엽 합장

살활의 검을 내리소서

반환된 선물을 안고

반환된 선물을 안고

෮

30년이 훨씬 넘은 그때! 가깝게 생각하면 하룻밤도 치르지 않은 아까 일 같고, 멀리 느끼면 까마득한 그 옛날에 스님과 나는 이미 결혼생활의 맛까지도 보아온 중년 남녀였건만 소년 소녀 이상 순진하고 열정적 사랑… 우주화한 애정에 잠기게 되었던 것입니다.

그러나 그것은 이미 지나간 추억일 뿐…. 이제 와서는 스님은 초연한 성녀聖女, 나는 세속에서 공연히 분주만 피우는 범남凡男…. 그래도 나는 장차 성불[成佛=完人]하려는 소원 밑에 내 스님께 합장하고 기도드리는 양, 한바탕 푸념이랄까 하소연을 해볼까 합니다.

스님과 이별한 지 30여 년간은 영생적인 시간에 비하면 가장 짧은 한 토막 시간에 불과하지만 근시안적인 범인凡人인 나의 감각으로는 퍽 오랜 세월로 느껴집니다. 그러나 그리도 오랜 시간 중에서도 내 편에서는 스님과 공간이 없는 생활을 계속하였습니다.

이왕 스님 뒤에서 하는 행동이 전면화되었으니 그만 다 털어놓아 버리겠습니다. 24년 전에 부산釜山 교외에 아담한 암자를 새로 지어놓고 스님을 입승入繩[1]으로 모시러 사람을 보냈던 이도 나였고, 3년이 지난 후에 다시 정심행正心行이란 보살을 보내어 일련사一連寺로 오시면 병약한 몸을 치료해줄 의원까지 청해 왔다고 하던 이도 나입니다.

그 보살에게 스님만 모시고 오면 사중寺中에서의 생계비 모두를 내가 대준다는 조건이었던 것입니다.

그 후 4, 5년쯤 지났을까요. 대전大田에 볼일이 있어 갔던 길에 예산군禮山郡 수덕사修德寺의 견성암見性庵까지 가려다가 그만 돈 30만 환만 무기명으로 부치고 말았습니다.

스님은 스승이신 만공滿空스님이 "성품이 백련꽃같이 되어 세속에 물들지 않을 때까지 덕숭산 밑을 내려가지 말라性若白蓮始之後出山"는 수계문受戒文을 받았다고 했습니다. 또한 "마음으로 하

---

1 선방에서 수좌들의 기강을 맡은 소임.

는 정진은 업력業力에 눌려 임의로 못하지만 마음대로 할 행동, 즉 가고 오는 일까지 스승이 하라는 대로 아니 해서야 제자라고 할 것이 무엇이냐"고 하더라는 말을 듣고 인정적인 나의 힘으로는 스님의 행동에 간섭하지 못할 줄 알고 스님을 못 잊어 사라지지 않는 아픔을 지긋이 참고 20년간을 지내왔습니다.

20년이란 짧지 않은 시간도 소위 사업에 긴장하면서 지내다 보니 빠르게도 지나갔습니다. 스님은 칩거를 하는 분이건만 많은 사람의 화젯거리가 되었기 때문에 스님의 소식을 늘 깊이 여겨듣고 "장차 구세주가 되어지이다" 하고 빌 뿐이었습니다.

그러나 솔바람 쓸쓸히 부는 고요한 승방에 승복을 입고 외로이 앉은 스님의 쓸쓸한 모습이 가끔 나타나서 회한의 눈물을 삼키게 될 때가 한두 번이 아니었습니다. 그럴 때마다 소위 신도信徒라는 이로서의 속정俗精은 억제하여야 했던 것입니다.

지난달에는 대구 지사에서 사원들이 출장 나갔다가 견성암까지 가서 스님을 만났는데 그 선원禪院은 기본 재산이 없어 좀 곤란하게 지내는 모양이라고 하기에 그 선원을 위하여 스님과 연락만 된다면 장래 어떤 보좌라도 하여드릴 생각을 했지만 우선 약간의 돈을 부치면서도 반환될 예감을 갖게 되었습니다.

과연 반환되었습니다. 아주 소식을 끊은 것에 비하여 훨씬 반가운 일입니다. 더구나 마음 들여서 보내신 포교문은 한 문서로도 보물로 삼고 간직하겠지만 그 뜻을 깊이깊이 명심하겠습니다.

나는 떨리는 손으로 스님의 편지를 들고 몰아적 정신으로 지금 읽고 있습니다.

뜻밖에도 선생의 편지를 손에 들게 될 때 30여 년 전에 선생을 여의고 몹시 슬퍼하던 그 어느 여인, 곧 이 중僧의 옛 모습이 옛날에 본 영화 속의 비극적인 여주인공처럼 내 눈앞에 떠오르게 되어 자꾸만 우스워졌나이다. 그러나 웃는 뜻은 알지 못하였습니다.

보내신 수표 백만 환이 신심信心으로 주는 시주施主의 돈이라면 얼마나 반갑겠습니까. 지금 이 선방에는 백만 환은커녕 만 환, 천 환도 퍽이나 필요합니다. 납자衲子[2]들의 집단이기 때문입니다. 그러나 정신은 자족을 얻은 부자들입니다.

선생은 상속받은 많은 재산을 더욱 많이 늘려 다면적 자선사업가로 사회, 학교, 고아원, 암자 등을 설립하며 각 기관의 안팎의 일을 몸소 지배하고 계시다는 말씀을 들었습니다.

그러나 선생의 사업이란 우주적으로 보아 조그만 시냇물을 창명滄溟[3]에 비할 수도 없는 것과 같이 가장 작은 한계 안의 사업입니다.

---

2 수행하는 스님을 달리 이르는 말.

3 창해(滄海)라고도 함. 넓고 푸른 바다.

더구나 사업의 밑천인 정신적인 수행을 하지 않는다면 파산한 부자의 말로처럼 비참합니다. 여하튼 사업비는 미리 장만되어야 합니다. 사전 일을 다하여놓고 사후의 일이 시작되는 것이 순서가 아닙니까?

인간의 사업은 우주적입니다. 우주가 내 소유[實은 自體]요, 내 사업 장소이기 때문입니다.

어디에 근거하여 사업을 할 것입니까? 사업적인 일체를 다 잃어버린 인간이….

우선 끼니거리인 쌀을 먼저 장만해놓아야 밥을 지을 수 있는 것같이 내 소유부터 찾아놓아야 하지 않겠습니까?

우주는 공유물이니 벌레도 허공도 소유권을 가졌습니다. 존재적 가치기준은 제 소유를 다 찾아 쓰는 존재에 서게 되는 것입니다. 인간이 가장 귀하다는 것은 그 점에 있습니다. 우리는 인형만 가진 인간급에 겨우 들게 된 인간입니다. 우리도 내 소유를 다 찾아 인간 노릇을 하여야 할 것입니다.

인간이 된 후라야 인간적 사업을 할 수 있는 게 아닙니까? 인간적 사업은 완전체, 곧 전체인 무無를 기반으로 하여야 합니다.

이 선원에서는 인간이 되려는 공부, 곧 정신을 수습하는 공부를 하고 있습니다. 이 정신이란 희로를 느끼는 물질적인 이 정신이 아닙니다.

이 육체와 정신의 주인공이 창조성입니다. 언어가 끊어지고 마음 향할 곳이 없는 무형의 존재이기 때문에 무 또는 공空이라 합니다.

이 선원 내의 일원인 나는 대중과 더불어 우주가 각자적인 내 소유임을 확인하고 찾는 수속을 밟고 있습니다. 이 수속은 종이라는 바탕도 글자라는 표지標識도 없는 문서입니다. 종이와 글자가 아닌 무념무상입니다. 앞뒤 생각이 아주 끊어져버린 성성적적惺惺寂寂한 시간, 곧 시공의 제재를 안 받는 시간을 얼마라도 마음대로 가질 수 있으면 우선 수속은 끝이 난 것입니다.

일심불란—心不亂하여 생각이라는 생각까지 끊어진 우주화한 무념으로 일주일만 계속할 수 있으면 그 자리에서 한 생각이 일어날 때 우주는 내 것이 됩니다. 이때가 대승경大乘境에 이른 때로서 어떤 몸으로 어떤 생활, 무슨 행동을 하든지 탈선되지 않는 완인으로 독립적 생활을 하게 됩니다. 비로소 인간이 되어 인간적 생활이 개막됩니다.

여하튼 한 생각이 일어나기 전, 일체 생각의 근본을 알아 얻어야 합니다.

한 생각이 일어나기 전의 생각[물체 전 행동력]은 형상이 없기 때문에 물에 젖지도 않고 불에 타지도 않습니다. 때문에 고락과 생사에 걸림이 없고 우주가 다 무너져도 홀로 남아 분명하며, 무량수적 원천이기 때문에 누구든지 언제나 얼마라도 취하고 얻어도 줄어들지 않습니다.

이 무진無盡의 '화수분'이 각자적 '나' 자체입니다. 그런데 우리들이 망상妄想을 일으켜 온갖 것을 구하러 외계外界로 눈을 돌려 멀고 먼 험지를 헤매는 것입니다.

실성한 인간으로 내 집을 버리고 해독을 입히려는 무서운 존재가 들끓는 험한 산과 들로 헤매었다는 것을 알면 되돌아서야 할 것이 아닙니까? 나는 그 일을 알고 30년 전에 단연히 입산하여 돌아올 노정에 오른 것입니다.

나는 물 냄새를 맡은 사슴이 물 있는 곳으로 바로 가는 것같이 가야 할 방향을 알게 되었습니다. 그러나 아직 눈이 뜨이지 않습니다. 소경이 "너는 소경이다" 하는 증명을 남들이 해주고 스스로의 지각知覺으로 자증自證하게 되어 자기가 소경인 줄 확인하는 것같이 나는 소경인 줄은 알았습니다.

한없이 다가오는 생을 눈멀어가지고 어떻게 살아갈 것입니까? 다함이 없는 순력자巡歷者가 길을 모르고 어떻게 갈 것입니까? 눈이 밝아지고 길을 알게 된다는 일이 곧 '나'니, 우주니 하는 생각의 반면이므로 알 것도 없고, 찾을 것도 없고, 갈 것도 올 것도 없는 이 생각입니다. 이 생각의 반면은 이 생각과 떨어져 있는 것이 아니기 때문에 이 자리, 이 시간을 여의지 않는 것입니다.

그러나 우리가 망상으로 알기와 가기를 익혀 쌓은 것이 누겁 다생累劫多生의 연장으로 이에 이르렀기 때문에, 모르는 데로 돌아서는 것을 다시 익혀야 하는 것을 수속手續이라 합니다. 곧 생각 생각을 소멸시켜 무상無想[4]에 이르러야 합니다. 모를 줄 알고 찾을 것이 없어져야 합니다.

미궁迷宮에 들기 시작하면 그 속이 보여질 때까지 번뇌가 끊어지지 않고, 의심의 길이 다 가기 전에는 마음을 놓을 수 없는 것입니다. 모를 줄을 알아 마치는 때[但知不會即是見性]인 무념경無念境에 이르면 일체 존재의 빈 바다, 곧 이 찰나만이 일체임을 알게 됩니다. 그때가 무를 증득證得한 때인데 거기서는 백년 경계에서 일체화의 작용을 하게 되어 무슨 일, 무슨 요구든지 자재自在됩니다. 똑 떨어진 현실입니다. 이 눈앞에서 증명되지 않는 일은 완전한 해결법이 아닙니다. 무념경에서 채취한 척도대로 현실화시키게 되기 때문에 부처님이 부인하여도 의심나지 않은 현실, 부처님 말씀에 의존하지 말고 누구나 무슨 일이나 명백하게 내가 알아볼 일인 것입니다.

그러나 우리는 그 일들(현실화)이 다 망상에서 비롯된 것임을 알았을 때 비로소 자족함을 느끼는 부자가 됩니다. 이 선원은 이 자족인의 집단이므로 항상 넉넉한 생활을 하고 있습니다.

가난에 쪼들리는 선생이 부자인 우리를 동정한다구요?

---

4   일체의 상념이 없음.

나는 나의 돈 백만 환을 희생하여 선생의 반조反照를 기다리겠습니다.

감사함을 느끼면서 호의로 도로 보내옴을 헤아리시기 바랍니다.

견성암 비구니 일엽

얼떨떨한 정신으로 단숨에 스님의 편지를 다 읽어버렸으나 첫줄에 '나를 여의고 몹시 슬퍼하던 그 어느 여인'이라는 그 한마디 말에 스님의 검푸른 호수 속 같은 눈에서 눈물이 방울방울 떨어지는 모습이 금세 내 눈앞에 나타나 스님의 눈물과 동감의 눈물이 내 가슴에서 끓어오름을 느껴 설법의 뜻을 알아볼 길이 없었습니다.

그러나 그 슬퍼하던 여인은 스님의 전신이라고요? 그 후신인 지금의 스님은 나와 아무 관련이 없다는 말씀이지요? 그러나 전에 구경한 기억이 있음도 나와 관련된 무엇이 있기 때문입니다. 그러나 그보다도 스님은 스님의 전신이라는 몹시 슬퍼하는 그 여자. 나를 길이 원망하는 그 여인이 되어 주셔요.

나는 이제 아주 몹쓸 놈이 되어도 좋아요. 용서 못 할 죄인이 되고 싶어요. 그리하여 엄연한 여왕 앞에 결박진 몸으로 꿇어엎드려 사죄하고 싶어요.

지금 스님이 법상法床에 높게 앉은 성녀聖女보다 차라리 흰 머리를 내 가슴에 파묻은 범속의 할멈이 되어 주셨으면 얼마나 좋을까요.

몹시 슬퍼하는 스님의 전신은 불쌍하면서도 오히려 극적인 운치가 있고 지금 스님의 성스러운 모습은 불쌍하니 외로우니 하는 그런 속된 말을 감히 붙일 수 없지만 신비로운 고독상孤獨像이랄까, 그런 모습이 나를 더욱 서글프게 만듭니다. 더구나 스님과 오래 떨어져 있는 동안에 내가 스님을 배반했던 일을 스님은 잊지 않은 것 같습니다. 내가 부모의 권유대로 어떤 처녀와 약혼하느라고 2주일이나 소식을 끊었다가 스님을 만났을 때입니다. 스님은 그 동안 내 몸이 불편하여 못 오나 하여 관세음보살님께 간절히 기도를 드렸지요. 그 무렵 누가 스님에게 찾아가 나의 약혼 사실을 알려 주자 스님은 "말도 안 되는 소리 말라"며 나를 철석같이 믿었지요. 이처럼 순진의 극에 이른 여인인 스님을 배반한 뒤 나는 스스로 죄스런 회심으로 30여 년간을 가슴의 쓸쓸한 한 뭉치가 풀어지지 못하여 꿈에도 스님을 만나 사죄하는 태도로 스님의 눈치를 살폈습니다. 그때마다 스님은 모른 척하고 슬쩍 지나가버리던 것입니다. 스님과는 과거세에 오래오래 인연을 맺어 왔던 탓일 것입니다.

그러다가 이번 스님의 편지에 '몹시 슬퍼하던 여인'이라는 그 한마디가 아직까지 잊지 못하고 있던 이 가슴에 크나큰 자극을 준 것입니다. 그러나 무상법無上法[5]을 증득하려는 지성인至誠人인 비구니를 타락시키지 않겠다는 양심은 있습니다. "청정비구淸淨比丘한 사람을 파계시키는 죄가 수미산 간다"는 말씀도 들었습니다.

속녀로도 그리 너그럽던 스님이 지금은 더구나 자비경慈悲境에 계시니 30년을 정진하며 깨끗하게 수양한 몸과 마음에 모독을 준다고 거리낄 스님은 아니지만 속세의 정감을 털어놓아 스님의 성스러운 자리를 어지럽힌 일은 죄송하지 않을 수 없습니다. 다만 오물汚物의 가슴에도 이런 맹렬한 정열이 잠자고 있었던가 생각하면 스스로도 뜻밖일 뿐입니다.

사실은 아내와 사별한 지 5년이나 지났는데 재혼하라는 이들이나 추파를 보내는 여인들도 있었습니다. 그러나 인생항로에 이미 해가 저물었으니 빨리 귀향(後生事를 위하여)하겠다는 생각으로 대자모大慈母이신 관세음보살을 부르는 고성염불을 하고 있습니다.

생전 하여온 염불로 모아온 정신력이 목적지에 이르지 못한 과도기적 발작을 일으킨 줄 알지만 치료 기간이 좀 걸릴까 하옵니다. 스님이 계신 그 산에도 남선방男禪房이 있다니 달려가고 싶으나 스스로 억제하고 어느 고요한 곳으로 가서 죽음에 대비

---

5 죽은 사람의 넋을 극락으로 인도하는 의식.

하며 여생을 보내도록 하겠습니다.

더구나 스님과 영구적으로 여의지 않는 경지에 이르려면 스님이 걷는 정로를 같이 걸어야 할 것을 알았습니다.

스님이 내가 가서 수양할 장소 하나만 지정하여 주셔요. 그 장소는 스님의 정신을 받은, 스님의 장소가 연장된 스님의 자리니, 그 장소에 내가 가서 앉으면 스님과 같은 장소에 앉아 공부하는 것이 아닙니까? 관세음보살 관세음보살, 부르는 것이 "×× 스님, ××스님" 하고 불려지더라도 그 간절한 마음이 서로 호응한다면 관세음보살과 ××스님과 내가 하나 되는 무념경에 이르게 될 것 아닙니까.

그때가 우주를 찾을 수속을 마친 것이요, 영생永生의 채비가 된 것이지요. 그때는 안심하고 무궁한 살림을 살아갈 수 있을 것입니다.

스님은 살활殺活[6]의 검劍을 나에게 내리신 것입니다.

스님의 옛 친구로부터

---

6 사람을 죽이고 살리는 것.

마음은 하나인가 둘인가

—

개종한 C 씨에게 부치는 글

개종한 C씨에게 부치는 글

뵈온 지 30년은 지났나 봅니다.

그동안 서신 한번 오감이 없었건만 선생의 소식을 이 산꼭대기까지 종종 알려 주는 이가 있습니다. 이즈음은 병석에서 기거 중이라는 말을 듣자오니 민망한 마음 사라지지 않습니다.

그런데 오래된 불교 신자인 선생이 얼마 전 천주교로 개종을 하였다는 소식은 얼마나 뜻밖인지 모르겠습니다.

선생은 불교적 초보 지식으로 일체 존재의 창시 전후를 단일화한 법, 곧 유무有無의 합치合致를 불佛이라 하여 불을 우주의 대칭 대명사로 또는 각자적 나의 별호, 곧 인생의 이명異名으로 쓰는 것쯤은 알고 있었을 줄 믿었습니다.

해는 저물고 갈 길은 무궁한데 '인생의 정로'를 아직도 가리지를 못하였으니! 인생의 정로가 인생의 영겁적 생명선인데 온 인류가 미로를 헤매는 중에도 오직 선생만은 무의식중에서라도 생명의 원천으로 들어오게 되었습니다. 그러나 이제 그 길에서 도리어 되돌아서게 된 선생의 일은 자타를 위하여 심히 유감된 일입니다.

생명은 나('나'라는 생각 전의 내 맘대로 쓰는 나)! 내 것이면 내 맘대로 써야 할 것이 아닙니까? 내 맘대로 못 쓰는 것이 내 것인가? 이 정도는 어린애라도 생각할 수 있는 것 아닙니까? 그런데 자체적 자유와 평화, 곧 내 맘대로 하는 '나'를 찾을 수 있는 법을 버리고 어째서 남에게 의존하는 그 자리를 내 살 곳이라며 버티느냐는 말씀입니다.

그리고 존재적 가치의 정비례로 다른 존재에게도 큰 영향을 주게 될 것이 아닙니까?

선생은 한국의 민족적 지도자요, 이 민족이 갈 길을 이끌던 분이 아니었습니까? 그런 분이 스스로 내 길의 표침標針을 뒤집어놓았으니 얼마나 큰일이겠습니까? 그래도 선생은 대학자로 세상이 인정하는만큼 자가적 고집으로라도 한 생각이야 세워졌으려니 믿었을 것 아닙니까?

아무튼 생각이 세워졌다면 그 생각이 그리 쉽게 변하지 않을 줄을 또한 믿었을 것 아닙니까? 글쎄! 선생이 사상적으로 방향이 아직 세워지지 않았다고야 누가 생각이나 하였겠습니까? 더구나 대학자라면 완인先人으로 우주를 자가화한 인간을 가리킴이니만큼 학자급에서만이라도 정신만은 자율적으로 세워져야 학자적 의의가 설 것이 아닙니까?

그러나 아무리 사상적으로 헤매는 분의 업적이지만 인물이 귀한 한국에서 선생의 업적이 양으로야 어찌 적다고 하겠습니까? 더구나 민족문화의 초계단에서 90여 세에 이르도록 진력해온 그 많은 업적을 여지없이 무너뜨리고 남의 사표로 지도해오던 사실도 다 부인해버린 것은 내 자신에 대한 배반적 행동인 줄 모르지 않았을 것입니다.

그렇다고 과거를 다 청산하고 새로운 길을 걷겠다는 용기 있는 행동이라고는 더구나 할 수 없는 일입니다. 종교심은 인생의 전체심인데 선생의 종교적 개심은 그저 의문일 뿐입니다.

나의 의심하는 뜻을 선생은 종교가 무엇인지 모르는 모든 세인들과 더불어 이해조차 못 하실 것입니다

도대체 선생은 지난날에 부처님을 섬기던 그 마음과 천주교를 믿는 지금 마음이 하나입니까, 둘입니까?

하나라면 종주宗主의 이름을 갈아 믿을 까닭이 없을 것이고 둘이라면 마음이 또 달라질 후일에는 어떤 종주를 섬길 것입니까? 선생이 후퇴하게 된 것은 시공時空의 온갖 모양, 모든 동작은 내 마음의 파편이니 믿어지는 대상의 마음이나, 믿는 내 마음은 둘이 아닙니다.

개종한 C씨에게 부치는 글

그 대상은 조각조각의 마음을 단일화하여 하나로 쓰는 분이요, 믿는 내 맘은 파편이니 그 파편을 대상의 마음과 합치시켜 나도 종교화하려는 것이 종교의 구경究竟이라는 것을 선생이 몰랐기 때문입니다.

다시 말하면 종교는 종주가 알아 얻어서 쓰는 불이심不二心[1]인 만능적 자아를 신자인 우리도 종주의 가르침으로 배워, 얻어 쓰려는 것이 아닙니까? 본래 우리도 본마음은 종주와 같았기 때문입니다.

생적 절대 평등권을 가르쳐 얻게 하는 종주가 부처입니다. 종주가 가진 절대권이 전수傳授되면 신자요 제자인 우리도 완전한 인간, 곧 종주가 됩니다. 종주가 되면 일체 문제는 해결됩니다. 문제의 시始로 종결은 인간이 되는 것이니 인간이 되는 것으로 모든 문제는 끊어지게 됩니다. 모든 문제를 끝마치게 되는 최상最上 종교에서 후퇴하여 종주를 의존하는 것으로 종을 삼는 예비 종교로 물러가게 된 선생은 종교인이 되기는커녕 종교가 무엇인지조차 몰랐으니 결국 종교를 등지게 될 것을 두려워하시기 바랍니다.

덧없는 물질적 정신을 여의고 순역경順逆境[2]에 부동심을 얻으

---

1 상대적, 차별적인 것을 모두 떠난 진리의 마음.

2 순경과 역경.

려는 것이 종교적 대의라는 것조차 모르는 분이 거국적으로 최고 지도자로 인증을 받았던 일은 이 한국이란 나라의 민도를 드러내는 일이니 작은 문제가 아닙니다.

선조先祖가 종교의 종교인 불교를 국교로 정하여 국왕을 비롯한 전 민족이 불교적 정신을 기반으로 한 생활, 곧 불법화한 생활을 하였던 그 생명적인 민족혼이 아직도 남아 있습니다. 그리하여 국가적 희망, 세계적 평화를 미래에 두고 수행인의 정신적 수입으로, 민중의 육체적 노력으로 불교재건운동에 전력을 기울이고 있는 오늘입니다. 그런데 불교 신자로 수십 년을 지냈고 그 정신적 혜택으로 지금엔 학자의 위치에 이르게 되어 지도자 연하게까지 된 선생의 일이 전 민족에게 주는 영향은 그 얼마나 크겠습니까?

밑에서는 향상적인 희망이 있지만 가장 높은 곳에서는 한 발 헛디디면 향하일로밖에 없습니다. 종교라는 종宗 자는 곧 불佛 자이니 종교 교육은 곧 불교 교육입니다. 선생이 이 일체 종합교로부터 파생적 종교로 물러간 것은 종교가 무엇인지 모른 것입니다. 하느님만이 믿음의 대상이 아닙니다. 믿는 마음과 믿어지는 대상의 마음이 다 내 마음이니 나무등걸을 향하여 내 마음을 죄다 바쳐 믿으면 나무등걸이 움직여 내 원을 이루어주는 것입니다.

행동력 전체가 창조주이므로 행동력의 표현인 외적 우주 전

개종한 C씨에게 부치는 글

의 존재가 행동력입니다. 인간이 인간 노릇을 못하는 것은 나의 전체심, 곧 전체력을 잃어버린 까닭입니다.

한국 민족이 인간 선조의 자손다운 자손이 못 되고 민족성이 이렇듯이 저열하게 된 원인은, 전체심인 지도 정신이 없는 분인 선생 같은 분의 산하 민족들인 까닭입니다.

이제, 선생은 선생의 줏대 없는 개종심을 돌려서 영겁을 두고 늘 갈아입어야 할 생명의 의복, 육체적 목숨을 바꾸면서 올바른 유언이나 하여 거꾸러졌던 표침이나마 바로 세워지기를 도모하심이 어떨까 합니다. 그렇게만 된다면 자타가 함께 제도濟度됩니다.

예전 도인道人은 스승의 한 목숨을 바꾸게 하여 천만 목숨을 그 대가로 넣어준 이도 있습니다. 불법의 전성시대인 삼한三韓 때에는 불교 출신인 인간, 곧 도인이 있고 없는 것으로 국가적 가치표준을 세웠기 때문에 아무리 빈약한 나라라도 도인 한 분만 계시면 우러러 예배할 뿐 아니라 그 한 분의 신상身上을 염려하고 장수長壽를 빌어드릴 만한 나라라야 정신 있는 국가로 인증받게 되었다 합니다. 도인이 있는 나라를 침략하는 야만적 민족도 도인이 귀한 줄 알아 그 나라 최고 국보인 도인을 볼모로 모셔가 그 나라에서도 교화사업에 전력하였다는 불교적 사실史實이 많습니다. 도인은 우주적 자부慈父이기 때문입니다. 그때는 전쟁까지 실감적 싸움이 아니었다 합니다.

일체 존재는 한 씨로 된 생명인 줄을 알아 얻게 하는 불교 교육을 받은 민족들이기 때문이었습니다.

불佛이란 세상 내외면內外面 전체를 말함인데 현실인 외형적 불법佛法, 곧 성쇠하는 역사의 되풀이로서 쇠퇴의 끝에 이른 오늘날 이 민족성을 되살리려면 오직 불법의 골수요 각자적 본정신을 회복시키는 불법을 재건하는 데 달린 것입니다.

그러나 불법을 재건하는 첫단계에 있는 불교계의 현상태이니만큼 불교도들의 내분으로 어지러워진 교단을 보고 신심信心이 떨어진 선생에게 물러갈 마음이 자연 생기게 된 듯도 합니다.

그러나 바야흐로 불법의 부흥 조짐이 농후하게 된 오늘의 한국불교 교단에서는 물질문명이 노쇠해진 서양 문명이 자가재생自家再生의 새로운 이념으로 불교문화를 사모하여 동양으로 건너오는 터라, 이를 놓치지 않고 대환영할 준비를 하는 중입니다.

또한 종교인들이나 사상가들이 불교적 경향으로 기울어질 뿐 아니라 문화인들의 전위대로 자처하는 자들이 많이 불교에 귀의하게 되어 미국에도 불교도가 50만 명이나 된다 합니다. 한국불교의 서광으로 인하여 세계는 불일재휘佛日再輝[3]의 날이 멀지 않음을 예증하게 됩니다. 더구나 그들은 무한극수적 수명을 가

---

3 부처님의 가르침이 다시 크게 일어남.

진 일체 존재의 일막 생활이 바뀌는 일, 곧 천상에 나는 일이나 겨우 알던 터이요, 육안으로도 가장 근시적인 인간들이므로 아직 이 육안으로는 보지 못하더라도 우선 자기들의 최면술로나마 전후생 일을 증명하였기 때문에 불법에 대한 매력을 느끼게 되어 1년에도 수만 명씩 귀의하게끔 되었다 합니다.

정신차린 남들은 귀의하여 들어오는 지금, 선생은 거슬러 물러가게 된 정신을 행여나 알게 되기 바랍니다.

내가 이 글을 공표하는 것은 선생을 논박하려는 의도에서 비롯된 것이 아닙니다. 교리상으로 우열을 논하려는 것도 아닙니다. 다만 백천만겁에 다시 만나기 어려운 무상법無上法에 입문되었다가 놓쳐버린 선생의 유감된 사실을 석연히 알려 인생길에 헤매는 모든 사람들에게 거울 삼아 비추어보게 하려 함입니다. 그래도 미안한 마음으로 실평實評은 바로 다 못하는 점 양해하시고 행여 깨치심 있을까 바랍니다.

일체 우주와 백천만 존재의 처음을 모르니 끝을 어찌 알며 시종始終을 모르니 누가 어째서 존재하게 하였던지 알 길은 없습니다.

그러나 어느 누구라도 자기 존재를 포기할 수는 없으니 자기 살 길을 찾아야 할 것입니다. 누구도 그 존재의 수를 헤아려 볼 엄두를 내지 못했다 합니다.

그 무량수적 존재 중에 제일 얻기 어려운 존재가 네 가지 유형의 존재라 합니다.

인생난득人生難得, 장부丈夫난득, 출가出家난득, 불법佛法난득의 난득 중에서 선생은 출가승出家僧은 못 되었더라도 재가승在家僧으로 일평생 지내시다가 마지막 단계에 올라 인천人天의 스승이 될 최고 위치를 스스로 깨뜨리고 초단계로 내려가서 도리어 이 자리가 가장 안전지대라고 글이나 라디오로 세계에 외치고 있으니! 생각 있는 귀신들까지 기막혀 자지러졌을 것입니다.

어차피 이 지구상의 인간들은 실성失性한 사람들뿐이니 가히 이론을 가질 길이 없지만 그리도 지도자연하는 선생! 평소에 미덥게 알던 인물! 더구나 불교 신자로 계신 선생을 위하여 돌아보아 생각할 틈 없이 입산수도 30년을 보내는 나에게도 얼마나 든든한 존재였겠습니까?

생각할수록 믿을 수 없는 인간상이 느껴질 뿐입니다. 실성한 줄을 겨우 알게 된 나는 이렇듯이 애달파하지만 실성한 줄조차 모르는 모든 다른 친지와 인류들은 이 글을 보고 무슨 까닭인지도 모를 뿐 아니라 도리어 나의 어리석음을 비웃는 이조차 많을 것입니다. 그저 '하나'만 알면 '나'를 알게 될 일이건만 직접적인 나를 모르고 스스로 '나'를 버린 인간들뿐이니 할 말이 없는 것입니다. 불법은 대현실적大現實的이니 불법을 모른다면 현존하는 각자적 자기를 모르는 일입니다.

그러므로 위에서 여쭌 말씀을 되풀이하렵니다. 나의 본체요,

우주의 주인인 불佛은 이름이 다르니 미처 못 살핀다 하더라도 현존인 내가 나를 알아볼 생각조차 못 한다면 참으로 딱한 일입니다.

'나'라고 하면 내 맘대로 하게 되어야 '나'라는 의의가 설 것이 아닙니까?

의의니 무어니 하는 술어를 쓰지 않더라도 "내가 못 쓰는 것이 내 것 될 턱이 있어?" 하는 그 말은 어린아이도 하지 않습니까? 나 아닌 내 것이라도 내 것이 아니면 내가 못 쓰는데, 직접 내가 나를 내 맘대로 쓰지 못하면서 "내 맘에 달렸지", "내가 하기 나름이지" 하는 헛소리를 하는 허깨비 인간 노릇을 어찌하느냐 말입니다.

인간적 가치표준은 나를 알아 얻어 임의로 쓰는 존재 위에 세우게 되는 것을 모르는 사람들이 도리어 최고 위치에 있노라 자랑하는 것입니다. 우선 인간이면 무엇 때문에 이렇듯이 부자유하고 불편한 생활을 하게 되느냐 생각해볼 일입니다. 생각해 보면 나를 잃어버렸기 때문에 나를 모르고, 나를 모르기 때문에 나를 알아볼 생각이 아니 납니다. 나를 알아볼 생각이 아니 나기 때문에 나와 나 밖의 존재요, 사건이요, 명상名像인 나의 생각 중에 하나도 알아 얻지 못한 속 빈 존재인 미몽迷蒙의 인간 노릇을 하게 되고, 미몽의 인간이기 때문에 자유와 평화를 잃어버린 것을 알게 됩니다.

우선 이 몸이 존재하는 것은 사실이니 이 몸의 존재 전후의 일, 즉 전생과 후생의 일이 밝혀져야 인간적 생활의 예산과 계획을 세우게 될 것이 아닙니까?

이 한평생뿐이라면 어찌해서라도 잘 먹고 잘 살다 마치면 그만인데 무얼 그리 마음을 번거롭게 하며 몸을 편치 못하게 할 까닭이 있겠습니까?

죽어 천당에 간다 하더라도 천당은 이 사바세계와 같은 현실계, 곧 성주괴공成住壞空[4]이라는 우주의 원칙대로 무너지게 되는 몽환계夢幻界이니 한바탕 좋은 꿈을 꾸면 무엇할 것입니까? 깨고 나면 나쁜 꿈에서 벗어나게 된 그 자리와 똑같은 허망입니다.

오직 문제가 되는 것은 좋은 꿈과 나쁜 꿈을 끊임없이 꾸게 되는 이 현실생활, 무궁하게 상속될 그 생활의 채비입니다.

생적 대가는 오직 내 자신이 지게 되어 털끝 하나라도 남이 그저 주지는 못하게 되기 때문입니다. 교환조건부로 되어 있는 조직체가 이 우주입니다.

생적 대가가 충분히 지불되어야 현상 유지(이 몸과 생활)라도 하게 됩니다.

생적 대가를 지불하고도 남은 게 있는 사람은 천상 생활을 하

---

4 우주의 생성과 존속, 파괴, 공무(空無)를 말하는 것으로, 사겁(四劫)이라고도 함.

게 되고, 모자라는 사람은 지하로 떨어지게 되지만, 현실법은 상대성 원리대로 무시겁無始劫으로 교체되기 때문에 천상, 지옥, 생활이 문제될 것은 없습니다.

오직 살 수밖에 없는 일, 편안하게 살지 않고는 견딜 수 없는 일, 그것이 크나큰 문제가 될 뿐입니다. 영생적 존재에게는 변하지 않는 편안이 절대적인 희구가 아닙니까?

그 절대적인 희구는 조건부로는 절대로 얻어지지 않습니다. 다만 내 맘대로 하는 '나'를 얻어 쓰기 전에는 얻어질 희망이 없는 것입니다.

선생이 지금 천주天主를 믿는 믿음으로 평화와 자유를 얻는다고 생각하는 것은 환자가 진통제를 맞고 잠시 평안을 얻은 것을 완치된 줄로 믿는 것 같은 위험한 일임을 아시기 바랍니다.

계신 하느님, 나신 부처님은 우상偶像입니다. 계신 하느님은 안 계시게 되고 나신 부처님은 가시게 됩니다. 나를 찾게 되는 첫걸음은 우상을 섬기는 일입니다. 우상이 가진 알맹이 곧 나를 알아 얻는 법을 배우려고 귀의불[歸依佛=歸依自我]이니 귀의 하느님이니 하는 것입니다.

일체 존재는 자체의 모순성으로 결합하고 해소되는 등 이중 작용을 하기 때문에 존망存亡과 생멸生滅의 되풀이, 곧 무진겁無盡劫에 변화적 과정을 돌고도는 것이 존재적 생활입니다.

하루의 영일寧日도 찾지 못하는 영원의 여행자가 눈[我]이 멀었으니 어찌합니까?

며칠 전입니다. 예수교 목사 세 분이 이 절에 구경 겸 찾아와서 나와 만나게 되어 무슨 말끝에 "누구나 다 눈은 멀었지만 적어도 칠 목牧 자 스승 사師 자의 직명을 가지게 된 당신들까지 눈먼 것조차 모르니 어찌 된 일입니까? 혼은 물체이며 물체는 먹고 감각하는 육안에 보이는 존재인데, 혼의 형체도 못 보아서 불교에서 천도재薦度齋[5]를 거행하는 일을 마귀의 일이라고 예수교인들이 비방합니다. 그것은 지도자인 당신들의 무지로 인한 것입니다. 불교에서는 도인導人이 있어 혼을 직접 구원하게 됩니다"라고 말하였습니다.

"믿어라, 믿어라" 하는 것은 육신을 가졌을 적에 믿었던 혼이 죽어, 그 혼이 또한 믿게 되는 까닭입니다. 믿는 혼은 어떤 좋은 모태母胎를 빌려 새로 잉태시키거나 좋은 인연이 없으면 되살려 놓습니다. 그리하여 죽어 다니던 길꿈을 도로 가보라 하여 가보면 자신이 정신을 차리지 못하였던 일을 발견하고 곧 깨닫게 되어 내 정신 수습하는 공부참선이나 염불수행을 하게 됩니다. 그렇지 않으면 영가靈駕, 영혼을 불러 육체가 먹던 음식(죽은 혼도 물체이기 때문에 의식이 있으므로 배부르고 들음)을 먹고 법을 설說하여 깨닫게 하기도 하는 것입니다. 그런 사실을 불자로 오래 계

---

5 죽은 사람의 넋을 극락으로 인도하는 의식.

신 선생은 늘 보았을 텐데 아마 등신이 앉아 보았던가 합니다.

중생衆生 적에는 남을 의존하여 인도를 받다가 인도하던 이가 운용하고 있는 그 '나'만 알아 얻어 쓰면 인도 받던 나도 구원을 얻고 남도 제도하게 됩니다.

길을 가노라면 산을 넘고 물을 건너며 바람 불고 비 뿌리는 험한 들을 만나지 않을 수 없는 것같이 영원의 순력자인 우리는 온갖 선악적 경계선을 넘어야 하는데 그 경계선에 매달려 끌려가는 죄수 같지는 않게 되어야 합니다.

내가 내 눈으로 보고 다니는 길, 곧 조정적調整的 행로에 오르게 되어 완급緩急, 행휴行休, 안위安危를 임의로 다스리게 되어야 안신입명[安身立命=涅槃]을 얻게 됩니다.

종교란, 세상과 인간법외 해결법 그대로 세간법世間法으로의 세계요, 하느님도 존재하는 분이므로 행하고 잡수십니다. 그런데 하느님이 나서 사시는 동안에 하신 일을 누가 당하게 되는 것입니까?

그리고 하느님이 근본적 창조주라면 선악의 씨는 아무래도 창조적 의도에서 나왔을 텐데 그 책임은 누가 지게 됩니까? 사실 하느님은 본재료가 있어 창조하기 때문에 재료대로만 드러내신 기술자인 하느님의 입장을 몹시 괴롭히는 많은 신자들의 행렬에 참가한 선생님이 이 글을 보고 아신다면 다행이겠습니다.

더구나 선생은 사학가라 하니, 전생前生도 알 길이 없고 내생來生 일도 한 막밖에 말하지 못하는 천주교에서 사학을 연구하게 될 것입니까? 그렇듯이 생각이 어두웠기에 무지한 사람들의 문헌文獻이나 뒤져서 인생의 거짓 기록인 휴지 뭉치를 안고 다니면서 사학자로 자처하게 된 것입니다. 그러니 모태母胎 적 일도 잊어버린 선생이 사학史學의 선생이라는 것이 부끄러운 일인 줄 알 리가 있습니까.

선생도 다른 존재로 더불어 천년 전에도 만년 전에도 살아 있었던 것입니다. 그때 보고 들은 이야기나 좀 하게 되어야 사학을 한다 할 것이 아닙니까? 직접 듣고 본 이야기를 하지 못하더라도 사기史記로나 그때 있던 사실대로 전해주어야 할 것이 아닙니까? 파리 친구가 "내일 만나자"고 하니까 "내일이 어디 있느냐"라며, 엉터리 친구는 절교해야 한다던 하루살이 같은 근시안이며, 또한 물체 없이는 그림자가 따르지 않는 것처럼 상식으로라도 비화秘話나 전설에 알맹이인 실화가 있을 줄을 알 터인데 정사正史에는 넣지도 않고 야담이나 신화에만 기록되게 하여 인간들에게만 있는 존귀한 사실을 무지인들의 잠꼬대로 만들어버리는 것입니까?

불법화한 생활을 할 때에는 산길을 걷는 나무꾼, 논가에서 담배 태우는 머슴들까지도 자기들이 모태 속에서 괴롭던 일이나 자기들이 겪은 몇 겹 전의 신비설을 주고받는 일, 곧 그런 담소

談笑로 평화경에서 살던 사실을 좀 알아야 합니다. 완전한 나를 알아 쓸 수 있는 구경究竟의 경지에는 이르지 못한다 하더라도 우선 선생 자신의 사업을 성공시키기 위해서라도 불교를 알아야 하는 것입니다.

불교적 교육의 첫 효율로 숙명통宿命通이라도 하게 되어야 피상적 사가史家로나 성취될 날이 있음을 어찌 모르셨던지, 그저 의문일 뿐입니다. 믿는 마음이 조금이라도 있었다면 현전現前에 보이는 일, 곧 세상 사람들이 인간으로는 불가능한 일이라고 하는 신통력에 관한 일만으로도 퇴전退轉하지 않았을 것입니다.

선생이 불자였을 때에 불교학을 공부하는 이들로부터 이 육체는 생명의 옷이니만큼 임의로 갈아입는 일을 보았을 것이요, 그 밖엔 불가사不可思 불가량不可量의 신통자재神通自在한 일을 이야기로라도 들었을 터입니다.

이 현상만이라도 천주교 안에서 보는 일, 성경에 기록되어 있는 일에 비한다면 예수교적 기적을 한 방울의 물이라고 한다면 불교적 신통력은 대해大海에 비할 것인데 불교에서 하는 말, 듣는 일, 보는 일에는 정신을 어디에 두었던 것이옵니까?

무진장한 내 보고寶庫를 버리고 남의 보배를 빌리러 가신 것입니다. 일체 요소를 갖춘 자아를 찾는 법을 버리고 의타적인 교리, 곧 믿음을 목적으로 삼는 종교를 택한 선생은 일체 요구건을 자체화하는 도리를 납득하기 어려운 약자적 정신을 가진 것입니다. 그러므로 불교에서는 인천교人天教 곧 천주교, 예수교인을 미아迷兒에 비유한 것입니다.

마치, 어려서 집을 잃은 어린애가 빌어먹고 다니는 동안 배고파서 남의 것을 훔치려다 매를 맞고 구박당해 쫓겨만 다니다가 우연히 자기 집 문간까지 이르렀습니다. 하지만 집이 으리으리하고 점잖은 어른들이 오가는 모양이 너무나 무서워서 달아나는 것을 사람(예수)을 보내어 "이 큰 집으로 와서 심부름이나 하고 있으면 따뜻한 옷, 맛 좋은 음식을 주마"고 달래어 그 집에 머물도록 하였습니다. 마침내 오랜 세월 하인으로 지내는 동안 익숙해져서 무서움이 없게 될 때 "네가 이 집 주인이니 안심하라"고 주재자主宰者로 지낼 것을 알게 한 것이나 같습니다.

땅에 넘어지면 땅을 의지하여 일어나게 되는 것같이 소우상小偶像인 우리는 대우상大偶像인 부처님이나 하느님을 의지하여 일어나게 됩니다. 일어선 뒤에는 스스로 걸어가게 됩니다.

내가 걷게 되기까지는 몰아경沒我境에 이를 때까지 전적으로 믿어야 합니다. 살아서 육체와 남이 되고 혼까지 사라져야 합니다.

소아小我를 소멸시켜 대아大我와 합치돼야 완전한 구원의 경지에 이르는 것입니다. 작은 시냇물이 바닷물에 합해져야 큰 바닷물이 되는 것 아닙니까?

그때 가서야 일체화한 나를 찾은 인간이 될 것입니다. 그것은 완전한 일체입니다. 똥 덩이요 흙뭉치도 하나화한 '나'를 이루면 완전체를 이룬 완인完人이 되는 것입니다.

천주교에서도 '합치'라는 말을 하는데, 하느님은 특별존재라니 질이 다른데 어찌 합치됩니까? 내가 우주 자체이기 때문에 존재적 요구 건이 모두 갖추어진 내가 된 것입니다. 그러므로 나도 나를 내 맘대로 쓰도록, 시은施恩을 입은 남이 밥을 요구하면 밥을 주고 목마르다면 물을 마시게 하고 앓는 사람을 돌보아 주고 외로운 사람에게는 위로를 주며 내 몸이 요청된다면 백천 분신分身으로 응해주어야 하는 등등의 일체 작용을 자유자재하게 되는 것입니다.

유정, 무정이 다 나의 분신이며 나의 전체입니다. 정신만 전체화하면 우주적인 경지에서 하는 행동이기 때문에 백미적百味的 효율을 나타내게 되는 것입니다.

현現, 금今, 과過의 3시時가 찰나뿐입니다.

그런데 나 밖의 다른 신을 섬기지 말라 하신 하느님의 신자들이 불상에 예배하지 않는 것은 종교적 정조貞操의 행동이라 하는 것입니다. 그들의 정신은 종교인이라는 지적 수준에는 너무도 미칠 수 없는 정신이니 차라리 열녀나 충신될 정신력이나 길러 박팽년朴澎年과 같이 단근질로 목숨이 끊어져도 굴하지 않는 것이 더욱 나은 수련일 것입니다. 종교 교육은 생명 전의 원천을 발견하여 운용하는 법을 가리킵니다. 말할 수 있고 나타나는 생명은 모두 우상입니다.

불교에서는 박팽년쯤의 정신은 사후에도 현상 유지나 할 만한 정도, 우선 죽음에 대한 준비나 겨우 되어 있는 경지라 합니다. 사선死線을 넘을 때에 고락苦樂의 일체 마음을 끊고 믿는 마음이나 근본 내 마음이나 하나가 되지 않으면 구원해 줄 수도 없고 내가 나를 구원할 수도 없는 것인데 선생은 살아서도 갈팡질팡 가리지 못하는 마음을 가졌으니, 더구나 노래老來에 쇠한 마음이니 잘 챙기셔야 하겠습니다. 생각을, 생각하기 전의 존재와 합치시켜야 합니다. 존재 전의 생각이 물체를 만들고 경계를 짓습니다. 다시 말하면 우주의 시종始終과 존재의 생멸生滅이 곧 생각의 일어나고 사라짐입니다. 태초의 한 생각이 티끌 같은 세계와 온갖 물형物形과 백천 작용을 합니다.

이 세계와 존재를 거두면 내 한 생각으로 돌아와 한 조각이 되는데 한 조각은 물질적 정신의 통일로서 여기서 한 걸음 더 나가서 이러한 정신들의 창조성인 무아무념無我無念을 파악하여 쓰게 되면 인간이 됩니다. 천주교에서는 상상하기 전의 존재, 신이나 영靈 밖에 또 있는 그 본체는 모르고 하느님이나 예수를 초인간이니 초인간적이라고 상상되는 우상을 믿어 구원 얻기를 바라니 우상이 무너질 때 나도 넘어지게 됩니다. 생각은 현실이요, 현실은 상대적 원리대로 존망存亡이 교체되어 늘 머물러 있는 게 아니기 때문입니다.

불교에서는 천주교에서 우상으로 일컫는 부처님을 구원의 대상으로 삼지 않는 것이 교리입니다. 상대적이라는 것은 불佛의 껍질인, 생각으로 된 세상법이므로 물질적 영역을 넘을 수 없습니다. 그러나 세상법만 다 얻은 존재로도 영靈을 잡아 형벌할 수 있고 금시今時, 천당, 지옥으로 오갈 수 있습니다. 그러므로 인간들은 물론, 외도外道, 마귀, 염라국 차사, 영검한 무당까지도 할 수 있는 일이라 그런 존재를 지금도 찾아볼 수 있습니다.

근기根機[6]가 수승殊勝한 인간들이 살던 옛날에는 도인의 말씀 한마디에 정신이 철저하게 전환되어 정신력으로 만능적 행동을 즉석에서 하게 되었습니다.

지금 이 지구에 사는 우리들은 지구가 45억 년이란 많은 연륜을 지냈기 때문에 아주 쇠퇴되어, 정신을 다 얻어서 전체적 능력의 주인인 완전한 인간이 될 때까지는 정신력이 있어도 쓰지 못합니다.

아무튼 누구나 정신을 수습하는 공부를 하여야 할 터인데 도리어 이런 공부하는 사람들을 인증할 줄조차 모릅니다. 그러므로 "사람은 죄인이라 성현聖賢이 될 수가 있나, 인간에게 완전이 있을 수 있나, 인간으로야 그리 될 수가 있나" 하는 열등감만을 가진 이 인간 세계에서도 선생만은 자신이 정신을 잃어버렸다

---

6 불법을 듣고 닦아 얻는 능력과 교법을 받는 중생의 성능(性能).

는 것을 알고 정신수습하는 공부를 하는 줄로 알았던 것입니다. 그런데 도리어 정신을 모아서 인간 생활을 하게 할 최고 인생학원인 불교원佛敎園을 버리고 남의 정신에 예속하려 드니 다른 많은 사람들이야 말할 것이 없지 않습니까?

인간적 상식으로 종宗, 도道, 아我, 불佛, 성性이란 글자는 일체의 대칭대명사로 똑같이 쓰게 되는 것쯤은 알고 계신 줄 알았던 것입니다.

일체一切는 완전이요, 독립이요, 자율적이요, 자재적입니다. 선악, 미추美醜, 고락이 하나입니다. 그런데 천주교의 교리는 미美, 선善, 낙樂에만 치우친 것 아닙니까? 그 교리에 의존하는 것으로 한동안 즐거운 그 다음 생生을 왜 생각지 못하십니까?

상상할 수 있는 것은 세상법의 법이요, 불佛의 외면外面인 마법魔法입니다. 세상에서 못 가르치는 종교 교육은 세상법의 내적 본질인 일체, 곧 무無를 증득하려는 것입니다. 그리고 마魔는 외면상상하는 현실 전체이요, 불은 이면[裏面=현실]의 내적 본질인 무인데 불이라고만 치우칠 때도 또한 마가 됩니다. 마불魔佛의 합치가 성불[成佛=完人]입니다.

불의 행동 전체는 상상 이내인 현실상現實狀 일체라, 불교나 부처나 불교의 일체 의식이 다 형식적인 마법이요, 근본 불은 무적無的 창조성입니다. 창조성을 얻어 쓰는 부처님은 현실의 온갖 것을 임의로 창작할 수 있는 최고 문화인입니다.

개종한 C씨에게 부치는 글

선생은 문화인이 아닙니까? 그런데 문화인 가운데 대문화인인 자신의 스승이 부처님인 줄도 몰랐던 것입니다.

천주교에서는 물질계의 비문화는 악이라 치부해 물질문명의 최고 생활을 하는 천상락天上樂을 위하여 선과 자비만 주장하지만 천당은 지옥의 반대이니 어찌하렵니까? 현실계는 흥망적 역사의 되풀이입니다.

현실계를 떠나서는 생활이 없으므로 현실계에서 변하지 않는 본아本我의 생활, 내가 조정할 수 있는 내 정신의 주재主宰로 생활을 하게 되어야 종교인입니다.

다시 말하면 오직 불교적 문화인이라야 흥망과 고락, 생사적 내 생활에 정상적 정신을 잃어버리지 않게 됩니다. 정상적 정신을 지녀야 괴롭거나 즐겁거나 균형적인 생활을 합니다. 그리고 문화체를 구현시키는 것도 불교문화에 한하게 됩니다. 문화, 비문화의 단일화의 정화精華이기 때문입니다. 불佛은 근대에 쓰는 일체의 대칭代稱이기에 어디에 무슨 문화체고 구현된 문화체는 불교문화체에 국한된 것입니다. '로마'의 모든 나라의 문화유적도 불교전성시대의 것입니다.

더구나 속세에서 어떤 성공을 위해서라면 시간적 무념無念이라도 가져야 하는데 천주교에서의 성모 마리아, 성부, 성자, 성신 등 상상하는 한계 내에서 구원을 얻으려는 생각은 물질적 영역을 넘을 수 없는 테두리로 둘렀기 때문에 해결되지 않습니다.

벌레도 하느님과 같은 창조성의 존재로, 지난 세상에서는 하느님 이상의 거룩한 위치를 백천 번 거듭 지녔던 존재인 것입니다.

선생은 내생 일도 알 길이 없고 금생今生은 이미 늙고 병들었으니 영구히 하야하는 셈으로 모든 것을 체념하고 하느님이나 의지하고 한가하게 지내려는 것입니까?

그러나 한가하게 지낼 것은 허락되지 않습니다. 잠시의 휴식으로 만겁萬劫에 비극을 겪게 되는 것을 즐겨 취할 수는 없을 것입니다.

개종改宗하는 마음으로는 하느님도 철저히 믿어지지 않을 것이므로 다시 발심發心하지 않으면 죽음에 임하게 될 때 앞길이 망망茫茫할 것이오니 이제라도 재발심하여 불가에 귀의하시기 바랍니다. 더구나 천 리 길도 한 발 내디디는 데 달렸습니다. 구경究竟에 이르는 법을 지향하여야 합니다.

사생四生[7]의 자부慈父로 삼계三界[8]에 무차無差[9]의 도사導師이신 부처님은 어디에나 절대 평등권의 자리를 베풀어주십니다. 기

---

7 생물이 태어나는 네 가지 형태로 태생(胎生), 난생(卵生), 습생(濕生), 화생(化生)을 일컬음.

8 생사유전(生死流轉)이 그침 없는 중생계를 욕계(欲界), 색계(色界), 무색계(無色界)의 셋으로 나눈 것.

9 차별이 없음.

개종한 C씨에게 부치는 글

어드는 벌레도 밀어내지 않고 날아드는 파리도 날려보내지 않습니다.

이제라도 늦지 않았으니 선생이나 선생의 문도門徒들로 더불어 다 함께 이 안전지대로 들어오심을 지극하게 바라면서 이 글을 마칩니다.

믿음이란 무엇인가

M의 편지를 읽고서

M의 편지를 읽고서

세속에서는 양量을 늘리는 것이 공부지만, 중은 양질量質을 다 녹여서 상상 전인 내적 본질을 파악하여 운용하려는 정진이 공부이다.

중인 나는 정진을 잘 못하는 탓으로 아직도 정적情的 여운의 길에 어른거리는 존재가 남아 있다. 그중에는 M이라는 어릴 때 친구의 그림자도 가끔 나타난다. 그런데 오래간만에 의외에도 M에게서 이러한 편지가 왔다.

…철없는 꿈이 무르녹던 소녀 적에 이화梨花 기숙사에서 자라던 친구 중에도 K는 푹 떨어진 치맛자락을 끌지언정 멋쟁이였고 나는 남들이 고전적 미인이라고 하기 때문인지 여하튼 우

리 둘이는 기숙사에서 특별히 이야깃거리가 되었지요.

그후 험난한 사회로 나온 우리는 한국 여자의 본직인 결혼생활, 그 일의 실패자였던 것이외다.

K는 복잡했던 결혼생활 속에서도 비교적 자유와 평화를 누렸지만 나는 단순한 결혼생활인 한 가정에서도 심각한 고생을 겪었습니다. K는 항상 내 의논의 대상으로 나의 편의를 도모하여 주었던 친구였던만큼 더욱이 잊을 수 없는 존재였습니다. 머리 검고 뺨 붉던 젊은 그때 서로 헤어져 30년도 훨씬 지금, 흰머리에 주름살 속에서나마 옛날 미인이나 멋쟁이의 모습이 혹시라도 남았을지 모르는 오늘에 와서 겨우 신문보도로 K의 소식을 들었으니 가슴이 얼마나 설렁대었겠소?

그러나 반가워서 울렁거린 것만은 아니었소. 진실한 목사의 따님인 K가 예수님 앞을 떠나 있다니 그것이 웬일이냐는 놀라움이었소….

나는 일체 문제가 해결될 이 무상의 법[佛法]을 어떻게 하면 널리 또는 고르게 전해볼까 하는 생각이 간절하여서 꿈에 기숙사에서 예배당으로 향하는 행렬의 중간에서 포교를 해본 적도 있었다. 그 밖에 인연 깊은 친지들에게 제일 먼저 알리려고 벼르던 차에 어려서 제일 가깝게 지내던 친구에게서 이러한 편지를 받게 된 나는 웃지 않을 수 없었다.

삼천대천세계三千大千世界인 대공간의 주인공이 되려고 문호개방에 노력하고 있는 나에게, 천당이라는 한 좁은 집안에 머물지 못한다고 탄식하는 M의 편지이기 때문이다.

대공大空이란 천당, 인간, 지옥 등 우주 전체를 말하는 것이다. 그 우주 일체를 근대 동양에서는 불佛이라고 부르게 된 것이다. 그러므로 불설佛說이란 우주적인 자신을 비판하는 제설諸說이다. 불은 우주이며 우주는 나다. 불을 모르는 인간은 나를 모르는 인간이다. 이 지구상 인류는 나를 잃어버린 인형적 집단이다. 그러므로 나를 찾는 불법이 따로 세워지게 된 것이다.

'나'라고 생각하는 나와 나의 현실인 세상은 불법佛法의 외면外面이요, '불佛'이란 이름이 생기기 전, '나'라는 존재가 있기 전은 불의 이면裏面으로 나의 창조주인 근본 정신이다.

불의 외면인 세상은 망하게 되는 존재로서 이제 불의 외면인 이 우주는 45억 년이나 살아온 노망老妄의 존재다. 그러나 바야흐로 불법은 소강 상태로 돌아가는 것이다. 종교 교육이란 선행자善行者를 만드는 것보다 선악적 판단을 할 줄 아는 정신, 곧 인간적 본정신을 회복시켜 인간다운 생활을 정함이 없이 경계에 따라 완수하는 법이기 때문이다.

선악은 인간의 행위에 지나지 않는 것이요, 천당과 지옥은 일체 존재적 행로의 과정으로 미래세가 다함이 없이 이어질 뿐이다.

요컨대 일체 존재의 순력적巡歷的 생활이 다하는 날이 없는 것이 우주적 원리원칙인데 다만 어느 때 무슨 뜻으로, 어디서 무슨 생활을 하든지 변함없는 편안을 얻으려면 내가 내 정신으로 걸어야 할 것이란 말이다.

업혀서 교회에 다니며 예수를 믿던 나도 여덟 살 때, 장차 어른이 되면 식인종이 사는 섬으로까지 가서 지옥고를 받고 있는 불쌍한 야만 인종을 위하여 전도하겠다는 결심을 하였던 것이다.

그러나 예수만 믿어야 천당에 간다는 그 국집局執만 가진, 소위 독실한 목사인 아버지의 가르침 때문에 나는 중생계에서는 유일한 법인 믿음이란 보배까지 잃어버리게 되었다.

믿는 목적은 나와 중생이 함께 구원을 얻게 함인데 믿음은 믿는 대상에만 있는 것이 아니요, 믿는 그 마음에 달린 것이다. 나무등걸이라도 믿음이 넘쳐 대상과 하나가 된 완전한 마음이면 자족의 평안이 영구화되는 것이다. 곧 믿는 마음과 믿어지는 마음이 본래 하나이기 때문에 본자연인 합치경合致境에 이른 것이다.

그리고 믿는 마음인 심적 증명만으로는 나머지 없는 믿음이 생기기 어렵다. 나는 예수를 믿을 때, 그저 하느님의 은혜겠지, 하느님의 은혜로 그리 되었겠지, 하는 식의 믿음뿐 현실적인 일은 보지 못하였던 것이다.

철저한 믿음이란 바탕만 장만하면 못 이룰 것 없다는 그런 믿음이 적었던 탓임을 불교에 입문하여 알기는 알았지만, 사실 예수교에서는 하느님은 나의 본체로, 스스로 본체와 이반離反된 생활을 하였을 뿐, 하느님은 자기의 분신인 중생을 언제나 돌보아 주는 바이니, 일심[一心=無念]으로 기도하면 하느님과 연락이 되어 하느님의 도움으로 내 능력의 일체를 다 얻을 수 있어 마침내 나의 본체인 하느님화한다고 가르칠 줄을 모른다.

욕정으로 구하는 마음, 감사하다는 생각까지 끊어진 빈 자리 상상 곧 의식까지 소멸됨 곧 합치경에서야 연락이 되어 기도의 가피加被도 입게 되고 결국 종교적 의의가 성취된다. 이것을 모르고 의식적이요, 감각적인 물질적 영역 이내인 정情에서만 구하게 되어 현실적인 증명을 보기는 드문 탓이었다.

나는 불문에 들어와서, 종교는 인생을 위한 교육원으로 현실을 보증하는 교리, 곧 이 육체가 다시 나고 나서 살며 구하고 원하는 것은 눈앞에 똑떨어지게 실현되는 것을 알게 되었다.

현실이 아닌 법, 곧 이다음 천당에 나느니 극락세계에 가느니, 불설이니 천의天意니 하는 교설敎說만으로 어찌 완전한 해결법이라 할 것인가.

부처님이 아니라거나 하느님이 부인하여도 내 눈으로 보고 내 귀로 듣고 또 내가 체험하게 되어 의심나지 않게 된 명확한 법이라야 종교 교육인 종합적 교육의 결실이라 할 수 있다.

아무래도 믿기만 하는 법으로는 우선 자족을 얻을 수 없다. 믿는 마음이 철저한 순간에는 시간적으로 한 마음이 된 때이니 공허감을 느끼지 않지만 대상은 흐르고 바뀌는 것이 원리원칙일 뿐 아니라 믿는 내 마음도 현실적이 아니면 한결같고 줄기차기 어려운 것이다.

나는 어렸을 때에, 예수교 선교부인들이 전도사업을 할 때 열렬한 마음으로 늘 웃으면서 지내다가 늙어지면 쓸쓸하고 외로움을 느끼게 되어 눈물 흘리는 것을 보았다. 수만 리 타향에서 혈친血親을 다 여읜 채 이인종을 동족같이 알고 살았으나 결국 한국인을 위하는 일에 평생을 바치던 그 일에 대한 환멸을 느끼는가 싶었다. 민족적인 부끄러움과 인정적 동정을 함께 느꼈던 그 일이 이 글을 쓰는 이때에 괘화掛畵[1]처럼 나타나는 것이다.

더욱이 예수교에서는 타력의 의존에 치중하고 행불행이 오직 내 정신이 지어낸 바요, 이 정신의 연장이 내생來生의 생활이니 외계에서 무엇을 구하지 말아야 하고 이 자리에서 이 정신의 확립으로 영구적인 내 살림을 정하게 된다는 가르침이 없으니 몸이 약해질 때 자연 외로움을 느끼게 된다.

믿을 수 없는 것이 생명이라 언제나 죽음에 대한 대비로 자기의 정신력을 길러 가야 하는데 예수교인들은 독실한 신자인 소수 외에는 오직 자기들은 하느님의 은혜와 예수의 인도로 천당에 가게 될 테지, 하는 막연한 믿음만 가지고 있다가 정신력이

1 그림을 걸어 널리 보임.

부족하고 몸이 노쇠해질 무렵에는 자신이 없어지는 것이다. 더구나 천당에 가게 되는 종지宗旨로 믿기 때문에 같은 하느님의 신도이지만 각 종파마다 서로 천당으로 가는 도리가 다르다.

불자라면 불공으로 가피나 입으려는 대다수의 민중을 제외한다면 자신이 있고 없고 간에 성불하겠다는 지향이 한 가지이다.

그리고 사선을 넘을 때도 예수의 인도를 받으려면 일체의 인정을 떠난 정신, 곧 아무 곳에도 집착하는 마음이 없으며 아픔까지도 잊고 예수를 믿는 한 마음이라야 한다. 그런데 생전에 세속 살림에 얽매여 예수를 믿는 것, 곧 부업적으로 믿는 것은 신자의 궁극적인 목적에 이르지 못하게 되는 것이다. 또한 하느님께 기도하는 것도 직접적으로 연락을 취하지 않고 예수의 이름을 빌려 기도하는 것이라 그런 의타적인 정신으로는, 나머지 없이 바쳐야 얻게 되고 소원과 그 대가의 척도가 맞아야 소원을 이룬다는 원리원칙에 이를 수 없는 것이다.

중생적인 습기習氣[2]의 집적이요 연장인 몸과 혼은 소멸되어야 부활하는 것이다. 영혼을 교리의 요체로 삼는 그들은 몸과 혼의 생활이 시공時空의 제재를 받는 가운데 행불행의 생활과 생사적 윤회를 면치 못한다는 공칙公則을 이해하지 못한다. 또한 몸과

---

2 습(習)이라고도 함. 인간의 마음속에 인상지어지고 배어진 관습의 기분, 습성, 잔기(殘氣)를 말한다.

혼에서 초연한 불교 교리를 이해할 수 없고 스님들의 정진법도 짐작하지 못한다.

현실의 세상인 천당에나 가게 되는 교리로는 구경 해결을 지을 수는 없다. 선의 반면은 악이요, 천당은 지옥의 반대이기 때문이다. 자타가 하나이니 자리이타自利利他적인 일법一法이 아니고 자타의 대상인 자비와 사랑은 뒤집어지는 날이 있다.

살아서 이 몸과 남이 되고 의식까지 모두 사라진 뒤에 부활하지 않으면 완전하고 영원한 구원을 얻을 인간이 못 되는 것이다. 생각이 있는 정해情海에서는 고락이 상속될 뿐이다. 더욱이 하느님이 선택한 백성만 천당으로 데려가신다니 하느님은 자신의 권속眷屬이나 부하만 사랑하는 범인凡人과 다를 것이 없지 않은가? 하느님이 평등심을 가졌다면 만능의 하느님이니 다 믿게 할 것이 아닌가?

부처님은 개성적 절대 자유 때문에 믿지 않는 중생은 건질 수 없다고 말씀하셨다. 인형人形이라도 가진 인간은 빌기 때문에 믿음으로부터 그 인간적 정신을 기반으로 전체적인 인간성을 다 이루어 마칠 수 있다. 믿는다면, 독사나 마귀까지 다 구원하는 분이 부처님이다. 하느님도 부처님과 같은 인간인데 인간이 일방적으로 신격화한 것이다.

하느님을 창조주라고 믿는 것은 창조주로 영광을 돌리기는커녕 입장을 아주 곤란하게 만드는 것이다. 아무것도 없는 데서 선악이 생겼으며, 선악의 씨는 하느님의 창조적 의도에서 나온 것이니, 악인이 악인이라는 생각도 없던 나를 왜 태어나게 해서 견디지 못할 이 지옥고를 겪게 했나, 하고 묻는다면 하느님은 답변할 말이 있어야 할 것이 아닌가.

아무튼 창조주가 있다면 일체적 책임을 져야 할 것쯤은 아이들의 상식이다. 더구나 하느님이 인간에게 자유를 주셨다니 무지한 인간에게 자유를 주는 것은 젖 먹는 어린애에게 날카로운 칼을 주는 것과 같은 위험한 일이다. 또한 하느님이 인간에게 자유를 주었느니, 시련을 주었으니, 하지만 전지전능한 하느님이라면서 그런 희롱을 하실 리가 없는 것이다.

이 세계에서 믿는 욕계의 최고 천주天主인 자재천주自在天主는 다만 본연적 창조성을 가지고 천지만물을 창조하시고 파괴하는 책임까지 가졌는데 그 천상의 인정풍속이나 거기서 어떻게 사는 내용과 예수가 지금 어디에서, 인생을 무슨 방편으로 제도하고 계신지 팔만사천 대장경에 다 기록되어 있다.

만능적인 정신력만 얻으면 육체를 비행기 삼아 천상과 지옥을 임의로 오가는 것이다. 시공이 내 생각 하나이며 천당, 지옥이 이 시간, 이 자리이니 사실은 오갈 것도 없는 것이다. 우리의 본정신, 곧 창조성은 무적無的이지만 소아적 인간인 우리도 지금 쓰고 있는 것이다.

보라! 아무것도 없는 이 자리에서 우리가 기억하는 인간, 장소, 사건 들을 떠올리면 눈앞에 나타나지 않는가? 미래의 일도 상상하는 대로 나타나지 않는가? 그리고 이 한 생각으로 모으면 이 시간 이 곳이요, 멀리 두면 그전 시간이 되며 먼 데 있는 인간으로, 먼 장소로 물러가지 않는가? 또한 보는 데로만 집중시키면 다른 것은 보이지도 들리지도 않는 것이다.

아무튼 일체가 이 한 생각, 곧 시종적인 이 마음 하나임은 바로 증명할 수 있다. 이렇듯이 명확한 일, 곧 일체 생의 씨는 둘이 아니요 일체 요소를 갖춘 본정신은 하나임을 예수교에서는 알리지 않기 때문에 상대적인 사랑만 주장하게 되고 뱀은 원수요 마귀라 하는 것이다.

마불魔佛의 합치가 인간이요, 뱀의 마음이나 인간의 정신이 본래 하나인데 뱀이란 악습惡習으로 이루어진 개체요, 일반적으로 마魔라는 것은 우주의 현실이다. 곧 마법은 이 세상의 사업이요, 우주의 내적 본질은 불성佛性이요, 일체 존재적 자아다. 마는 이 육체와 혼이요 우리의 자성인 본정신은 출구가 없는 진리이다.

그러나 땅에 넘어진 인간은 땅을 짚지 않고 일어날 수 없는 것이다. 그러므로 소마小魔요 소우상인 인생이 대마大魔요 대우상인 부처님이나 하느님께 귀의하는 뜻은 그들이 먼저 알아 쓰는 우리의 본정신이요, 창조성인 진리를 알아 얻는 법의 가르침을 받으려는 것이다.

예수가 진리요 생명이라고 한 말씀도 입에서 나왔기 때문에 진리가 아니다. 다만 각자가 다 내포되어 있기 때문에 그 말씀에서 감응되어 알아 얻을 수 있을 뿐이다.

종교에서는 표현할 수 없는 진리를 현실화시킬 수 있다. 현실을 부인하는 종교는 궁극에 이르지 못하는 종교이다. 인간법 그대로가 아닌 교리라면 이단異端이다. 신앙의 목적이 무엇인지도 모르고 믿는 것은 미신이요 맹종이다. M친구는 자기는 예수님의 종으로 자족하는 전도부인이라는 것이다.

예수와 같은 하느님의 자녀라면 예수는 오라버니가 아닌가. 자청해서 오라버니의 종이 되어 자족하여 지낸다는 동생이 온전한 정신을 가졌다고 볼 것인가? 더구나 같은 조상의 후예으로 어째서 스스로 예속하려 드는 것인가. 또 죄인 되기를 자원하는 자모적自侮的 행위를 하는 예수교 교도들은 의심스럽다.

하느님, 예수, '나'는 상기 전, 곧 나기 전은 하나였던 것이다. 하느님과 나와의 합일이 완전한 인간이다. 인간 위에 두려운 존재도 없고, 인간 아래 업신여길 한 물건도 없는 것[天上天下唯我獨尊]이다. 피상적으로라도 비종교인들까지 생적 절대평등권을 부르짖는데 평등산하平等山下에 무아처無我處인 종교법에서 하느님은 특존이라 하니, 질적으로 다른 존재인 인간이 어찌 하느님으로 합치가 될 것인가? 그보다도 하느님은 아버지보다도 직접적인 본체인데 내 본체를 회복하려고 하기는커녕 그 아들인 예수의 종노릇에 충실할 목적으로 하느님을 믿는다면 종교인은커녕 실성한 인간이 아니겠는가? 자체가 아니고 부녀父女가 하더라도 자녀가 자라서 부모가 되는 것은 상식이 아닌가? 그리고 예수 믿는다고 곧 천당에 가게 되는 것이 아니라, 예수의 선행善行을 다 행하게 되는 데 인간이 백년이나 천년에 개조되지 못하는 것이다.

도리어 내 본체와 이반離反된 생활로부터 자타 일체화의 생활, 곧 종교와 세간사世間事를 하나로 묶는 원만한 생활을 위한 정진에 매진하는 동무가 예수의 종이 못 됨을 애달파하는 무지스런 M친구를 어떻게 설득할까? 나는 별 의미를 느끼지 않던 웃음에서 새삼스러운 긴장미를 느끼게 되었다.

이제 괴겁壞劫에 든 일체 우주는 본정신의 상실자이니만큼 거기에 따른 모든 존재도 혼수상태에 빠져 있는 것이다. M친구도 동업중생인 이상 M친구 때문에 특별하게 놀랄 것은 없을 뿐 아니라 비종교인들은 자본을 가지고 소비적인 세속 사업에만 열중할 뿐 생산적인 종교 생활을 하지 않는다. 때문에 그 사업의 정신적인 기반이 없는 허공적 사업이므로 그 사업이 무너지는 날에 사업의 주인공도 쓰러지는 것이다.

친구는 소극적이나마 하느님께 기도하는 정신적 수입과 천당살이와 인간 생활에서는 이득을 주는 좋은 사업을 하고 있음은 인정하는 바이다.

그러나 무너져가는 집안에 정신이 온전치 못한 식구들이 살고 있는 것은 마치 만경창파에 파선의 조각 하나씩을 붙들고 이리저리 밀려다니는 파선객과 같은 비참한 장면이다.

이제 이러한 전우주적인 경계에서 구원의 언덕으로 직향直向하는 앞잡이이신 부처님의 뒤를 따르는 초발족자인 나는 전인미답적인 활로를 걷는 듯한 환희감에 날뛰게 되어 반대 방향에서만 헤매는 동병자同病者들을 애타게 부르는 마음으로 붓을 들게 된 것이다.

M친구가 지금 하느님을 믿고 예수만 따르면 천당에 가기는 가겠지만 천당에서 사는 일은 조각배를 탄 셈이다. 따라서 큰 물결이 일어날 때에 만나게 될 위험을 M친구는 모르고 있다. 어쨌든 예수교 교리는 선과善果로 천상에 나는 방편설에 의존하는 셈이다.

오직 천당과 지옥의 합치요, 고락의 단일화의 생활, 곧 환경에 휘둘리지 않는 정신이 확립되는 생활을 하여야 불변적 안전지대[涅槃]인 피안彼岸에 이르게 된다.

부처님이나 예수께서는 언제나 기류차제機類次第, 곧 그 지적 수준대로 가르치시는데 예수께서도 그때 유대국민의 그 민도대로 존재적 생활의 전후를 다 끊어버리고 한 막 바뀌는 천당으로 가는 일만 가르친 것이다.

그러므로 존재는 생로병사生老病死, 우주는 성주괴공成住壞空의 정칙대로 윤회하는 존재임을 알 길이 없다. 이 일에 모를 줄을 아는 인식, 곧 나머지 없는 체념인 착심着心이 떨어진 경지에서는 어떤 엄청난 상상이라도 똑떨어지게 현실화, 곧 행동하게 되고 뜻과 동시에 수용하게 되는 것이다.

천상의 사람들은 공적功績의 척도대로 어느 한계 내에서는 상상 즉 현실적인 생활을 하기 때문에, 내 맘이 곧 현실이니 내 정신이 내 팔자니 하는 말, 곧 밥 먹으면 배부르다는 말 같은 우스운 말을 하지는 않는다.

그러나 천상 생활도 즐거운 한 꿈의 장면에 지나지 않으니 아무리 좋은 꿈이면 무엇할 것인가? 깨고 나면 그만인 것을, 다만 끝나는 날이 없는 길흉 상속적인 그 꿈을 활짝 깨어 몽각일여夢覺一如한 부동지不動地에 이르게 되어야 자족하게 되는 것이다.

무수래적無數來的인 생사법 중에도 다생多生의 선행의 공적으로 천당생활을 하면 기쁨 삼매로 정신적 수입[修道]도 없게 되고 생각하는 대로 살아지는 생활이다. 따라서 육체적 노력도 필요치 않게 되니 자연 생산이 전혀 없게 되어 자비와 사랑의 값이 결산되는 날에는 부자의 파산일 같은 곤란을 면할 길이 없게 된다. 다만 썩은 다리 밑에서 누더기를 덮고 쉰 밥을 먹고 살아도 마음이 편하면 그곳이 바로 천당임을 깨달아야 한다.

요컨대 시공時空이 자체화한 하나의 완전한 인간, 곧 벌어진 시공을 다시 단일화시켜 나 하나로 회복시켜야 한다는 말이다. 현실의 전체를 나머지 없이 파악하여 현실적 백천만 경계와 미추적 모양과 행불행의 감각과 시비적是非的인 판단을 의론하는 것은 속법俗法이요, 종교적 진리가 아니다. 이것을 종교인조차 모르는 이 시대이기 때문에 오늘의 존재는 하루의 영일寧日을 만날 수 없는 것이다. 근세에는 종교인이나 철학자들이 겨우 신이니 영이니 혼이니 하는 한계 내를 구경究竟으로 아는 것이다. 이 몸은 생명의 의복이요, 이 혼은 생명이 움직이는 기계인 것이다. 육신과 혼의 창조주는 몸뚱이는 없이 행동만 하는데 법신法身이라 하는 것이다.

육신, 업신[業身=魂], 법신法身의 합일체가 나요 인간이다. 이때는 나의 조직체가 다 이루어진 때이므로 외계의 하느님이니 부처님이니 하는 우상도 여의고 예수교니 하는 조직체도 떠난 해탈인解脫人으로 전 우주의 주인공이 된 것이다. 이 주인공의 대가족인 일체 존재는 이때에 비로소 자유와 평화의 불변지를 차지하게 된다.

요컨대 일체가 그저 마음 하나뿐이다. 마음의 결집에는 이루지 못하는 것이 하나도 없는 것이다. 하느님이 중생을 다 믿게 하지 못하는 것도 각자의 마음을 당신의 임의로 쓰지 못함이다.

옛날에 어떤 무식한 할머니는 즉심시불卽心是佛이란 말을 잘못 알아듣고 "짚세기 불, 짚세기 불" 하고 일심으로 부르다가 마침내 일심화한 만능의 인간이 된 일도 있는 것이다.

생자生者는 어차피 죽을 도리가 없는 바에 살 채비를 하여야 할 것이 아닌가? 마음을 모아 얻는 법이 살 채비니 그 법으로 귀의하여야 할 것이 아닌가?

　중생은 생명의 옷 갈아입는 순간을 죽음이라 하여 고기가 물 갈아 줄 때 무서움을 느끼듯 벌벌 떨게 된다. 흩어진 마음 그대로 따라서 이러니 저러니 살다가 죽음이 느닷없이 닥친다면 어떻게 할 것인가? 무력한 정신으로는 앞길이 망망하게 되는 것이다. 우선 무상無上의 법인 마음 모으는 염불이나 참선[參禪=修道]법이라도 지향하여야 할 것이다.

　시계추의 자각자각하는 소리는 줄달음박질로 쫓아오는 무상살귀無常殺鬼의 발자국 소리다. 무상살귀는 노소를 가리지 않는다. 더구나 돌변적 사경死境이 닥치지 않으리라는 보증도 해줄 리가 없고 1분 후에 생명을 보험保險해 줄 존재도 없다.

　이 정신의 연장이 생생무수래의 내생의 생활이다. 이 정신의 자신력自信力만 가지면 이 다음 생활의 환경인 천당 지옥에 대한 일에 상관될 리 없는 것이다.

　석가모니 부처님의 45년 설說이 모두 마설魔說이라 더욱이 위에 적어온 나의 말은 불법을 짐작하는 지식층에서야 물론 통매적痛罵的 꾸지람이 없지 않을 것이다. 예수교인들 중에서도 이 글의 반박이 있기를 바라는 바이다.

울지 않는 인간

———

입산 25주년의 새해를 맞이하여

우리의 삶에 25년 간이란 시간은 불가사겁不可思劫의 시간에 비하면 극히 짧은 한 토막의 순간일 것이다.

그래도 입산 26년 전의 일인데 물질적인 정신 그대로 생각한다면 그때 일이 아득한 옛일로 아련히 나타난다. 그때에 조선일보사에 아래의 시조를 글머리로 해서 송년사送年辭를 발표하였던 것이다.

반생의 흐른 세월 되거두진 못하여도

이후로나 때 붙들어 보람 있게 쓰쟀더니

이 해도 생마生馬 같아야 나를 차고 닫고녀

이 글은 그때 나의 실감이었다. 나는 그전 해부터 새 발족으로 내 분야의 일에 시간을 잘 이용해보려던 것이 아주 여의치 못하였다. 그때 나는 불문佛門에 들어온 지 한 5년이나 되었던 것이다. 그전에 나는 업혀 다니면서부터 예수를 믿었는데 아마 여덟 살쯤 되었던 때일 것이다.

그때 예수를 믿지 않으면 다 지옥에 간다는 말을 듣고 어린 생각에 어찌 무섭던지 '나와 우리 부모는 예수를 잘 믿으니 아무 염려 없지만 그렇지 않은 다른 사람들은 얼마나 불쌍하냐? 나는 자라서 전도부인이 되어 식인종이 사는 무인도에까지라도 가서 전도를 할 것이다. 하느님의 능력으로 나를 잡아먹게는 아니할 것이요, 설사 잡아먹힌다 하더라도 죄 많은 나의 몸은 그들의 배를 불리게 되고 영혼은 하느님이 천당으로 데려갈 터이다' 하는 생각으로 얼마나 만족하였던지 몰랐다. 그러나 심적 증명[證明=信心]만으로는, 즉 믿음이 아주 철저치 못한 사람에게는 그리 큰 힘이 되지 못하는 것이다. 따라서 믿음의 가치를 잘 알지 못하게 되던 것이라 그때 나는 예수를 믿기만 하고 천당에 있는 일이나 혼은 현실적이 아니므로 육체로는 보지 못하는 것으로만 알았던 것이다.

그저 '하느님의 은혜겠지, 하느님이 보호해주시겠지' 하는 식의 믿음만 가진 신자였던 것이다. 기도하여 현실화를 못 본다면 신자로서의 자격도 갖추지 못한 것이다.

그러므로 그때 나는 예수가 말씀하신 교리가 어린 중생을 인도하는 방편설인 줄 모르고 의심만 나게 되었던 것이다. 그래서 믿음이라는 귀한 보물까지 잃어버렸다. 모를 것이 없으신 하느님이 인간이 선악과를 따먹을 줄 왜 몰랐을까? 더구나 자유를 주셨다니, 욕심이 가득 찬 인생인 아담과 이브여서 못 따먹게 하는 엄명嚴命을 어기고라도 따먹을 것인데 자유를 주면 더 잘 따먹을 것이 아닌가? 하느님이 근본적 창조주라면 선악의 씨는 아무래도 하느님의 창조적 의도에서 나온 것이니 선악의 책임은 하느님께 있을 것이 아닌가? 세상에 태어나려는 생각도 없던 피조자인 인간이 태어나서 지옥고地獄苦를 받는다면 어찌 억울한 생각이 나지 않을 것인가? 등등의 의심과 함께 나의 일동일정一動一靜을 하느님이 살피신다는 강압적 관념에서도 아주 벗어나 하느님의 뜻을 어기는 탈선적인 행동을 하며 천당 지옥설까지 부인하는 배신자가 되어 아주 위험상태에 빠졌던 것이다.

근 10년간 무종교인으로 더구나 사회적 구속까지도 받지 않는 여인이었던 것이다. 체면과 남의 이목에 매달려 자기 내적 생활에 불만을 참고 지내는 인간은 약자요, 어리석은 존재라는 것이었다.

도덕이라는 것도 절대적인 것이 아니요, 정조라는 것도 육체의 정부정을 논할 것이 아니니만큼 정신적으로 이성異性의 그림자까지 아주 청산된다면 개조改造 처녀를 얼마든지 창조할 수 있는 것이 자유를 가진 인간이라는 것이었다. 스스로 처녀로 돌아갈 수 있는 인간이면 어떤 난관이라도 극복하고 새로 생활을 창조할 만한 큰 용기를 가진 인간이라고 혼자서의 신新정조관을 주장하기도 했다.

그런 여인이면서도 나는 상대되는 이성에게 지극히 충실하였던 것이다.

그 대신 체념하는 것도 쉽고도 단연적斷然的이었다. 그러나 실력 없는 나의 자유는 어린이의 손에 날카로운 칼을 들려 놓은 것 같았던 것이다.

이때 나를 살린 것이 불법佛法이었다. 불문에 들어와서 크게 느끼던 그 환희는 근 40년 된 오늘에도 꿈에까지 미치는 것이다. 그야말로 옛사람이 읊은 '空山雪雨無人境, 驀地相逢是自家'라는 시적詩的 기쁨이었다.

불교에 귀의한 나는 예수교 법과는 비할 수 없이 깊고 오묘한 이 불법을 어찌하면 널리 알려볼까 하는 생각이 복받쳐 참을 수가 없었던 것이다.

시나 수필에 불교 경구나 용어를 애써 따다 얽어서 불교 선포문宣布文을 만들어 보았지만 뜻대로 되지는 않았다.

그리고 불법에 귀의하여야 모든 문제가 해결된다고 만나는 사람마다 열렬히 이야기하지만 누가 귀기울여 듣지도 않을뿐더러 어떤 친구는 도리어 삿대질을 하며 "또 불교에 미쳤구먼, 미쳤어" 하고 비웃기만 하던 것이다. 그래도 나는 어떻게 하면 깊고 넓게 포교를 하여 나의 만족이 얻어질까 깊이 생각한 끝에 대문호가 되어 많은 작품을 불법화시켜 길이 전해볼 것을 다짐하였다.

그러나 나의 재분才分이나 지식을 헤아려 스스로 단시일 내에 문호가 될 수 없음을 알고 나는 성급하게 신통력으로 대작가가 되어 볼 셈으로 도인으로 알려진 용성龍城스님을 찾아 "신통력을 어떻게 얻습니까" 하고 묻기까지 하였다. 그리고 "관세음보살, 관세음보살"을 고성염불하게 되어 약 2년 지나는 동안에 현세現世의 문호라는 이들의 작품은 생명이 없음을 느꼈다.

소위 불후의 작품이라는 것이 완전한 문예의 소재, 곧 무념無念에서 얻은 것이 아니요, 혼이니 신이니 영이니 하는 데서 우러난 것이 아니면 겨우 오래 익혀 온 습기習氣의 움직임의 오색찬란한 환물幻物이었던 것이다. 아무튼 본정신인 창작력으로 된 작품이 아니었다. 그리하여 행동적인 생명체를 창조할 수 없는 거짓 창조주가 된 것이다. 그들은 출구出口가 없는 창조성이 있음은 상상조차 해보는 이가 드문 작가인 것을 피상적으로나마 짐작하게 되었던 것이다. 작가란 우주 일가一家를 이룬 우주의 창조주를 말함인데 대작가나 대지식이나 또는 세속에서 아는 문학적 천재로는 이루어지지 못하는 것을 알게 된 것이다.

그리하여 세속적인 그런 작가가 되는 것을 최상의 목표로 하였던 나의 어리석음을 스스로 비웃었다. 뿐만 아니라 내 행동의 주인, 곧 나를 모르는 인간이 창조주가 되려는 엉터리 희망은 과연 얼마나 무지한 일이었던가. 더구나 불법은 신통력이 아니요, 물질적인 이 정신도 아니요, 글과 언어와 이론과 사량思量이 끊어진 근본 정신이라고 불법을 아는 스님들이 가르쳐주었다.

어쨌든 불법화의 인간, 곧 일체를 '나'화한 인간이 아니면 무엇이나 나를 따르지 않게 되는데 더구나 시간이 내게 붙들릴 리가 있느냐고, 불법을 남에게 알리려면 내가 먼저 불법을 알아야 한다고 말씀하여 주었던 것이다.

그때에 비로소 사전 일, 곧 인간 생활이 개막되기 전에 인간의 정신부터 갖추어야 될 것임을 알았다. 인간부터 되어야 내임의로 창작을 할 수 있는 창조주가 될 것도 안 것이다.

그리고 하고 싶은 세속 생활을 다 해본 결과 아무리 좋은 조건을 다 가져 보아도 만족은 없음을 알게 되었던 것이다.

만족이 없는 까닭은 나의 소유의 끝장을 보지 못하여 안타까워 하는 나의 내적 부르짖음 때문인 것이 어렴풋이나마 느껴졌다.

나의 안팎이 꼭 짜여서 완전화하면 한없는 대기大氣의 자유인으로 대공大空에 굴러 부족함이 없을 것도 어렴풋하게 바라보였던 것이다.

더구나 문화인이 되려면 대멸大滅에서 대성大成을 이룬 대문화인인 부처님의 문하로 직접 들어와야 할 것을 알고 입산한 것이다.

입산! 뜻밖에도 나의 입산은 정법을 맞게 한 것이다. 소경이 눈 바로 뜬 격으로 인생 문제, 곧 인생인 '나'를 찾는 직로直路로 향하는 출발의 입구에 이르게 된 것이다.

출발의 입구에서는 목표가 바로 바라보이게 되는 것이다. 목표를 바라보며 가슴에 벅찬 그 기쁨! 마치 목마른 사슴이 물 냄새를 느끼는 것과 같은 기쁨이었다. 목마른 내가 물 찾는 길이 바쁜 것도 불구하고 다른 목타는 모든 동지를 부르지 않을 수 없게 되어 이제 나는 내 분야적 책임이 아닌 붓을 들게 된 것이다. 내 분야가 아니라는 것은 아직 내게는 새해가 오지 않은 까닭이다. 아직 수원水源을 발견할 날이 남은 까닭이다. 세상에서는 25년이란 기나긴 시간에도 발견 못한 수원이 언제 발견될 것이냐고 하겠지만, 그러면 영겁永劫에 갈증은 어찌할 것인가? 그러므로 동행할 것을 권하지 않고는 못 배기는 성급한 마음이 잠자코 혼자 갈 수는 없는 것이다. 금생 일막의 생生을 위해서도 수십 년의 노력이 있게 되는 것이 아닌가?

아무튼 입산으로 나의 인생관적 표침標針은 아주 바뀌었다.

누구는 "예술은 길어도 인생은 짧다"고 하였지만 나는 "인생이 길기 때문에 예술은 멸하지 않는다"고 우주적인 바른 말로 외치게 된 것이다.

존재는 자체의 모순성으로 생멸生滅이 상속하여 영원한 변화적 과정을 되풀이하지만 존재적 본체는 생사가 따로 없는 것이다.

마치 크고 작은 파도는 그칠 새가 없지만 바다는 늘 존재하는 것과 같은 일이다. 그리고 누구는 "사색하는 것이 인간이라" 하였지만 나는 "사색이 끝난 존재가 인간이라"고 부르짖는 것이다.

사량思量 분별에 사는 인간은 생각의 파편을 의존하여 사는 중생이므로 생멸적 곤란을 면할 날이 없는 것이다. 생각 일체를 한데 뭉쳐 가지고 살아가는 인생은 생生도 전체, 사死도 전체요, 전체는 무無이므로 크고 작은 파동인 환경에 휘둘리지 않는다.

환경에 휘둘리지 않게 된 인간이 '나'를 완성한 인간이다. 나와 남이 하나화한 '나'는 일체이다. '나' 하고 나서는 존재 앞에는 소멸되지 않을 존재가 생기지 않기 때문에 나의 군림君臨에는 불초지不肖地가 되는 것이다. 나! '나'만 이루면 일체 문제는 끝이 난다. '나'는 일체 존재적 시종始終의 합일체이다. '나'를 소유하는 것이 끝장이 난다. 소유의 끝장이란 내 소유를 다 찾아 마친 때를 말함이다. 그리하여 자족을 얻은 때이다. 시공時空은 다 나의 소유뿐이다. 곧 시공은 자체이기 때문에 자유자재하게 된다. 사실 시공은 나의 산물이다. 인생이 불만으로 끝나는 날이 없는 것은 마치 비밀의 끝을 못 보면 궁금증만 더 생기는 것과 같다. 비밀이 있는 것이 아니요, 스스로 의심낸 것을 알고서 어리석었던 나를 웃는 것같이 소유라는 허무물의 산모産母이 '나'인 줄 알 때라야 울지 않는 인간이 된다.

그러나 피차에 합일체合─體이므로 내가 생生할 때 사적死的 피彼와 사死를 제약하였기 때문에 나는 필경 죽게 되고 피가 생할 때 나의 생을 제약하였기 때문에 나는 또다시 생하게 되는 것이다. 존재적 정칙의 생사와 존재적 모순의 결합, 해소의 이중작용으로 인연 취사聚捨는 반복하여 그치는 날이 없다.

그러므로 본래 나 자체가 교환체이니 내가 남이요, 남이 나다. 물체는 동립되지 못하는 법, 곧 내 자리는 없는 것이다.

시간을 논하더라도 과거는 흘러갔고 미래는 오지 않았고 현재는 과거와 미래의 교류이니 어떤 것이 시간인가?

그러니 어떤 것이 나이며 어느 시간을 새해라 할 것인가?

항성恒星도 돌고 유성도 돌고 주야도 바뀌고 생사도 되풀이요, 선악이 하나요, 천당은 대對 지옥이다. 일체가 돌고돌아 믿을 것이 없고 정함이 없는 환물幻物이다. 오직 천당도 집도 생명도 의식까지 사라져도 남는 것이 있다. 그것은 '나'다 하고 생각하는 생각인 것이다.

일체 존재의 개체개체는 이 생각의 파편이다. 나를 이루었다는 것이 전금후적前今後的이요, 이것저것의 생각의 파편을 단일화시켜 내 맘대로 쓰게 된 것을 말함이다. 중중누현重重累現의 대현실을 하나화한 일체아一切我인 것이다.

본연적 '나'는 생각하기 전의 존재이다. '나'는 생각하기 전의 내가 발견되어 내가 나를 쓰게 되는 때 곧 인간 생활의 개막인 그때를 나의 새해로 삼아 세상에 군림할 날이 있을 것이다. 그날을 미리 알기 위하여, 또는 많은 군신君臣을 모으기 위하여 붓을 든 것이다.

더구나 좋은 말을 하고 착한 뜻을 전하는 현대 작가들은 모두 의식 너머의 이 무상無上의 소식을 모르는데, 나는 전생 어느 때부터 이 법을 만나 이어서 오늘에 지향하게 되었는지 나만이 정로를 알아 걷게 된 것 같은 기쁨을 하늘과 땅끝까지 전하지 않을 수 없다.

그리고 일하는 인간은 일을 시작하기 전에 일하게 하는 정체인 정신의 힘을 얻어야 한다. 정신을 집결시키는 것이 곧 일을 성공시키는 힘이기 때문이다. 이 일을 알게 하는 일, 곧 문화인은 설계와 구상을 하기 전에 그 소재부터 장만하여야 한다. 불법화의 생활, 곧 인간성을 잃어버리지 않고 살던 문화시대에는 화가가 되려고 대가大家의 문하에 들어갈 준비로 먹을 갈아 물에 떨어뜨려 풀어지지 않도록 정신을 단일화시켰고, 대음악가의 제자가 될 지망志望을 가졌다면 청각聽覺에 정신을 집결시켜 백천 리 밖의 선생이 자택에서 하는 노랫소리가 자기 귀에 응할 수 있는 예비의 힘을 가져야 했던 것이다.

그리 되어야 그림이 행동하게 되고 노래가 무정물을 감동시키게 된다.

특별한 존재가 창조주는 아니다. 벌레도 제 정신만 찾으면 창조주가 된다. 세속인들도 생적 절대 평등권을 말로 글로 쓰기는 하지만 인식 부족으로 스스로의 권리를 찾아 쓰는 법을 모르기 때문에 창조주인 자기 위치를 잃어버린 것이다.

모래 한 알에도, 풀 한 잎에도 일체 요소를 갖춘 창조성을 내포하고 있다. "나는 소질이 없어. 내가 할 수 있을까?" 하는 등의 열등감을 가지고 자신 없는 말만 하는 것은 자기를 배반하는 자살적 정신이다.

천재니 소질이니 하는 것이 씨가 있는 게 아니다. 전생에 익히고 노력한 그 척도에 따른 기능일 뿐이다.

누구든 일하는 시간이 오래 되어 노력의 척도만 맞으면 이루어진다. 노력하여 안 되는 것은 없다. 다만 대가 없이 얻어지는 것이 없는 것이 원리원칙임을 믿고 쓸 데 없는 시간이 없게 되어야 할 뿐이다. 대구속大拘束을 치르지 않으면 대자유인大自由人이 되어 내 임의로 살 수는 없는 것이다.

나는 세속에서 지극한 노력도 없이 그저 시간을 부려 보려고 들었으니 시간이 어찌 내 말을 들었을 것인가.

'나'화 되지 않은 일체의 무엇이나 다 내 맘대로 쓰지 못하는 것을 몰랐던 '나'이면서 그래도 인간인 체하던 일이 얼마나 어리석은 것인지 모른다.

내 것이 아니면 내가 못 쓴다는 것은 어린애도 알고 있는 상식이건만 직접적인 나를 내가 쓸 수 없는데 자유로운 내가 있을 수 없다는 것을 왜 몰랐을까?

벌레는 대아화할 마음, 곧 믿음이 없기 때문에 허공을 벨 칼을 가진 대아大我라도 벌레의 가는 방향을 돌릴 길이 없는 것이다.

나는 나를 잃어버렸기 때문에 내가 살아가는 일에 대한 예산과 계획이 세워지지 않았던 것이다.

그럭저럭 살아지는 줄 알았을 뿐, 그저 시간을 헛되게 보낸 생활이었던 것이다. 생리적으로 이념이 실천될 수 있는 가장 귀한 젊은 시간을 낭비하던 전일前日! 중년에야 비로소 겨우 무슨 생각이 들어 보람 있게 쓴다는 말을 하게 되었다.

그 말이 그래도 입산할 다리가 되었다. 그것이 다겁 전 인연이라는 것이다. 그 인연으로 나는 미래세가 다함이 없는 내 생활에 한 줄기의 살 길을 열었다. 그러나 업業이란 무거운 짐을 지고 약한 이념의 다리로 겨우 걸어가기 때문에 아직도 목적지에 이르지 못한 채 어느덧 25년이란 연륜이 굴러 또다시 새날을 맞이하게 된 것이다.

내 딴에는 힘과 마음을 다하였고 며칠씩은 갈빗대를 땅에 대어보지 않고 밤길까지 걸어갔건만 남은 길은 얼마인지 알지도 못한다.

천 년의 고苦와 만 년의 난難이 남았다 한들 어찌할 것인가?

아니 가지 못할 길, 가면 반드시 이를 곳을 애써 갈 뿐이다.

일평생 백 년 일을 준비하는 것도 몇십 년의 시간을 필요로 하는데 하물며 무한극수적 수명을 가진 생존자인 나의 앞길을 위함이랴! 일시적 고생을 참고 만년의 편안을 얻어야 할 것이 아닌가?

이 육체는 생명의 의복이라 내 옷은 내가 갈아입을 줄 알아야 인생이건만 인형만 가진 인생인 우리에게는 사선을 넘는 일이 가장 어렵다. 그러므로 제일 급한 것은 죽음에 대한 대비이다.

이 몸 가졌을 때, 이 법 들었을 때, 법적 정신이 확립되어야 한다. 이 정신의 연장이 내생來生이므로 죽음에 대한 대비가 곧 내세의 생명인 것이다.

아무튼 새해가 오느니 묵은 해가 가느니 하고 분주를 피우는 희극은 인생의 재미 중의 하나이지만 그해가 그해를 되풀이하는 것만은 사실이다.

오직 언제나 지금만 있을 뿐이다. 지금이란 이 시간도 묵은 해와 새해와의 교류적 순간으로 잠시도 머무르지 않는 이름만의 시간이다.

그러면 시간을 가졌다는 존재, 곧 인생은 있는 것이냐? 만났는가 하면 떠나게 되고 태어났는가 하면 어느덧 죽음이 닥치는 인생을 무엇으로 실實을 삼을 것인가? 다만 남는 것은 생각이다.

이제 내게는 25년 간을 전후로 지나간 그 시간들과 원근 거리적인 각 장면과 이런저런 사건들과 그 이면裏面인 느낌까지 시간과 거리와 수적數的으로 아무 차별이 없이 떠오르는 대로 내 눈앞에 나타난다. 미래 일도 상상만 하면 이제 내 생각으로 바뀐다. 시공이 생각 하나요, 생각이 곧 현실적인 것임을 현실이 증명하는 것이다.

그리고 이것을 생각할 때는 저것을 잊고 저것을 볼 때는 이것의 존재는 보이는 것을 보면 온갖 것이 생각 하나요, 남이 곧 나라는 현실상인 것이다.

이 현상은 생각의 파편인 존재, 곧 나의 소아경小我境이지만 생각이 하나화한 대아이라 생각 전체가 곧 시공 전체라는 증명이다.

한 생각이 수垂로 삼제[三際=과거, 현재, 미래의 3생]에 드리우고 횡橫으로 시방[十方=四方 四間方 上下方]에 미치어 못 보고 안 들리는 것이 없고 생각 내어 하지 못할 일은 하나도 없다. 일념一念이 곧 만년이란 증명이다.

그러므로 이 한 생각이 천사희봉千思喜峰 밑에다가 만념고해萬念苦海 벌여놓고, 두고두고 무량중생들을 환롱幻弄커늘 무명無明의 중생들이 그 비밀을 알 리 없어 희봉이라 웃음 웃고 비해悲海

라고 눈물지어 그 희비고락의 생활을 반복하여 끝나는 날이 없는 것이다.

행, 불행이란 제 스스로 있는 것이 아니요, 사람의 생각이 지어낸 헛느낌이다. 따라서 아무나 생각하는 생각만 파악하여 쓸수 있으면 내 맘대로 생각을 부릴 것이다.

나는 입산 25년인 오늘에야 날 부리던 생각을 되붙잡아 내가 부리게 되어야 내 생각대로 사는 독립적 인간이 된다는 사실을 겨우 알게 되었다.

나는 나의 전신前身인 창조주, 곧 근본적인 생각이요 만능적인 자아를 버리고 피조자인 가짜 생각에 예속되어 다생루겁多生累劫으로 수인적囚人的인 생활을 하였던 것이다.

그러므로 나의 지난 송구영신送舊迎新이란, 유명무실한 시간적 교류에 지나지 않았다. 감각하는 이때는 실체적 때가 아니라 감각하기 전인 시간을 '나'화시켜야 시간이 나의 참된 사자使者로 무슨 일에든지 보조를 맞춰주게 된다. 그리하여 언제나 내 분야적 책임과 사명을 완수하게 되는 것이다.

나는 입산 25주년 새해로부터 나를 완성시키는 길을 바삐 걸어 거짓 역사의 한 토막인 묵은 해를 영영 보내버리고 진인간이 사는 새 역사(즉, 불일재휘의 날)로 몸소 바꾸어 볼 새해, 새날을 기약하는 것이다.

송구영신의 날

때 본래 있잖거니 새해간에 하올것가
생각이 제 지어서 오간다고 하는고야
다만 시공화 '나'뿐이라 궁글자재 하오리
불침궁不侵宮 문 밖에서 큰 걸음 누가 걷나?

정유년 정월 초하루 덕숭산 견성암에서

만공 대화상을 추모하며

15
주
기
일
을
맞
으
며

15주 기일을 맞으며

유난히 따뜻한 초겨울 그 어느 날, 온 세상이 그대로 잦아지는 듯이 고요하게 스님이 입적入寂하시던 그때가 어느덧 15주 기일을 맞는 옛날이 되어 버렸다.

푸르른 백운산白雲山 밑에 새들이 겁외劫外의 노래를 부르는 대자연 속에서 천진스럽게 살아가는 중생을 어째서 구원한다고 스님께서는 그 분주를 피웠으며, 그보다도 입적하시는 극적 장면을 보여주신 뜻은 무엇일까?

그것은 분주한 봄일을 마치고 나면 가을이 저절로 와서 잎이 떨어지는 것이 자연법칙인 까닭이다.

더구나 인생살이의 주체가 되는 생로병사와 희로애락까지도 다생多生으로 얽혀온 습성의 집적이며 연장이다. 따라서 인생살이는 그대로 몽유병자의 행동에 지나지 않지만 그래도 이 일생이 지나면 또 한 생生이 금세 닥쳐오는 것이 마치 영화의 필름이 계속 돌아가 금방금방 다른 장면이 나타나는 것같이 이 몸이 다할 때마다 선악 간에 각자가 지은 업대로 일막 일막 상속해가는 그 일의 끝이 없으니 부처나 중생이 어찌 그것을 문제시하지 않고 말 것인가!

다시 말하면 인생의 삶이란 포기할 수 없기 때문에 끝없는 생사윤회로 망상의 소생所生이거나 몽유병자의 행동이거나 간에 미래세가 다함이 없는 현실 생활을 언제라도 되풀이하지 않을 수 없는 것이 우주의 원칙이라는 말이다.

그러므로 스님은 금강산 비로봉毘盧峰에 올라,

신등벽공身登碧空 족하비로足下毘盧
안리동해眼裡東海 세안세족洗眼法足
불시고야不是苦也

이런 시로 정신은 초연해도 현실에서는 벗어날 수 없음을 읊은 것이다. 이 현실이란 껍질이요 그림자이다.

믿을 수 없고 떳떳하지 못하기 때문이다. 났나 하면 죽게 되고, 낮인가 하면 밤이 되고, 만났나 하면 떠나게 되고, 선이라고 생각하는 때 악으로 뒤집어지는 일은 현실이 증명한다.

그러나 껍질에는 알맹이가 있고 그림자의 뒤에는 물체가 반드시 서 있기 때문에 그림인 이 현실의 반면에도 생명의 원천이요 창조성인 '정체'가 있는 것이다. 정체가 있기는 있지만 표현은 없는 완전체, 곧 면목面目은 나타나지 않고 일체 행동을 하는 무중유無中有[1]인 것이다.

온갖 모양 갖은 행동은 무중유의 작용이다. 전체적인 무無라는 그 행동력만 나머지 없이 알아 얻으면 환경의 지배를 벗어난 독립적인 인간으로 생사고락 간에 유유悠悠한 자유 생활을 하게 된다. 자유로운 데 불평은 없게 되는 것이다.

자유와 평화는 각자 자체라 곧 불법이 자체화한 것이다.

자체가 불법화되기 전까지는 존재의 공통적 희구인 평화를 이룰 수 없다. 그러므로 스님도 불법이 수면상태에 빠져 불평과 부자유로 온 세상이 울부짖는 오늘날 덕숭산德崇山에 출현하셔서 불법의 중흥조中興祖로 대중적으로는 백년 간이나 끊어졌던 불법의 골수인 선풍禪風을 선양하시며 불교 정화에도 스님이 초출발(30년 전에 발족되었던 불교 정화운동을 스님이 發起)을 하신 것이다. 또한 일제 때 총독이 한국의 불교를 일본 불교에 예속시키려던 결정을 깨뜨려버린 분도 스님이신

---

1 중유(中有)란 죽은 뒤 다음 생을 받기까지의 존재 상태를 가리킨다. 중음(中陰) 또는 중온(中蘊)이라고도 함.

것이다.

그리고 스님은 덕숭산을 배경으로 하여 45년 동안에 불사佛事도 많이 하시고 전국적으로 교화를 널리 하시며 불법의 골수법骨髓法을 전계傳繼하여 정법正法의 상속자와 법제자法弟子 신도가 무수하게 배출되었다.

오늘날 불교계의 중진 인물이 다 스님의 법제자와 후배가 아니면 스님의 교화력을 이어서 불교사업에 노력하는 이들인 것이다. 그러나 오늘의 정화운동 선상에 힘찬 일꾼이 적어서 부정한 티끌을 닦아낼 길이 없어 애쓰게 되는 것은 스님의 교화력에 힘입을 사람이 그리 많지 못하였던 증명이다.

스님은 법연인法緣人을 많이 만나지 못했던 까닭에 스님의 법량法量대로의 법력法力을 널리는 펴지 못하고 입적하셨다. 일반 시민 중에서는 '인생의 정로正路'를 가르칠 큰스님이 나셨던 일조차 아는 이가 극히 적은 것이다. 시간이 흐르는 것에 정비례하여 인간성은 향하일로, 곧 인간이 모두 공겁空劫으로 떨어져 가는 이때이므로 범성凡聖을 잘 가리지 못하는 것이다.

무명無明의 인간들은 지극한 보배는 밟아 없애고 해물害物은 가슴에 품어 놓치지 않으려 한다.

그런 인류계인지라 법력을 헛되이 쓸 까닭이 없음을 아신 스님은 그만 조용히 천화遷化[2]하신 것이다.

스님이 가실 생각을 하실 때 먼저 산령山嶺이 갈라지는 큰 비로 인해 덕숭산맥 근방의 산은 함께 3일간을 울고, 가신 때에는 금색광명金色光明과 칠색채운七色彩雲이 드리우는 등 각양의 기적이 보였다. 그리고 스님의 다비식茶毘式 현장에는 백학白鶴이 쌍쌍이 감돌기도 했다.

스님의 한 막 생활과 나의 느낀 바는 대의적으로 이만큼 늘어놓으면 그만이다.

그러나 스님의 면모를 희미하게나마 나타내어 독자로 하여금 불법에 귀의하게 하며 추모하는 뜻으로 이 글을 쓰는 것인만큼 스님을 모시고 지내던 감상을 좀더 여러 말씀으로 서술하게 되었다.

어쨌든 스님은 자신의 팔자를 임의로 하신 것이다. 그러나 문하에 있는 우리도 생존시에는 스님의 법적 용량用量을 몰랐던 것이다. 물에 임하면 물세계로, 불에 이르면 불세계 그대로 유유한 내 생활화시킬 만한 정신력을 가진 인간이라야 내 앞뒤 팔자를 임의로 할 수 있는데, 스님은 앞뒤 팔자를 당신 임의로 하는 분이었던 것을, 법체法體를 임의로 바꿀 때에 명확하게 알게

---

2 이승에서의 교화를 마치고 다른 세상에서 교화한다는 뜻으로, 고승의 열반을 일컫는다.

되었다.

그리고 스님은 누구의 팔자든지 가려줄 수도 있는 분, 곧 누구의 팔자든지 책임져줄 수 있는 분이었다. 다행하게도 나는 스님께 팔자를 맡기려는 생각이 났던 것이다.

그러나 나의 업력은 나의 믿음을 눌러 아직도 팔자를 아주 맡겨 버릴 신심信心, 곧 몰아경에 들 수 없게 하였다.

다만 가느다란 믿음[生命線]의 줄이 스님을 여읨이 없을 만큼 내 생활의 중심이 되었을 뿐이다.

스님은 과연 다생루겁의 생적 채비를 많이 하신 것이다. 그러므로 생의 용기와 의욕이 초인간적으로 풍부하여 스님의 생전 생태生前生態로 정신적 생활비 일체 요소를 갖춘 마음이 넉넉한 것을 증명하였다.

곧 스님의 일동일정은 물체를 만들고 작용을 하는 만능적 자아를 파악하여 운용하는 표징이었다. 순역경에 똑같은 기세요, 희비의 장면에 모두 적역適役의 인간이 되었던 것이다.

연세가 80줄에 드셨건만 언제나 젊고 유쾌하며 너그럽고 한가한 생활양태를 보여주셨다. 그러나 임하는 그때그때 인간화한 행동과 생활을 하실 뿐, 당신 따로의 살림이 없었다.

그러므로 아직 상법相法3에서 초연하지 못한 우리들은 스님

---

3 변하지 않음이 없는 모든 것들의 존재 양상.

의 백세 향수百歲享壽와 함께 화기애애한 이 회상會上[4] 기분도 달라지는 날이 없으려니 하였다. 또한 달마다 해마다 스님께 오는 모든 신남신녀信男信女들에게도 언제나 똑같이 무량적 생명수를 대주시려니 하였던 것이다.

스님 같으신 선지식이 나는 일은 천재일우라 한다.

나는 스님 입적 후에 그 일이 더욱 절실히 느껴져서 14년 간이라도 스님 문하에 있었던 행복을 또다시 감사하는 생각이 깊어진다.

위에 적은 바이지만 스님은 15년 전 음력 10월 20일 아주 맑은 날 이른 아침에 온 천하가 그대로 고요하게 잦아지는 듯한 기운 속에서 숨 한번 들이쉬고는 그만 호흡을 끊으셨다. 스님의 건강 상태로는 육신을 바꾸시는 일이 너무도 이른 데 대하여 우리는 놀랐으나 무상법문無上法門을 눈앞에 보여주시는 줄 아는 우리였기에 각자적 깜냥대로의 깨우침이 있었던 것이다. 더구나 스님이 임의로 옷 바꾸어 입듯이 육체를 벗는 것을 뵈옵고 물체 전에 행동력이 있었던 증명을 더 잘 알게 되었다.

입적하시던 그해 봄에는 "선지식이 필요없는 세상이니 물러갈 밖에…" 하시는 말씀과 함께 몸을 바꿀 준비를 갖추셨던 것이다.

---

4 대중이 모인 법회.

하루는 견성암見性庵으로 누덕 두루마기 하나를 가지고 오셔서 늘리고 꿰매서 당신의 몸에 맞게 해달라시며 "누더기 입던 납자衲子가 누더기로 회향回向을 해야겠으니까…" 하셨다.

그래도 우리에게는 뜻있는 스님의 말씀이 멀리 들렸던 것이다. 그리고 그해에는 기회 있는 대로 또는 기회를 만들어서 더욱 간곡하게 법문도 많이 해주셨다.

누구에게나 언제나 유머러스한 태도로 대하셨기 때문에 언제나 스님이 계신 곳은 '웃음판'이란 말 그대로 벌어지게 하시면서도 누가 정진을 하고 있는지를 살피고 무심히 지내는 이를 발견하면 정신 못 차리는 기계적 인간이라 꾸짖어 주셨다. 시간이나 장소도 가림이 없어, 마당가에서나 모시고 가는 길에서나 누워 쉬실 때까지도 스님 곁에 있는 신도들과 제자들에게 마음 들여 설법을 하여 주시며 "내가 죽기 전에 내 회상에 있는 납자衲子나 신도들은 공부의 길이라도 얻어야 할 텐데…. 멀리 가서 어렵게 얻을 것이 아니요, 각자 날마다 일용하는 마음 자체가 무엇인지 의심하는 그 생각만 간절하면 그만 마칠 수 있는 것을…. 그렇게도 할 수 없는 일이고, 아무리 내가 가르쳐주고 너희들이 배우고 싶더라도 오탁악세五濁惡世에 중독된 정신이라 되지를 않으니 서로 껴안고 통곡이나 할까? 별 도리가 없구나! 아! 이 얼마나 애달픈 일이냐! 백 년을 다 못 사는 금생今生의 행, 불행도 큰 일인데 세세생생적 크나큰 이 일을 금생에 못 이루면 언제 또다시 무상법을 만날 것이냐" 하고, 탄식하여 마지 않으셨다.

참으로 혼미한 우리들은 스님이 그렇게도 고구정녕苦口叮嚀[5]히 가르치는 말씀이 명백하게 납득되지 않은 채 긴긴 해가 몇 번이 나 지나가서 병술년丙戌年 10월 스무날께가 되었던 것이다.

그 봄에 "10월이나 되면 그때 추수도 다 되고 한가한 때가 되 어 초상 치르기에 대중의 괴로움이 좀 덜할 듯한데" 하시던 말 씀대로 그해 10월에 몸을 버리셨다.

시간적으로만 바꾸셨는지 아니면 장소까지 달리 하셔서 이 회상에 영 아니 오실는지 궁금한 일이지만, 스님의 그 존귀한 몸은 그만 해소시키신 것이다.

28년 전, 내가 스님의 문하로 들어왔을 때에는 석가모니 부 처님이 유성踰城출가하시던 그런 장쾌를 느꼈다. 세간에서 그리 알뜰히 쓰일 만한 인물이 못된 나는 가까운 친척조차 없는 외로 운 한 여성일 뿐이었으니, 나 하나가 그 많은 인총 중에서, 그 넓 은 천지에서 슬그머니 빠져나온 것이 큰일도 아니었다. 하지만 내 나름대로는 가장 훌륭한 남자가 어떤 좋은 조건을 다 갖추 어 내게 바치더라도, 천하 제일의 미남자의 사랑의 품에 안겼더 라도, 마음이 동해질 리가 없는 인간이 된 줄로 자인하여 생리

---

5 간곡하고도 진실되게 말함.

적으로 아주 딴 인간이 된 내가 물욕까지 다 소제해버리고 오직 나 홀로 발견한 전인미답의 초연한 세계로 상승하는 듯한 기분이었던 것이다.

그리하여 이 산중으로 들어올 때는 산어귀의 나무나 짐승들까지 맞아주는 듯하였다.

더구나 그때 나 스스로는 건강하고 잘난 지식을 가진 젊은 여자였고, 지나간 남성의 그림자조차 청산할 만한 정신이면 언제나 처녀라 하여 나 혼자 깨끗한 처녀로, 그리고 나 자신의 내적 생활에서 만족을 얻는다면 남의 이목이나 체면에 아랑곳하지 않는 대담한 여자로 이 길을 택했다.

출가한 나는 아주 장한 듯한 태도로 스님께 나의 심경을 그대로 거침없이 토로하였다.

"소녀 적에는 예수교 신자였으나 퇴타심退墮心[6]으로 천당, 지옥설까지 부인하여 자유행동을 하며 문학에 뜻을 두고 지내다가 불교에 귀의하여 '인생살이의 전체가 되는 생로병사와 희로애락은 다생루겁으로 익혀온 망령된 습성의 집적이고 연장일 뿐이다. 인생이란 그렇게 아무 의미 없는 것이라'고 생각되었습니다.

그렇다고 되는대로 살다가 죽으면 그만인 일이 아니니, 문제

---

6 어느 경지에서 본래의 상태로 되돌아가는 마음.

는 다시 일어나게 되는 것인 줄 알고 그 문제가 해결되는 법은 불법佛法뿐이므로 불법을 깨닫고 그 법을 남에게 선포해야겠다는 생각으로 스님을 찾아온 것입니다. 다시 여쭈면 우리 인생살이는 무량겁無量劫으로, 순력적 생활로 의미가 있든지 없든지 임의대로 죽을 수는 없고 각자가 내가 지은 업신業身, 곧 혼의 대소, 강약, 우열을 따라 무슨 몸이든지 또다시 받아 미래세가 다함이 없도록 현실생활을 이어가지 않을 수 없음을 절에 다니며 알았습니다. 어쨌든 혼의 크고 강하고 우수한 그 기준대로 인격을 이루며, 완전한 인격을 이루려면 정신 곧 혼적 수입이 넉넉해야 정신력이 생기게 되고 정신력을 얻은 완인完人이라야 시종이 없는 내 생활을 내 정신으로 할 수 있는 것으로 정신적 수입은 참선법으로만 성취하게 되는 것을 알고 참선학자이신 스님을 찾아왔습니다" 하고 줄줄 늘어놓았다.

그때 스님이 "허허" 하고 유쾌한 웃음으로 대해 주신 것이 나를 대단히 환영하시는 듯하게 느껴져 더욱 스님 앞에 무난한 태도로 무슨 말이고 다 여쭙게 되었던 것이다. 그때 나는 무슨 말을 하였는지 다 기억하지 못하나 많이 지껄였던 것만 희미하게 떠오른다.

다만 자랑스러운 태도로 지껄여대는 나를 칭찬하시는 듯한 말씀 중에서도 분명히 나의 믿음이 부족한 것을 일깨워주시어 스님 앞에서 물러날 때에는 실망스러운 가운데도 자신을 다시

반성하게 되었다. 그때 자기 부정의 한 단계에 올라 인욕적忍辱
的인 덕을 조금 얻게 된 것이다.

그때 스님은 "세속 여자로는 달녀達女라고 볼 수도 있겠지
만…"하고 혼잣말씀으로 하시고는 그윽이 나를 바라보시며 아
래와 같은 설법을 하셨다.

"참선이란 별것이 아니오. 참선하겠다는 그 마음의 마음을 알
아 얻는 법인데 마음의 마음은 일체 창조주, 즉 불佛이라는 것
이오. 세상 사람이 다 나를 잃어버린 줄도 모르는 것은 불이 무
엇인지 알아볼 생각조차 아니하기 때문이오. 불은 일체의 대칭
대명사로서 그보다도 오히려 불이라고만 이름할 것이 아니라
정신, 진리, 도道, 자성, 마음, 생각 등 무슨 이름을 붙여도 될 것
이오.

그런데 일체의 대상인 분자적 존재, 곧 불의 분신分身인 소아
적인 나는 소멸돼야 나의 본체인 대아大我의 불과 합치되어 일
체화한 불을 이루는 것이오. 귀의불歸依佛이 곧 귀의자성歸依自性
이라는 말이며, 지극히 얻기 어려운 사람의 몸만이라도 유지하
려면 이 법을 지향이라도 해야 하오. 지향하는 마음이 곧 종교
심이라, 종교심이 없으면 나무가 뿌리를 떠난 것 같아서 존재적
생명선을 놓치는 것이오. 부처님이나 하느님을 믿는 것만은 종
교심이 아니고 누구나 나의 지도자로 성의껏 섬기거나 무슨 일
에나 몸과 마음을 다하는 것이 다 종교심이요, 행行인 것이오.

그러나 인간적인 이 마음은 미약하기 때문에 믿음의 대상이 못 되는 존재이나 내가 하는 일에는 역경을 만나면 그만 무너지고 회의懷疑가 생기고 기로岐路가 벌어지게 되는 까닭에 시공 너머 의 스승 곧 일체심을 알아 얻어 쓰는 완인인 부처님이니, 조사祖師가 하는 분을 스승으로 지표를 정하고 일관하여 나아가야 하는 법이오. 그래야 일체능一切能의 마음, 곧 부처만 이루면 시공 자체화, 곧 일체가 되는 것이오. 가령 이런 인간으로 밥짓는 부엌데기가 되어 밥 한 그릇을 짓는다면 몸과 마음을 나머지 없이 일체화한 밥, 그 밥을 부처님께 공양한다면 부처님, 하느님, 인간, 객귀客鬼, 걸귀乞鬼들까지 다 맛있는 음식, 곧 일체화한 밥 한 그릇이 되어 시방十方의 미진수微塵數 같은 세계인에게 고루 다 향연이 베풀어지는 것이오. 그리고 졸병 한 사람이 자기가 천만 개의 목숨을 가졌다면 천만 목숨이 아깝지 않다는 용감한 군인 적 정신을 가지고 총 한 방을 적을 향해 쏜다면 천만 대병의 병 력을 당할 수 있는 것이 원리원칙인 것이오. 어쨌든 그 위치에 서 응분대로 마음과 몸을 다하여 당면한 일체에 충실하며 마음 의 마음을 수습하는 참선을 한다면 쌍수적雙修的 수련을 하는 것 이오. 그것이 사상적으로 방향을 정하고 행동적으로 지표를 정 한 것이며 중생적인 이 마음은 본마음의 파편이지만 일체적 요 소는 전부 갖추어졌기 때문에 이 마음을 다하여 한 일을 이룬다 면 시종적 큰일이 이루어지는 것이오…."

스님은 또한 이런 말씀도 해주셨다.

"일사一事의 대성大成으로 내가 완인이 되는 것이라 영존永存인 일체 존재는 자기 보존을 위하여 무형무념에서 얻는 정신적 수입과 혼과 육체의 노력인 사업적 매진, 곧 쌍수적 벌이를 영겁으로 하지 않을 수 없는 일이며, 이 일이 무시무종無始無終의 정칙적인 일이면서 정함이 없는 법이라 해서 만들고 익혀서 달라지게 되어 성불[成佛=完人]하는 그때에 비로소 불변적 안도감과 더불어 무한대의 생명력을 얻게 되는 것이오. 그래야 어느 때 어디서 무슨 몸으로 무슨 생활을 하든지 탈선하지 않는 것이오. 그런데 누구나 무궁한 내 생활의 생활비를 장만하는 일에 종사하려면 먼저 현실적인 내 생활의 계획과 예산을 세울 정신이 지금 나야 할 것이니 내 생활의 예산을 세우려면 내가 존재한 것은 사실이니 이 존재 전에도 존재하였던가? 존재 후에는 어찌되는가? 그 의심이 나고 그 의심이 풀린 뒤에는 점점 미루어 우주의 창시 전을 알아야 할 생각이 나며 그때 비로소 자기 자신이 근본도 모르는 인생임을 알게 되어 자신이 인생이 아님을 느끼는 것이요, 그때가 비로소 정신 회복기의 첫출발이며 그때 일어난 정신의 힘으로 성불하게 되는 것이오.

그리고 다 같이 불성(佛性=전체적인 無)을 가지고 왜 이 괴로운 생사 중에서 사느냐는 분심憤心을 먼저 일으켜 몰아적인 신심으로 용맹정진해야 하오."

아무튼 근대인은 사전 일을 생각지 않고 순서 바뀐 생활을 하기 때문에 몸과 혼에 안정을 얻는 날이 없다. 곧 물에 젖지도 않고 불에 타지도 않는 몸삶과 죽음을 초월한 자성을 알아 얻어 쓰게 되어야 생사고生死苦를 벗어날 수 있다는 점을 모르기 때문이라고 스님은 말씀하시었다.

나는 스님의 설법을 듣고 선실禪室로 나와서 그 시간부터 부동자세로 돌아앉아 내 생각의 생각이 무엇인지 의심을 지어 가기 시작하였다. 나의 업력은 내 마음대로 정진을 하게 하지 않는 까닭으로 무한히 애를 쓰게 되었다. 그러나 일체 문제를 해결하신 큰 스승 밑에서 나도 일체 문제를 해결하게 될 것을 미리 기뻐하는 마음으로 무한히 만족했던 것이다.

스님은 불법이라는 형식을 그리 존중하지 않으셨다. 스님은 이理와 사事가 다 갖추어진 다각적 문화인이요, 또한 대 예술가요, 명배우로 평상시의 생활양태, 곧 그 생동적生動的 장면 장면을 희비극화하였고, 더구나 어느 장면에서나 독무대獨舞臺로 스님 혼자 각 역을 도맡아서 울고 웃으며 노래하고 춤추는 식으로 불법화시키셨다.

진광국사眞光國師가 전수한, 천상 음악으로서 우주적 정기正氣인 가장 어렵다는 '짓소리배에서 울려 나는 소리'에 아주 능하셨다. 불법 묘기를 나머지 없이 표현한 승무를 체현體現시키기도 했다. 세계에서 독특한 따로의 예술 분야를 찾은 분으로 누구나 다 하는 연출, 누구에게나 다 맞는 묘기, 곧 백천삼매적 연예를 능히 연출하셨던 것이다.

스님의 직계 제자 한 분의 말씀에 따르면 스님은 연예에 관한 것뿐 아니라 대시인이요, 서도書道, 역도力道, 조화造花에도 능하시므로 스님을 만능이라 했다. 일례로 스님은 어느 날 부처님을 잘 조성하여 금선대金仙臺라는 스님의 처소로 봉안奉安하신 일이 있다고 하는데, 이를 보면 스님이 조각에도 능하셨음을 알 수 있다.

그리고 신통력도 없지 않아서 부득이한 경우에 쓰실 때도 있었지만 평소에는 아주 숨기셨다. 그리고 스님은 법왕法王으로 엄연히 앉아 계실 때는 숨결까지 낮추게 되지만 임의롭게 담소할 때는 몸소 아무 장면에나 맞춰 변장하기 때문에 확 풀린 분위기에서 누구나 자유롭게 놀게 되었다. 더구나 응구첩대應口輒對[7]에 능란한 스님은 마디마다 사람의 마음을 유쾌하게, 또한 깨달음이 있게 쉬운 말로 도담道談을 하시고 평소의 문답에도 곁의 사람까지 통쾌하게 웃게 만드셨다.

한번은 극장에 가서 입구로 밀려들어오는 여인이 하도 많으니까 가만히 "여편네들 많기도 하다" 하셨다. 그러자 이 소리를 들은 곁의 여인이 "여편네? 저의 여편넨가?" 하는 말이 떨어지

---

7 묻는 대로 거침없이 대답함.

기 무섭게 스님은 "제 서방인가? 탓을 하게" 하셨다. 나는 그때 노총각인 스님의 그 말씀이 어찌나 우습던지 그 생각을 하면 지금도 웃음이 나온다. 그리고 스님은 언제나 아침에 일어나시면 산이 흠칫하도록 기침소리를 크게 내시며 "이 소리를 해득解得하는 사람이 누구냐"고 항상 말씀하셨다. 그것은 참선학을 마치신 분이라야 아는 소리였다.

다시, 스님이 우리에게 늘 하시던 설법을 상기하자면, 참선학이란 내가 나를 알아 얻어서 영구적인 내 생활을 내 정신의 주동으로 해가게 되는 그 공부[修道]를 하는 것이라 하셨으며, 내가 나를 알면 남도 다 알게 되는 것이라고 하셨다. 내가 나를 아는 사람이 없기 때문에 스님을 찾아오는 사람이 한없이 많지만 스님의 의복인 육체나 볼 뿐이지 참몸을 보는 사람이 없으니 말소리 속의 말을 알아듣는 인간이 되어야 한다고 하셨다.

또 인생이 가장 귀하다는 것은 내가 내 생활을 하는 데 있는데, 이 세상 사람은 행동은 하면서도 행동하게 하는 자신을 모르니 짐승이나 다름없이 식색食色에만 매달려 동물적 생활을 하는 것이라 하셨다. 내가 못 쓰는 것은 내 것이 아니다. 따라서 내가 마음대로 쓰지 못하는 나는 내가 아닐 테니 내가 나를 알기 위해 내가 내 정신을 수습해 가는 이 공부를 하여야 인간이 될 가능성이 있는 것이라고.

내가 정신 잃어버린 인간인 줄을 알 때 돌아볼 것은 무엇이겠는가?

일체 존재의 뿌리내적 본질 곧 생명의 원천은 하나다. 근세인들이 갈래진 사상으로 각면 다각적 이론으로 갑론을박을 하게 되는 그 인생관은 실성한 인간들의 논제論題인 것이라고 하셨다.

한 뿌리지만 일어난 현실 세계에서는 너와 내가 있고 이것저것이 갈라졌으니 피차라는 존재적 마찰이 없지 않게 되고 각자적인 다른 입장에서 출발하게 된다. 하지만 사상적 방향은 공통적으로 되어 내적으로는 우주가 평화일계화平和一界化로 되어야 될 것이라고 하셨다.

그런데 일체 존재는 다 같은 혈연으로 된 것을 모르기 때문에 여러 가지의 종교, 각파의 사상, 각 부문의 학문, 여러 분야의 예술, 다단한 사건 등으로 혼란이 극에 이르러 전 생령은 영일寧日이 없는 것이라고.

더구나 요사이는 자타가 하나화한 인간이 없기 때문에 남이 곧 나요, 세계가 자국自國임을 모름으로써 아존我尊을 위하여 남을 해치고 자국의 이득을 취하려고 타국을 침략하다가 마침내 인간의 잔인성은 골육이 서로 해독을 끼치게 된 것이라고 하셨다.

이후로는 죽을 사死 자 하나만 남아서 형을 죽이려고 아우가 칼을 갈고, 아비 죽이려고 자식들이 총을 만드는 세상이 된다고 하셨다.

이런 악세상이 될 것을 짐작이라도 하여 참선을 한다면 한 학문도, 전후 생각도 다 버린 백지화한 정신으로 정진을 하게 되어야 할 터인데⋯. 그런 정신으로 할 것인가, 그렇지 못할 것인가? 그것 하나가 큰 문제가 될 뿐이라고 하셨다. 이 법은 의식적으로는 알아 얻을 수 없는 법이므로 살아서 육체와도 남이 되고 의식意識인 혼까지 소멸시켜야 하며, 아무리 좋은 무엇이라도 물질적 영역 안의 것에 대한 미련이 있다면 참선학을 할 자격이 없는 것이라고 하셨다.

스님은 내게 대하여 이런 말씀을 하셨다.

"그대는 세속에서 여류시인이라는 말을 들었다는데 지금까지 쓰던 시는 새 울음소리이고 사람의 시는 사람이 되어 쓰는 것이니 그래도 시라고 쓰게 되고 그 문학적 수양을 하게 되는 것만도 그 방면의 연습을 다생多生에 걸쳐 했던 까닭이니 그 업을 녹이기는 대단히 어려운 일이다. 따라서 글 쓸 생각, 글 볼 생각을 아주 단념할 수가 있겠는가? 그릇에 무엇이나 다른 것이 담겼으면 담을 것을 담지 못하지 않는가?"

이에 나는 "이미 빈 마음을 가지고 왔습니다"라고 말씀드렸다. 나는 18년간을 글을 보지도 않고 쓸 생각도 없이 지내며 곧 견성성불見性成佛할 것을 서원하고 밤 10시 전에 누워본 적이 없으며, 새벽 2시 넘어서 일어나본 때가 없었다.

지해知解에는 좀 밝은 편이라 잔박殘薄한 문제에 대한 대답이

나마 하는 것을 보신 스님은 쉬이 깨달을 것같이 여기나 사실 어두운 여성인 줄 아시고 "가르치기 어려운 것을 내나 되기에 가르쳐가게 되었다"고 말씀하셨다. 스님의 은혜를 더욱 많이 입었음을 생각할 때 다시 머리 숙여 감사의 눈물을 흘리게 된다.

나는 스님 문하에 처음 왔을 때, 부처는 누구이며 그대는 누구냐, 다 같은 소질을 가지고 왜 성불을 못할 것이냐, 3일도 멀고 7일도 오랜 것이다, 라고 생각하였다.

불佛이란 생각하는 나와 생각하기 전의 나, 곧 현실과 창조성의 단일화의 완인인데 창조성은 생각의 반면인 무념이니 생각을 철저히 전환시키면 이때 이 자리에서 얻어지는 법이기 때문이다.

옛날에 어떤 불교의 대학자가 어느 선지식을 찾아가서 도道를 물었다. 그러자 고승이 "무엇으로 강講을 하였나?" 하고 되물었다.

"마음이 하였습니다."

"아니지."

"그러면 허공이 하였다는 말씀이오?"

"그렇다" 하자 그 강사는 불복하는 마음으로 물러가는데 선지식이 "아무개야!"라고 돌아서서 가는 강사의 이름을 불렀다. 그 강사가 획 돌아보자 "돌아보는 놈이 무엇인고?" 하였다.

그 말에 강사는 곧 활연대오豁然大悟하여 도로 와서 절을 하였다. 그러자 선지식은 "너같이 둔한 놈이 절을 하면 무엇하느냐?"고 하였다는 것이다.

그런 말씀을 들은 나는 스스로 아주 둔한 사람으로 치고 석 달만 정진하면 되려니, 하고 돌아앉아서 스님이 가르치신 "만법萬法이 하나로 돌아갔다니 '하나'는 무엇인고?" 하고 의심삼매疑心三昧에 들려고 애썼다.

만 3년쯤 지나서는 의심삼매, 시공의 제재 없는 무無의 시간을 제법 많이 가지게 되는 지혜가 생겨, 스님의 법문에 대답하는 의심이 도리어 엷어졌고 자신 있는 대답은 걱정만 듣게 되었다. 곧 될 줄 알았던 성불은 아니 되고 시간만 자꾸 흘러가자 초조해졌다.

생활에 대한 계획과 예산이 세워진 일, 곧 앞날을 위하여 아니할 수 없는 성불은 될 가망이 없고 죽음에 대한 준비 없이 이대로 지나다가 느닷없이 닥쳐올 사선! 앞날이 망망할 그때! 과연 두려운 일이었다.

이제는 의심할 여지 없이 가장 굳세게 나가야 할 법인 줄 번연히 알건만 믿음이 약한 탓이다.

성불이고 무엇이고 차라리 소멸되는 법이라도 있었으면 싶었다. 세속에서는 죽음이란 피난처가 있어 최후에 갈 길이 있는 줄 알았지만 생을 포기할 수는 없는 일이라 죽으려야 죽을 도리가 없는 우주적 원칙을 알게 되었다. 하지만 언제 성불할지 모르는 나는 속세에서는 생각지도 못한 절망의 극에 이르렀다.

그러나 견성성불한다는 이런 무상법을 발견하지 못한 채 죽었다면 사람의 몸이라도 받은 참으로 귀한 금생을 그저 보내게 되는 것이 아닌가? 그렇다면 금생의 연장인 미래세가 다함이 없는 나의 앞길은 과연 어찌 될 것인가? 하는 그 놀라움은 다시 절망의 구렁에서 뛰어나와야 한다는 생각을 일으켜 마치 얼음에 싸이고 바위틈에 끼인 싹의 애달픈 용기처럼 다시 일어나지 않을 수 없었던 것이다.

그러나 역시 미약한 자력으로 매진을 할 수 없어 무한히 애를 쓰게 되었다. 그때 스님이 간절하게 하시는 법문은 시들어가는 내 정신의 영양소가 되어 마치 초목에 뿌려진 감로수와 같았다.

긴 생명과 긴 일을 가진 나는 어쩔 수 없이 긴 생명으로 긴 일을 하여야 했다.

스님은 이렇게 말씀하셨다.

"그대는 무한극수적 수명, 곧 무량수적 시간을 소유했고 일체 요소를 갖춘 우주능宇宙能을 지니고 있는 것이 사실이 아닌가. 더구나 이미 증득證得한 나, 만공이라는 현물現物이 있어 지표적으로 대중 앞에 존재하지 않는가.

아무래도 찾아야 할 나, 내가 나를 찾는 내 일을, 다른 데서 남에게 구할 것인가? 각자적인 현물 자체에서 직접 찾아내는 것이 가장 쉬운 일이 아닌가.

불경에 '다시 어느 생을 기다려 이 몸을 구할 것인가更待何生度此身'라는 말씀이 있는데 그 요지는 내가 위에 여러 방편으로 설한 그 뜻이다. 곧 시공의 합치인 이 찰나밖에 없으니 이 찰나를 온전히 파악하라는 뜻이다. 그러나 생각이 일어난 이 찰나는 이것도 오가는 시간의 교류적 찰나로, 잠시도 머무르지 않는 무적無的, 곧 관념적 존재이다.

언제나 생각은 남는다. 생각은, 낮에는 생각으로, 밤에는 몽신夢身으로, 죽어서는 혼신으로 돌아다니는 물체인 것이다. 이 한 물체가 희로와 생사경에서 따로 기거하게 되고 생각도 그때그때만 하게 되는 것은 이 생각의 정체, 곧 존재적 본정신을 잃어버렸기 때문이다. 그런데 인간들이 하나의 생각인 혼을 삼체로만 알게 되어 종교인들까지 사혼死魂이 따로 있는 줄 알고 영혼靈魂이란 이름으로 달리 취급하게 되었다. 천성天性은 습관의 집적으로 된 업신[業身=魂]이다.

육체와 혼체의 이 이체二體는 다 상기적想起的인 하나의 현실이요, 상기 전인 정체를 알아 얻어 현실화시켜야 인간이 되는 것이다. 상기 후의 육신과 업신 그리고 그 창조성, 곧 법신法身, 이 삼체가 합치적 행동을 하게 되는 인간이 비로소 내가 내 생활을 하게 되는 것이다. 어쨌든 인간이 되어야 할 수밖에 없는 일이니, 하면 될 일에 안 된다고 번민하는 그 시간의 손해를 헤아려 보라."

입산할 때는 자부심이 제법 있었지만 인간이면 당연히 의심이 날 일에 멍멍해지기 되기 쉬운 나는 스님의 말씀에 자신을 잃어버렸다. 하지만 아니할 수 없는 일을 알게 된 나는 또다시 용기를 내어 며칠씩 갈빗대를 땅에 대어 보지 않고 의심을 지어 갔던 것이다.

하루는 한 생각이 일어나서 아래와 같은 시조를 지어 스님께 갔다.

> 내가 나를 버려두고
> 남만 찾아 헤맸노라
> 사람과 그 말소리
> 서로 못 봄 같아서야
> 뵐 모습 없사옵건만
> 여읠 길이 없어라

스님은 받아서 읽지도 않은 채 무릎 밑에 놓으시고 손을 내미셨다.

내가 내 두 손을 받들어 드리자 스님은 아무 말씀 없이 그 시조를 꺼내 보시더니 "한 구절 더 넣어야겠군" 하셨다.

스님이 입적入寂하신 이듬해에야 그 시조를 다시 고쳐 만들어 보았다.

내가 나를 버려 두고

남만 찾아 헤맸노라

사람과 그 말소리

서로 못 봄 같아서야

뵐 모습 없사옵건만

기거起居 자재自在 하여라

겨우 자성[自性=自我=道]을 짐작한 글귀인 것으로 자신하였던 것이다.

스님께 얻은 도리를 해석해 보자면 이렇다.

나와 스님과 부처님, 모든 인간과 비인간인 선악의 여러 신과 동물, 무정물이 현실계에서는 각개적 존재이지만 정신으로는 오직 '나' 하나뿐이므로 정신은 일체 존재의 뿌리이다. 이것은 이론만이 아니니만큼 우선 이 정신, 곧 뿌리를 파악하여 써야 한다. 스님은 스스로 체달體達하여 행동하셨던 것이다.

나는 이제 스님의 육체는 안 계셔도 정신은 현실화된 그 장면에서 스님화된 정진을 하는 것이라고 믿고 있다. 스님화할 생각이 나게 하는 그 생각, 곧 스님의 현실화를 보는 눈은 오직 믿음이다. 내가 지녔던 일체의 것을 버린 몰아적沒我的 믿음, 그 믿음으로만 보여진다.

몰아적 믿음에 이르지 못한 줄을 아는 나는 스님의 영상이나 알지 스님을 다 보지는 못했다. 이 회상會上에 있는 대중 중에도 나보다 믿음이 철저하여 스님화한 이도 있고 나보다도 믿음이 부족한 이가 다만 인연을 따라 함께 살 뿐인 비구나 비구니도 없지 않을 것이다. 어쨌든 믿음에 정비례하여 나를 이루게 되는 것이다. 믿지 않는 이 세인이기에 스님도 가시고 불보살(부처와 보살)들도 때를 기다리고 숨어 계시는 것이다. 믿음은 기초가 될 뿐이니 건설이 있어야 하는데 건설은 무의 정화精華인 나를 이루는 일이다.

일체를 '나'로 화하는 법은 오직 성성한 무념처無念處가 나의 독무대화되어야 내 몸소 일체 중생 역役에 능하게 된다. 무無만 다 얻으면 유有는 자연 내 것이 된다. 시공이 자체화하면 만유, 곧 '나'기 때문에 만유의 생리와 기능을 임의로 발휘하게 되는 것이다.

인간에게는 불가능한 일이 없는 것이란 그 말도 철두철미 실현되는 것이요, 우주가 '나'라는 그 원리도 나머지 없이 사실로 이루어진다. 다 이루지 못함은 관념으로라도 따로 가진 것이 있기 때문이므로 무아無我, 곧 자타가 끊어진 일체화만 되면 다 버려서 다 얻어지는 원리대로 무유無有 전체가 내 차지가 된다. 이런 망상은 또 다음의 망념구妄念句를 내게 하였다.

시간이 스스로 오가고 공간 또한 스스로 도는도다.

시공 함께 내 원내圓內라 공손외호恭遜外護 하는구나

다만 혼연渾然한 웃음소리 겁외劫外에서 들려오네.

오래 애쓰고 설법 많이 들은 그 결과로 짐작된 그것이 내게 무슨 큰 실리實利를 준 것은 없지만 나의 믿음에 대한 척도를 약간 짐작하게 되는 데 따라 스님의 가르침이 새삼스레 인식되는 것이다.

내가 믿을 만한 대상이라면 그에게 목숨과 혼을 다 바쳐 합치 경合致境을 넘어야 하는 것을 알았을 뿐이다. 옛날에 '명학'이라는 스님은 그 제자되는 도인을 믿다가 죽었다는데 믿음은 있었으나 너무 욕심이 과한 까닭에 죽어서 큰 구렁이가 되어 생전에 탐착貪着하던 곳간을 지키고 있었다. 이윽고 49재가 되어 그 제자가 죽을 한 동이 쑤어다 주어 다 먹고 난 후에 돌에 머리를 부딪쳐 인신人身으로 몸을 바꾸라고 그 제자가 강권하였다. 명학은 죽기가 싫어서 눈물만 흘리다가 또다시 호령을 하니까 할 수 없이 그 제자의 명령대로 부딪쳐 죽었는데 인연 있는 모태母胎를 빌려 태어났다. 그가 다섯 달 되었을 때 데려다가 가르쳐서 5세에 득도하였기 때문에 오세암五歲庵이 생겼다. 몸이 구렁이가 될 때도 믿음만은 남았던 것이다.

나의 믿음은 아직은 보증하기에 미치지 못함을 알아 스스로 슬픔을 느끼나 그래도 이 믿음은 이제 죽어 내 정신력이 부족해도 구제해줄 스님이 계신 것을 믿어 아주 어둡지는 않을 것이다. 그래서 스님께서는 대중에게 "나는 만공滿空스님의 제자요" 하는 말만이라도 잊지 말라고 하셨다. 살아 있는 동안에는 시간을 아껴 공부하여 내 정진력을 익혀야 한다. 정진이란 말세 인간인 우리에게 믿음을 길러 가는 길임을 나는 아는 바이다. 다시 말하지만 이미 무량수의 시간과 만능의 자아를 지녔고 미래 세계가 다함이 없는 앞길을 보증해줄 수 있는 스승이 계시니, 하면 될 일, 즉 할 수밖에 없는 이 일에 어찌 천년이 멀다 하고 만년이 지루하다 할 것인가?

우리 말세 중생은 다생루겁에 무명법無明法만 익혀 왔으므로 최고 극말적 고경苦境에서 시간적으로 익힌 이 정신의 무게가 좀더 무겁기 쉽기 때문에 끊임없이 정진해야 한다고 하셨다. 스님은 생존시에 누구나 공부를 잘못해서 염라국에 잡혀가더라도 "참선하는 사람이오" 하는 말만 잊지 않아도 악도惡途에 떨어지지 않고 다시 사람 몸을 얻게 되어 공부를 이어갈 수 있다고 말씀하셨다. 사실 참선법을 생각으로라도 여의지만 않으면 다함이 없는 앞길을 위하여 아무 걱정이 없는 것이다.

그래서 나는 스님의 유훈 중에서 5조항을 택하였는데 그중에도 특별조로 '세세생생世世生生에 선지식을 여의지 않고 참선할 원력'을 세운 것이다. 참선은 살아 있는 사람이 세 때 밥 먹어야 하는 일과 생각이 있다면 놓치지 못할 영존자의 생계비인 까닭이다.

나는 스님을 모시게 된 후로 스승과 제자의 의의를 비로소 알게 되었다. 남의 스승이 되면 사람을 근본적으로 개조할 수 있는 법을 가진 자신을 갖게 되어 한 사람의 앞길을 시작부터 구경究竟까지 책임질 수 있는 능력을 지녀야 한다. 곧 구세주가 되어야 하는 것이다. 제자는 천만 목숨과 혼을 바쳐도 아깝지 않을 만큼 스승을 존중히 여기고 믿으며 스님의 명령이라면 안위를 돌아보지 않게 되어야 한다.

그래서 스님은 제자의 공부는 선행을 믿은 그 척도대로 성취된다고 말씀하신 것이다. 그러므로 나는 스님의 가르침 중에 "성품이 백련白蓮같이 되어 물들지 않게 된 후에 이 산을 내려가라"는 말씀을 들은 후, 마음으로 하는 일은 임의롭지 못하지만 행동으로 할 일이야… 하는 생각에서 28년 동안에 떠날 일, 떠나야 할 일을 돌아보지 않고 이 산중에만 있었던 것이다. 불량佛場은 다 도량道場이지만 세월과 함께 장소적 정신도 쇠퇴하기 때문에 생불生佛이 계시는 도량에서 감화받아야 하기 때문이다. 어쨌든 스님은 스님 될 자격이 충분하지만 나는 아직 제자 될 준비가 못 된 것을 알았다.

그것은 행동적으로 하는 일에도 스님의 가르침을 십 분의 일도 실천하지 못한 까닭이다. 그러나 제도濟度될 자신은 이미 가졌다.

이 육체로 살 한 평생을 맡아 보아줄 사람이 있다 하여도 감사하기 끝이 없을 것인데 하물며 영구적 생활을 책임져줄 분을 만나게 된 그 얼마나 만족감이 느껴질 것인가. 이 조그마한 나를 바치면 크고 완전한 나와 바꾸어 줄 터이기 때문이다.

나는 다른 이에게도 스님께 귀의하도록 권하였다.

귀의한 그들은 스님을 한번 뵙기만 해도 스님의 훈훈한 협동적 분위기, 곧 도력화기道力和氣에 녹아버리고 말았다. 적의를 가지고 온 자도 스님 앞에만 이르면 스스로도 모르는 결에 스르르 무장이 해제되어 그만 스님께 귀의하게 되었다. 스님은 40여 년 동안 그 기류자제機類資第대로 허다한 사람들을 교화하여 그 정신을 다 돌이키신 것이다.

울면서 스님 앞으로 나아갔던 이가 스님의 법문을 듣고 "나는 다시 울지 않게 되었어요" 하며 웃음을 띠고 나오는 일도 종종 있었다. 그런데 최고 단계인 법에 대한 대화나 법거량法擧揚[8]하는 일에는 나의 정도로는 미치지 못하는 점이 있기 때문에 법에 허물을 끼치지 않으려고 이 추모의 글월에는 언급하지 않는다. 따라서 스님이 읊으신 많은 즉흥시卽興詩나 오도시悟道詩, 스님이 받고 주신 전법게傳法偈 등도 생략한다. 그래서 좌담식의 법설만 대략 적은 것이다.

---

8 법(法)에 대하여 서로 묻고 대답하는 것.

내가 알던 어떤 나이 든 신여성은 나의 소개로 스님의 신도가 되었으나 가정 사정으로 집에서 공부도 안 되고 법문 들을 기회도 늘 놓치어 아래와 같은 탄식의 노래를 지어 스님께 보내었다.

어제는 이 저 시름
오늘 또한 이일 저일
또 하루 해 저물어
내 할 일은 늘 놓치네
서산에 넘는 해를
못 붙잡아 한이니라
견성암見性庵 수도장을
때 바빠 못 찾으니
똑딱똑딱 시계 소리
무상살귀無常殺鬼 발자취라
만萬에 만만만만 리에
내 앞길을 어이하리

이에 대해 스님은 '백초百草가 곧 불모佛母'라는 외글귀로 답을 하셨다.

그 여인은 스님의 답장을 보고 불법佛法이 곧 세법世法이라는 불법의 이면을 살피게 되어 길이 안도감을 느끼고 살게 되었다.

어쨌든 터럭 끝 하나 남음이 없는 정신적 전환이면 그만인데 아직 그러한 구경처究竟處에는 이르지 못하더라도 스님을 어지간히 믿고 스님의 법문을 듣는 사람이면 삶의 용기와 일의 판단력을 얻게 된다. 스님은 그들에게 관용의 끊임없는 근원이 되어 쉽게 마비되는 책임감을 즐겁게 융화시키고 저하되기 쉬운 생활의 향상력을 북돋아주는 대상이 되셨다.

어쨌든 신자나 제자들은 스님의 감화력으로 누구나 생적 정신인, 생명이 길기 때문에 일도 길다는 그 사상을 갖게 되었다. 그래서 정신적 수입인 염불과 참선을 하며 각자적 자기 책무에 진실된 노력이 있게 되었다. 스님을 믿는 이의 수가 좀더 많았더라면 우리 한국이 오늘같이 혼란하고 빈약한 민족으로 내적인 곤란과 외적인 침해를 받지 않았을 것이다. 같은 민족으로서 남북의 갈등으로 서로의 곤란도 겪지 않았을 것이다. 그러나 스님은 이 한국의 불법이 정화되어 세계화될 것을 예언하시고 세계화의 상징으로 무궁화를 "세계일화世界一花"라 하신 것이다.

그리고 이 배달민족 중에는 참정신[精神=正法]이 이른 봄 녹지 않은 눈 속에서 남모르게 자라는 움처럼 숨겨 있어 때가 오면 그 서광이 세계에 빛나게 되리라고 말씀하셨다. 그리고 이 덕숭산 전체는 스님이 40여 년간 감화하여 불법 발원지로 일일 발전이 있어 많은 도인이 날 것이라고….

어쨌든 다른 스님이나 신도들은 사장師長으로, 부형으로 믿고 스님의 위안과 지도하에 인생의 정로를 걸어가는 중이지만 아직 육체의 이별인 현실의 슬픔을 느끼기 때문에 스님이 의외로 떠나시니 각 선원에서나 각 불교체에서는 물론 전국적으로 애도하는 이들이 셀 수 없었던 것이다.

벼르고 별렀으나 스님 생존에는 와서 뵙지 못한 이들도 스님 가신 후 스님의 각령覺靈 앞으로 달려와서 스님의 무언의 법설法說을 들으며 길이 슬퍼하게 된 이의 자취도 끊어지지 않던 것이다.

현재 세계불교가 아직 문자불교적 영역을 넘지 못하였는데 세계에서는 존재도 잘 모르는 조그마한 이 한국에 스님같은 큰 도인이 출세하였던 일이 얼마나 기적적인가!

사상계의 왕자라고 받들리는 톨스토이 옹도 석가모니 부처님의 열반涅槃을 현실적 자기를 부인하고 미래의 열반락을 구하는 법이라고 하였다.

열반이란 현실의 내외를 나머지 없이 파악하여 운용하게 되는 때, 곧 무슨 일에든지 일체화로 쓰게 된 때이므로 일에는 불가능함이 없고 편하지 않을 때가 없이 된 대안大安을 얻는 것이다. 다시 말하면 무슨 몸으로 어느 세계에 나든지 시공의 제재를 벗어난 생활, 곧 생사고락 중에서 무위락無爲樂을 누릴 수 있는 안신입명처安身立命處를 말씀한 것이다.

톨스토이가 스스로 만든 종교는 사랑인데 사랑은 미움의 대상으로 사랑과 미움이 하나인 법은 닭이 알을 낳고 알이 닭을 낳는 일밖에 모르는 말이다. 생生의 절대 희구는 평안뿐이니, 한 생각이 일어나면 편불편이 생기기 때문에 사랑하기는커녕 사랑한다는 생각조차 사라진 열반경에서야 대평안을 얻는 것이다. 그리고 불법은 일체가 자기, 곧 자아 하나로 시간과 장소와 생활이 생기고, 각자의 현실은 자심自心의 지은 바인데 자아와 자심은 현전現前이라고 철두철미 현실적이고 자기 긍정임에도 불구하고 정반적正反的 해석이었으니 자기의 무명無明을 드러낼 뿐 아니라 많은 후배의 앞길을 막아버린 것이다. 전 인류가 받들고 있는 다른 사상가들도 불법의 현실과 현실의 내적 본질, 곧 창조성을 온전히 파악하여 운용하는 법으로 이 법이 아니고는 인간이 될 수 없다는 것을 온전히 파악하는 이조차 드물다. 더구나 그들 중에는 스스로 무지하다는 것을 폭로하는 줄도 모르고 불법을 허무주의니, 염세철학이니 하는 무식한 말을 하는 것이다.

현실은 정체正體인 창조성으로 이루어진 그림자인 줄도 모르고 다만 물체의 의존인 물질적 현실과 정신만 인정하기 때문이다. 어쨌든 몸뚱이는 나타내지 않고 행동만 하는 비법秘法이니, 고등의식의 주인공이 아니면 알 수 없는 진리이기 때문이다. 오직 물질적 영역 안에 있는 이치를 설설說한 아인슈타인 옹도 최후에는 "우주의 진리는 불법佛法이라"고 표명한 것이다.

이 세상의 학자나 종교 중에 불법화한 스님의 법계法階를 바라볼 만한 정도로 지식 있는 이는 그 몇몇이나 있을는지? 그러니 현세계 각국 민도의 수준은 가히 알아볼 일이다.

그래서 스님은 신명身命을 아끼지 않고 세계적으로 펴보려던 교화망을 그만 거둬버리고 법애적法愛的 통한痛恨으로 눈물을 흘리시며 교화를 받을 만한 정도, 곧 인연이 이를 때로 미루고 그만 자리를 옮기신 것이다.

스님은 늘 이런 말씀을 하셨다.

"이 회상會上으로 나를 찾아오는 사람이 무수하지만 만공滿空을 보았는가, 하고 묻는다면 바로 대답할 자가 누구냐?"

더구나 당신의 문하에서 날마다 법문을 듣는 우리들을 향하여도 "날마다 나의 거동을 보고 가르침을 받으면서도 선생인 나의 일용처日用處를 살피지 못하는 데 따라 너희들의 행동의 정체正體도 알지 못하는 무리이니 짐승과 무엇이 다른가!"라고 말씀하시곤 했다.

나는 그 말씀을 알아듣기는 하므로 일갈을 하거나 어떤 표정을 보이기도 하지만, 속으로 두두물물頭頭物物[9]이나 소리 소리가 다 스님의 일용처요, 우리의 행동 또한 이것인데… 하는 생각이 입가로 빙그레 웃음을 스미게 하였다.

---

9 사사물물(事事物物)이라고도 함. 모든 종류의 여러 가지.

아! 스님은 천상에 나셨더라도 환락에 도취되지 않을 것이요, 지상인의 자녀로 자라더라도 한결같이 정진 중, 곧 자타가 일로경一路竟에 고요히 거닐 것이다. 정적靜的인 겨울이 지나면 다사多事로운 봄이 오는 것이 자연법칙이다.

스님도 천지가 잦아지는 듯이 정적에 드셨으니 혼잡한 인간계로 돌아오셔서 구세주로서 여전히 분주경에 드실 것이다. 스님 재세在世 때에 스님의 법체法體로 하신 설법을 통해 스님의 법과 사업을 이은 직계손들이 없지 않지만 이理와 사事에 나머지 없이 계승한 이들이 있는지는 모른다. 그러나 이제 내가 글로 전하는 스님의 설법에서도 만능적 자아를 발견하여 자아적自我的=宇宙的 사업을 이룰 제자가 많이 나기를 바라는 바이다.

어쨌든 이르는 곳에는 웃음판을 만들던 스님의 일거수 일투족을 모두 묘법의 표현이라 하겠다. 우리 대중은 스님을 따로 뵐 때는 그렇듯 간절히 알려주신 법을 모르므로 법답法答 못하는 부끄러움과 근심으로 몸을 바로 가질 수도 없는 경우가 많았다. 하지만 정신적 공간은 갖지 않았기 때문에 스님의 그 너그러우신 포용력에 심혼心魂이 스며들게 되어, 이슬비에 옷이 젖는 것같이 법의 함양이 있었던 것이다.

스님은 일체 생령의 살활殺活의 권權인 법력을 가지셨던 것이다. 일체 생령을 죽이고 살리는 권능의 법력을 얻으려면 이理로 요득[10] 외에 행으로도 불가사적不可思的 세포 조직으로 된 우주적 사업, 곧 31만 4천 세행細行을 모두 실천해야 이理와 사事의 일을 다한 무위락無爲樂에 드는 것이다.

이 글은 스님이란 인간상인데 그 척도에 안 맞는 거울, 곧 서투른 나의 글에 나타난 스님이니, 전면을 나타내지도 못하매 희미하고도 바르지 못한 상像이지만 겉윤곽만은 비슷하게 그려진 것인만큼 누구나 이 글을 보고 인간이란 저러한 상을 가지게 되어야겠다는 생각쯤은 갖게 될 것이다.

만일 이 상을 보고도 중심에서 감응되는 무엇이 없다면 인간성 결여의 표징으로 겨우 인형을 얻은 시간적 인간에 불과한 것이다. 현실, 곧 정신의 연장이 그대로 후생이라 현장에서 인정 안 되는 일로 내세를 보증할 수는 없다.

그러므로 내생에는 현상유지도 못하고 이 몸도 잃어버리게 될 것이다. 그 점으로 각자가 인간의 가치 비중을 스스로 달아보아 중생으로는 가장 마지막 문제인 사선死線을 넘을 때 정상적인 정신을 갖게 될 것인지 알아야 한다. 곧 죽음을 대비하여야 할 것이다.

이제 나는 스님이 계시던 이 영산회상靈山會上을 여의지 않고, 정진하는 것이 곧 죽음에 대비하는 것인 줄 알 뿐이다.

---

10 헤아려 아는 것.

나는 표현되지 않는 이 무상법無上法은 스승의 지시 없이는 요
득되지 않을 것을 체험으로 알게 되었다. 자신까지 식광識光 일
색화되어 하룻밤을 지냈는데, 그것이 고락을 여읜 생사가 끊어
진 자리로 믿어지기도 하였고, 의식적이 아닌 법답法쌈이 생각
난 것을 견성見性인 줄 오인하여 앞길을 그르치게 될 것을 스님
이 고쳐 주셨던 것이다. 그리하여 사제간의 의리니, 사교제수師
敎弟授니 하는 경계선을 깨뜨리고 일선화시켜 사[師=불], 제[弟=중
생]의 합치된 정화精華의 꽃이 되는 날, 곧 불일재휘일佛日再輝日에
이를 것을 기약하는 바이다.

병신년 10월 20일
덕숭산 견성암 만공 제자 김일엽 씀

영원히 사는 길

B 씨에게, 제 2 신

B씨에게, 제2신

세상에서 제일 단단하여 닳아지지 않는 것이 금강석이라 합니다.

그런데 가령 바윗덩어리만한 금강석이 어떤 산 위에 놓여 있다면 그것이 산새들의 발톱에 긁히거나 풍우에 스쳐서 다 닳아 없어지는 그 시간도 우리 삶의 동안에 비하면 순간이라 하오니 우리가 헤어진 지가 40년도 채 못 되니 그 짧은 시간을 어찌 길다 짧다 할 나위가 있겠습니까?

그러나 그 시간의 비율이 틀림없음을 알면서도 아직도 습기習氣에서 벗어나지 못한 나의 정신은 젖먹이처럼 순진한 나를 더 슬플 수 없는 자리에 세워놓았습니다. 당신이 내게 이별의 인사 한마디 없이 떠나버리던 그 일이 오늘에는 뉘 일이었던지, 퍽이나 오래된 옛날 일인 듯합니다.

하염없이 흐르는 눈물의 세계에서 헤어나 웃으며 살아갈 날은 있지도 않을 것같이 설던 그 여인이 나였다는 기억조차 희미해지고 시간으로도 아득하게 느껴집니다. 아무튼 속인俗人 적에 벌써 정신적으로까지 당신을 여읜 그때 그 설움은 아주 사라진 줄로 알았던 것입니다.

더구나 금남禁男의 세계인 승방으로 들어설 때는 나의 생리가 아주 딴 사람으로 바뀌어 어떤 미남자의 따뜻한 품에 안기더라도 감정이 영 없으려니 하였던 것입니다.

삭발하고 남복男服을 하니 보는 사람들은 젊은 미남자라고 하지만 나는 젊음을 이미 잊은 듯 젊을 때 느끼던 이성異性에 대한 감정은 가져본 적도 없는 것 같은 기분이었습니다.

그러나 감정도 주기적으로 변하는 것이었습니다.

입산한 지 약 13년이나 된 가을에 일어났던 나의 정신적 중대 사건에 대한 이야기가 지금 비로소 발표되는 것입니다.

수행하는 그 동안 곧 일체를 다 얻을 크나큰 희망으로 공부하는 사람이 육체의 절박한 욕구인 음식이나 졸음은 어쩌지 못하여 제공하게 되지만 무슨 여가에 이성이 그립게 되느냐, 실상 바쁘다는 생각을 할 틈도 없이 공부를 해야 하는 사람이 우리가 아닌가? 바쁜 생각도 할 새 없는 우리가 누굴 생각할 것이냐?

그와 같이 생각하는 나는 남의 일에도 생소하게만 느껴졌습니다.

아무튼 변소 출입과 조석 식사 일만 아니면 손발도 꼼짝할 수 없을 만큼 빈틈없는 그 긴장의 힘은 바쁨보다도 더 긴박감이 느껴지는 것이 수행인의 시간이 아닙니까?

그러나 수행인의 시간보다도 더 밀착되어 있는 그 무엇인 정情! 마치 물에 젖은 옷이 올올이 스미고 배어져서 옷과 물이 합치되어 버린 것같이 사람의 혼과 살의 섬유 섬유, 골절 골절 속까지 밀착되어 있는 것이 정이라 합니다.

우주는 그 모체[母體=우주의 창조성], 곧 자성自性에서부터 정을 안고 솟는다 합니다. 우주의 총화總和는 정이라는 알뜰한 물건이라 합니다. 우주는 정을 품고 이루어지고 무너진다 합니다. 성주괴공成住壞空의 원리원칙대로 돌고도는 동안에도 한 찰나도 여의지를 못한답니다. 정의 힘은 곧 인력引力이라는 것인데 그 굳센 힘으로 우주와 존재의 생은 지탱되는 것이니 그 힘을 여의고는 생성법生成法이 무너진다 합니다. 정의 본체는 끊임이 없는 상주체常住體입니다. 하지만 자타自他라는 자체自體의 모순성의 교체율에 의한 정은 인연을 따라 맺어지고 맺어지면 헤어지게 되는 것이라는 것을 인식하게 된 오늘에는, 옛날에 당신이 내게 남긴 그 편지 '인연이 다하여서 다시 뵈옵지 못하겠기에…'라고 하신 그 말씀에 참으로 야속해 못 견디던 내 마음이 나의 오인이었음을 알았습니다.

그러나 그때에는 과거생過去生을 모르기 때문에 과거 인연을 몰랐으며, 과거 인연을 모르니 인囚을 맺은 그 과昳를 피할 수 없는 일인 줄 알 까닭이 없었습니다. 따라서 인연은 무슨 인연! 그런 평계를 하지 말고 차라리 솔직하게 "나는 그대를 떠나고 싶어졌소" 하고 내게 야속스런 말이라도 한마디 하고 떠났어도… 하는 아쉬움에서 하염없이 눈물을 흘렸습니다.

그런데 당신과의 다한 인연은 단 20년간이란 짧은 그 동안이었던 것입니다. 하여튼 돌고 도는 시간과 더불어 만남과 이별도 언제나 되풀이되기 때문입니다.

지금으로부터 17년 전 가을에 일어났던 그 일을 다시 생각해 가며 이 편지를 씁니다.

사실 내가 당신을 처음 떠난 때부터 헤아리면 35년 전이었습니다. 그때 일부터 쓰게 됩니다.

오직 한 분인 B씨라는 당신을 여읜 나는 그때 외톨이의 몸으로 험난하고 광막한 세상을 홀로 살아가기는 참으로 어려웠던 것입니다. 하는 수 없이 다른 B씨를 찾으러 헤매었으나 정情은 흔하지만 B씨는 잊지 않았습니다.

그래도 그때는 당신이 나를 버리려고 버린 줄 알기 때문에 직접 당신이 다시 생각나지는 않았습니다.

당신을 떠난 설움은 이미 잊힌 줄로 느끼면서 남은 것은 당신에 대한 멋쩍은 감정뿐으로 이 세상에서 무슨 의미로 살아가는 것이냐? 더구나 천재적이라고 자부하던 나의 문학적 소질까지도 스스로 무너뜨렸던 것입니다. 바라는 것이 아무것도 없게 된 때 다행하게도 불법佛法을 만나 세상사 이미 다 결산되었다는 생각으로 입산한 지 13년 된 가을, 큰절에서 도장을 가지고 와서 소포를 찾아가라는 기별이 왔습니다. 내게 소포를 보낸 사람이 누구일까? 무엇을 보냈을까? 하고 생각하며 곁에 있는 나의 상좌를 보내서 소포를 찾아왔습니다.

그것은 당신이 저작한《불교철학》에 관한 서책 세 권과 당신이 번역한 경책經冊 세 권 등 모두 여섯 권을 뭉치로 한, 한 짐이나 되는 소포였습니다.

발신인의 이름은 없으나 나는 대뜸 당신의 글씨를 알아보고 너무도 뜻밖이었습니다.

아무렇지도 않은 감정이면서도 책더미를 바라보니 싱거운 웃음이 빙긋이 새어나와 웃고 웃고 또 웃었습니다.

그 웃음이 무슨 뜻인지 도무지 알 길이 없습니다. 지금도 모릅니다.

나를 직접 발견하려는 참구법參究法을 참구하는 선원禪院에서는 이론법理論法인 경經조차 내가 인간(정신 회복)이 된 후에 참고서로나 써질(소용될) 책이라 그저 뒤적거리다가 그대로 벽장에 넣어두었습니다.

당신의 저서 첫머리에 있는 젊고 생생하고 신비한 당신의 얼굴은 낯설어진 영상映像이라 별 느낌도 없었습니다.

그 책 일도 잊어버렸던지 이름 없이 보낸 책이라 그랬던지 받았다는 답서를 쓸 생각도 아니 났었습니다.

어느덧 겨울이 되었습니다. 당신을 잘 안다는 어느 비구니가 당신이 보내더라며 약 한 보따리를 가지고 왔었습니다. 거기에는 '영양을 더 도우며 약을 먹어야 한다'고 보약 위에 우유까지 열 통을 넣어 보낸 것입니다. 그 비구니가 내가 정진에 애쓴다고 나를 소중히 아는 데 따라 나의 병약한 몸을 깊이 동정하던 차 당신의 나에 대한 호의好意를 알았던지 내게 약을 좀 써야 건강해지겠다는 사정 이야기를 하였다지요. 그랬더니 당신은 무슨 반가운 소식이나 들은 듯이 즐겨서 약을 사보냈다고 하면서 그 자리에서 단골 의사를 전화로 불러 왔는데 반년 동안만 먹어보라는 것을 당신이 자청해서 일 년 분을 지으려 했으나 보내는 데 짐이 된다고 한 제만 지어 보내고 나머지는 화제와 함께 대금으로 현금을 보내었습니다.

큰 뭉치는 아니나 입산 후로는 처음으로 큰돈을 손에 들고 무리지어 놓여 있는 우유병을 바라볼 때 웬일인지 경책 받을 때와는 마음이 달라 가슴속에서 무슨 따스한 미풍이 스르르 일어나는 듯하였습니다.

약을 보내 주신 것보다 의사의 말을 어기고까지 약을 넉넉히 보내주려는 그 심정心情에 감동하였습니다.

그러나 나는 어림도 없는 그런 느낌에 너무도 놀라 "그래! 지금 내가 그런 감동심을 가질 때냐!"하는 마음으로 그 미풍의 거취는 거들떠보지도 않았던 것입니다. 다시 연락해서는 안 될 당신에게는 감사하다는 한마디 말만 전하였을 뿐이었습니다.

그 이듬해 봄에는 내게 약을 전해주던 그 비구니가 당신의 부탁으로 내게 오는 선물을 맡았다가 서울서 오는 내 상좌에게 보내었습니다.

감기 들 때나 기침 날 때마다 먹으라며 일찍이 맛본 적이 없는 '캐러멜' 열 갑을 보낸 것입니다.

그것을 뜯을 때부터 그 물건이 따로이 애틋하고 정다운 듯이 느껴지며 가슴에서는 무엇이 스르르 일어나 온몸에 감돌았습니다. 그리 강하지는 않은 기운 같은데 소우주小宇宙인 나의 전체를 슬그머니 움직이지 못하게 결박을 짓는 듯 모르는 결에 고요히 눈이 감겨졌습니다. 그러나 몹시도 아프다 나았던 상처가 도져서 쑤시기 시작하는 것 같은 수월찮은 기운이었으나 견디지 못할 고통은 아니요, 어쨌든 백미적百味的인 맛이라 할까? 뇌쇄적惱殺的인 고뇌라고 할까?

아무튼 천만 목숨이 아까울 것 없다던 불법을 만난 그 환희심에 다음가는 힘찬 감정이나 그 환희심을 성취할 일에 해를 끼칠 만한 중대 사고가 일어날 것이라는 위험성을 아니 느낄 수는 없었습니다.

설마 내게 실감적인 이런 정사情事가 일어날 리야 있나? 아마

도 극적 감정일 것이다. 아무튼 당치도 않은 이런 정감적 감각이 왜 일어날까? 의외라는 것보다도 아마 정상적 정신이 잠깐 제자리에서 어긋났나?

이런 고민과 의심의 심적 고개를 넘어 내 가슴이란 좁은 영역 안에는 정情의 무리가 독점을 하게 되었습니다. 그제야 나의 정감은 당연한 것으로 스스로 인정하게 되는 데 따라 수도승修道僧도 인간이다, 인간이 인간에게 정을 나누는 것이 무슨 허물이냐? 하여 당신에게 정을 하소연하는 편지까지 보내게 된 것입니다.

바로 전시간前時間까지도 나의 혼을 울리던 당신의 신운神韻의 그 목소리와 빛나던 그 눈의 매력을 벌써 다 잊은 줄로 알고 있었습니다.

그렇게도 그립던 당신의 여러 모습의 그 영상映像들 틈에서도 이미 헤어져 오로지 독립적 생활을 하는 어엿한 여인인 나라고 자신하였던 것입니다.

그러하온데 새삼스레 이제 와서 당신의 그 무엇이 다시 그리워졌는가? 돌변한 나의 심정에 놀란 나는 스스로 나의 심정을 헤아릴 길이 없었습니다.

아무튼 뜻밖에 당신에게서 온 정(?)의 연락으로 일어난 그 고뇌와 기쁨이 교차되는 감정에서 뿜어내는 가쁜 호흡이 한숨이 되어 흘러나옵니다. 얼굴 모습조차 희미해진 옛 낭군이 돌아올 희망을 안고 이부자리의 곰팡이 내음의 향기를 맡는 옛 신부의 정감인 듯 알지 못할 눈물이 흘렀습니다.

아무래도 당신을 향한 연모戀慕의 정의 재생임은 틀림없습니다. 한 세대를 바라보는 22년 전에 당신을 떠날 때 흘리던 절망적인 그 눈물과는 다르지만 그저 남모르는 눈물이 가끔 가끔 흐릅니다.

당신은 사람을 지극히 아낄 줄도 알고 자비심도 남만 못지 않건만 왜 내게는 눈물의 대상만 되어 주시는지…?

그리 열렬한 정감도 아닌 것 같고, 못 견디게 그리운 것도 모르겠는데 당신의 영상映像이 공중에 걸어놓은 온갖 행동을 하는 그림처럼 자주 나타나면서 가슴에서는 그 무언지 모르는 기운이 슬그머니 일어나 온몸을 슬슬 휘감아 돌아갑니다. 그 얽매임은 나로 하여금 위험도 창피도 돌아볼 겨를이 없이 피하지 못할 감옥에 갇히게 합니다. 아주 스러진 줄 알았던 당신에 대한 연정은 내 영靈 속 비밀갑 밑에 숨어서 정진의 영양소를 받아 건강하게 자라고 있었던 것입니다.

나는 이제 내가 당신이라는 한 남편을 위하여 20여 년 공방空房살이를 한 청춘과수라고 느껴집니다. 행여 공방살이가 풀려질 기쁨의 서곡의 눈물과 한숨인가 여겨집니다.

이제는 나의 영육靈肉을 어루만져주던 당신의 손길이 다시 그리워져서 20여 년 전에 당신의 손때 묻은 내 방 북향 미닫이는 지금은 썩어가고 있을 것입니다. 그 미닫이를 밀고 닫던 당신의 그 손길이 지금 승당僧堂 안 내 방 미닫이를 열고 내 누운 곁에 슬그머니 앉아주시는 일이 이루어질 가망도 없는 허망한 그 기쁜 광경을 눈물지으며 그려보게 됩니다.

당신 턱으로 내 이마를 비비며 꾸욱 껴안아줄 때 만족에 겹던 꿈이 되살아서 그 품에 다시 안기고 싶은 괴로움이 영원의 안도감을 기약하여 먹물 옷 속에 고요히 잠자던 내 심장을 신음 소리 속으로 잦아지게 합니다.

성불成佛의 길이 조금은 더디어도 좋아요! 당신이 웃으며 당신의 그 부드러운 손으로 어루만져 주시는 즐거움을 한번이라도 맛보여 주실까 바라는 애달픈 마음은 성불 곧 완인完人 다음가는 희망일 뿐입니다.

세속에서 《원효대사》, 《이차돈》이라는 소설을 읽었습니다. 그때는 '원효대사'와 '이차돈'이 진실한 사랑을 바치는 순정의 여자들을 대할 때 할애割愛의 칼에 찔리는 그분들의 심정은 얼마나 아팠을까 여겼습니다. 그 후 입산해서는 냉정해진 성현들의 마음을 애매하게 표현한 작자가 성현들의 청정심淸淨心을 모독한 글이었음을 느껴 작자를 비난하는 심정이었습니다. 하지만 이제 다시 인간적인 성현들의 감정을 동정하게 됩니다. 나는 아직 중생심衆生心을 여의지 못했으므로 사적私的 정의 불길이 일어난 것입니다. 그러므로 상대적인 사랑의 그 정입니다. 그러나 물건을 보내주신 것이 정의 표현이라고 오인하는지도 모릅니다.

지금의 나는 그 옛날과 같이 오래도록 울기만 하고 있을 어리석음은 좀 면하게 된 비구니입니다.

아무튼 두 번의 실연失戀의 고배는 마시기 싫습니다. 더구나 속정俗情의 사랑이 아니요 무가보無價寶를 떼어 바치는 가장 귀한 사랑입니다.

이 편지 답장만 아니 주시면 당신의 마음을 알겠습니다. 그때는 쓴웃음을 한번 웃고 나서 더 이상 괴롭게 구는 여인이 되지 않으렵니다. 당신의 마음을 모르기 때문에 나삐 나삐 적습니다.

3월 18일

옛 여인 합장

물건을 보낸 것이 정에서 우러난 일이라고 확인한 나는 당신에게서 반드시 나를 연모하는 열렬한 문구를 적은 당신의 반가운 글자의 모임이 정녕 와지려니 믿었으나 답장 올 날이 세 번이나 지나도 아니 왔습니다. 그래도 입산 수도하는 지가 13년, 나이는 40이나 넘은 비구니! 남자의 품에 안기던 몸이란 생각은 벌써 잊어버리고 아주 청정해진 몸이 된 줄로 알던 내가 웬일로 이런 지경에 이르렀나? 아무래도 이따금 스스로 의심이

나지 않을 수 없었습니다.

　더구나 이 산은 충남忠南의 소금강小金剛이라는 명산으로 전국적으로 알려졌기 때문에 봄가을로는 관공서원의 단체, 학생 단체, 개인의 무리가 관광차로 장꾼 모이듯 하는 곳인데 더욱이 이즘에는 불법에 관한 이야기를 듣기 위해 나를 많이들 찾아옵니다. 그중에는 고위층의 각계 인사들이 있습니다. 일 년에도 몇만 명을 대하건만 이성적異性的으로 대한 적이 한번도 없기 때문에 남녀상을 떠나게 되었나 하였던 것이 아닌가? 이제 비로소 신로심불로身老心不老[1]의 참경계境界를 몸소 당하게 되어, 마흔, 쉰 하는 나이가 된 이들은 이미 볼일 다 본 퇴폐물로 알던 젊은 시절의 무지를 반성하게 됩니다.

　요컨대 생각은 하나라도 무슨 생각이든지 아주 하나화하면 된다는 생각으로 당신을 그리는 생각이 희무레한 듯하면서도 정진하는 시간보다 훨씬 많이 차지하게 되지만 그 정신도 정신 모으는 정진계로 흡수시켜 정진력에 보탬이 되게 한다는 생각입니다. 그러나 정신의 단일화를 먼저 이루지 못한 나는 그다지 괴롭지 않은 한숨, 몹시 서럽지 않은 눈물이 정진을 도막내니 걱정이 안 될 수 없었습니다.

　당신의 답장이 오기 전날, 옛날 한 기숙사에서 자라던 친구로

1　몸은 늙었지만 마음은 늙지 않는 경지.

314
청춘을 불사르고

서 평생을 사회 사업으로 늙어 가는 이李 아무개라는 이가 서울서 나를 찾아왔습니다.

당신의 신자라면서요. 당신이 산에서 수도하실 때 누가 고승高僧인 당신을 찾으라고 해서 다섯 번을 찾아갔는데 한 번도 안 만나 주더라고요. 나중에는 당신의 친구와 동행하여 그 소개로 당신을 겨우 뵈옵게 되었다고 합디다. 당신의 지시로 금강경金剛經을 천 번 이상 읽었으나 아직 의미를 통하지 못하였노라 하면서 당신은 도인道人이면서 세상 복도 구족具足하게 가지셨다고, 지위, 재산, 학벌, 인격 그리고 머리가 못 미치는 부문이 없으시다고, 그런데도 일평생 여자를 접하지 않은 청정비구清淨比丘로 지내신다고 하였습니다. 그 증명으로는 당신의 비서 중 가장 교양 있고 예쁜 처녀가 당신의 살림살이를 아내 이상으로 봐주게 됐는데 식모를 두었는데도 당신의 진지는 그 비서가 손수 지었다고 하더이다. 그러나 한 번도 물을 못 맞출 때가 없을 만큼 정성을 다하여 시봉侍奉하기를 만 3년이나 하였다고요. 당신은 장년기도 좀 지나 이제는 노령을 바라보는 나이지만 신비스런 얼굴과 멋진 체격, 넘치는 친절미가 있는 남성으로서, 접촉하게만 되면 반하지 않을 수 없게 된다고, 그러므로 당신을 불보살로 믿는 남녀가 많다고요. 그 비서는 말도 못 하고 3년을 혼자 가슴을 태우다가 겨우 당신께 자기 연정을 고백하였더니 당신이 단박 퇴직을 시켰다는 것입니다. 그 비서가 퇴직을 당하고 집에 돌아가 자살하려고 약을 먹었으나 곧 발견되어 목숨을 건졌다는 소식을 듣고 마침 신랑감이 있어 당신이 중매해서 정식 결혼을 시켜 지금은 따뜻한 가정살이를 하는데 맏딸까지 낳아서 기른다는 것입니다. 지금도 당신과 친절하게 지내기는 하는데 남이 다 부부간이라고 하지만 자기는 그 내용을 잘 안다고 하였습니다.

　나는 엄숙한 승단僧團 안에서도 계행戒行을 못 지키는 중僧이 간혹 있는데 도회지에서 구족한 복을 가진 멋진 남성이 평생을 독신으로 지내며 공적 사업에만 혼신을 다 바쳐 오롯한 정진 중에 지낸다는 말을 듣고 당신을 더욱 경모敬慕하게 됩니다.

　당신이 답장을 아니 하더라도, 미움을 받는 대상이 되더라도 오직 지도자로 우러러 받들게나 되었으면 하는 생각으로 바꾸게 되었습니다.

　그리고 상대적으로 된 이 세상일은 주는 만큼 받는 것이니, 내가 당신께 전생前生에 받은 사랑으로는 빚 갚은 일이요, 내 혼자의 사랑이면 빚 주는 일인 것입니다. 주야의 시간이 똑같지만 여름은 낮이 길고 겨울은 밤이 긴 것같이 나는 당신을 생각하는데 당신이 나를 싫어한다 하더라도 시간적으로 어긋났을 뿐, 내가 한 맘으로 그대로 사랑하고 있으면 돌고 도는 원칙대로 돌다가 맞게 되는 날이 있을 것 아닙니까? 이 시간에 맞지 않는다고 물러나는 것은 스스로 배신 행위를 하는 것이라는 생각을 하고 있습니다. 오히려 내가 변절이나 아니 되기를 바랄 따름입니다.

지금은 당신의 편지를 읽어봅니다. 나보다 나은 임의 눈에는 내 생활이 불쌍하게 보일 것입니다. 그러나 이 몸이 이 국토에 나서 해놓은 일이 없고 다생루겁의 생生으로 많은 몸을 받아 자라난 우주[佛]의 무거운 은혜를 만분의 일도 갚지 못한 나입니다. 그 은혜를 조금이라도 갚아 볼까 하여 시작한 사업이오나, 감내하기 어려운 이 거창한 사업을 지탱해 가느라고 한가한 틈은 정말 얻기 어렵습니다.

더구나 동지나 심복이 적은 나의 일은 어느 부문에나 몸소 돌보지 않으면 안 되므로 답장을 쓰려고 별렀으나 진작 회답을 못했습니다. 나는 재산이 없고 자비심이 적어 널리 보시布施는 못 하지만 병자를 보거나 긴급한 사정을 보고 그저 지나지는 못하는 사람입니다.

생산 못 하는 수도자이니 조그마하게 드린 그것을 고마워할 것은 없습니다.

부처님은 일곱 가지 어려운 일을 말씀하셨습니다.

생生, 노老, 병病, 사死, 식食, 수睡, 인연因緣 등 실은 일곱 가지가 모두 인연의 지은 바입니다.

모든 존재가 다 인연이란 오색찬란한 다양각색의 그 줄에 얽혀서 생사의 바다에 일일무수래日日無數來로 부침浮沈하고 있는 것입니다.

그 인연줄이 나머지 없이 끊어져야 생사의 자유를 얻어 길이 평안함을 얻게 됩니다.

모든 인연을 끊고 나면 홀로 나만 남는데, 이 조그만 소아小我
만 바치면 무한대의 전 우주는 내 것이 됩니다. 우선 이 몸이 살
아서 남이 돼야 합니다. 남만 되면 이 몸을 태우든 짓부수든 내
게 관계 없지 않습니까? 그때 무슨 생각이 있겠습니까? 무슨 생
각이 일어나든 정진精進으로 녹여서 생각이 끊어지고 언어言語
의 길이 다한 자리에 이르시기를 진심으로 권할 뿐입니다. 정진
의 힘이 약하게 되신 듯 성현의 가피력加被力이 필요할 듯하오니
참회기도를 하십시오.

역시 발신인의 주소 성명도 없는 편지였습니다. 그 편지를 읽
을 때는 좀 계면쩍은 느낌에 시무룩해졌지만 읽고 나서는 차라리
좋은 답장을 받은 만족과 함께 재산과 지위와 명예와 자격을 갖
추신 분이 도회지에서 사시며 많은 여성을 접촉하게 되는 경계에
서 사사로운 욕심이나 욕정欲情을 여의게 된다는 그 고마운 인격
을 다시금 경모하게 되었습니다. 더구나 부인은 없다 해도 임시
사귀어 지내는 여인이라도 아주 없이 지낼 리는 없으리라고 알
았던 당신이 총각 때 한번쯤 만나라는 여성을 만나 본 그 밖에는
전연 여성과의 접촉 없이 독신으로 지낸다고 인식하게 될 때 나
를 위하여 수절한 애인의 소식을 들은 듯이 개운하였습니다.

당신을 아주 잊고 지낸다고는 하면서도 당신의 소식이라면
여겨듣게 되고 신문에서 오려둔 당신의 사진도 내게 있습니다.

또한 불문에 들어온 환희가 몹시 더 느껴질 때는 가끔 안내자案
內者인 당신의 영상도 슬쩍 스쳐 지나가게 되던 것입니다.

더구나 당신이 장가를 들었나? 어떤 여인을 사랑하고 계신
가? 그 일만은 궁금하게 여겼던 것입니다.

내 편지를 당신에게 전해준 비구니가 말해주었답니다.

당신이 내 편지를 받아 읽을 때 당신의 눈 가장자리 하얀 살
에 자줏빛 핏기가 또렷이 선이 지어지면서 눈물이 글썽해지더
라고요. 그 모양을 언뜻 바라본 비구니는 무안해할까봐서 쳐다
보지 못했다고 합니다. 당신의 편지를 읽고 나니 그런 이야기를
상좌가 전해주었습니다.

그러므로 서로의 공부를 위해서 편지는 냉정히 써 보냈지만
당신은 나를 생각하는 그 정이 좀더 심각하지 않을까 하는 생각
을 하면서 만일 당신이 느닷없이 나를 찾아온다 해도 나는 얼굴
빛이 달라지거나 가슴이 뜨거워지지는 않을 것 같지만 당신은
평범한 태도로 나를 대할 수 없는 그런 애정이 당신의 가슴속
에 품어져 있을 것 같아서 혼자 달콤한 미소를 금치 못하였습니
다. 더구나 당신의 편지 첫머리에 '님'이라고 한 것이 '스님'이란
'스' 자字가 빠졌나? 일반적 의미로 쓴 것일까? 그 뜻을 옴파고
있습니다.

또한 당신이 그 비구니에게, 내일 답장을 써주마고 했으나 그
는 마침 딴 일이 있어 가지 못하게 되어서 내 상좌가 대신 당신

을 찾아가 뵈었다고 들었습니다. 당신은 나를 생각하고 그랬던 지 내 상좌에게 각별히 친절하게 대해 주시더라고요. 마치 부형 父兄을 대한 듯 친근하고 고맙게 생각되는데 법문까지 해주시더 라고요. 상좌는 이제껏 그처럼 감명 깊게 들어 본 법문이 없었 다고 합니다.

더욱이 당신의 거룩하고 엄숙한 풍신에는 한결 존경심이 생 기더랍니다. 또한 당신이 내게 전해 달라는 뜻으로 당신의 전생 이야기를 들려 주시더라면서 "지금 세상에도 숙명宿命을 통하신 분이 계시는구나!" 하고 깊이 감탄했다고 합니다.

당신의 3, 4생生 전 일이라고요.

당신은 강사講師요, 당신의 스승은 선객[禪客=修道人]인데 그 스 승이 돌아가시게 되었다는 기별이 와서 급히 갔더니 벌써 임종 직전이라 단좌를 하고 계시다가 마지막 사선死線을 넘게 될 때 는 정신력이 잠깐 모자랐던지 다리를 조금 뻗고 몸이 기울어졌 다지요. 그것을 보고 당신은 '내' 생명의 의복인 육체를 바꾸는 데 자유로운 것은 자신이 만만한 때문이라고 말하였다면서요. 그후 10년이 지나, 당신은 임종을 당하여 살을 오려 내고 골절 이 무너지는 그 극심한 고통을 못 이겨 벌떡 일어섰으나 더 이 상 견딜 수 없어서 한 팔을 높이 뻗쳤다가 두 팔을 함께 올렸다 가 다리를 번쩍 들었다가 나중에는 그만 주저앉아 최후를 마치 게 되었는데, 허우적거리는 정신 때문에 당신의 영가[靈駕=魂]는 그만 음기陰氣에 꽉 둘러싸이게 되어 나아갈 틈을 찾을 수 없게 되었다지요.

그런데 그 방에 앉았던 어떤 스님이 일어서서 문을 열고 나가는 틈을 타서 영가가 따라가 뒷방으로 갔더니 대중이 모여 장사지낼 비용 때문에 추렴을 하는데 내가 많이 냈느니 네가 적게 냈느니 다투더라지요. 그후 당신은, 따라간 스님이 사귀는 고개 너머에 사는 여인의 몸을 빌려 남아男兒로 태어났다고요. 일곱 달이 되어 그 여인이 산역山役² 으로 산에 올라가면서 어린 당신을 산중턱의 어느 아늑한 자리에 재워놓고 갔는데 한낮이 되어 볕이 너무 뜨거워 일사병에 그만 절명이 되었다지요. 곧 다른 여인한테 다시 태어난 몸이 지금의 당신인데, 어릴 때 어머니가 세상을 떠나면서 어린 아들을 두고 가는 애처로운 마음과 애착을 여의지 못해 당신 어깨에 붙어서 아무리 천도식을 해도 떠나지 않기 때문에 당신은 항상 어깨가 무겁고 몸이 으슬으슬 추울 때가 많았다고요. 애착이란 그리도 괴로운 것이라 당신의 어머니는 어머니대로 중음신中陰神으로 애달픈 생활을 하고, 당신은 당신대로 평생을 건강한 몸으로 편안하게 살 수 없었다고 말씀하셨다지요.

상좌가 당돌하게 당신의 현 능력을 물었더니, 지금은 생사生死

---

2 시체를 묻거나 이장(移葬)을 하는 역사(役事).

쯤 자유롭다고 하셨다면서요.

아무튼 당신은 말세인 현인류계에서는 뛰어난 분입니다.

그때 나는 당신에게 이런 말로 답장하였습니다.

어머니의 일로 몸소 겪는 괴로움이니 어찌 다시 정情의 바다에 빠지겠습니까? 업業이 두꺼운 여인의 몸인 나인 것을 새삼스럽게 느낍니다. 당신은 끝끝내 나의 선배로 직접 나를 지도하는 분입니다. 당신이 나와 같은 태도로 나갔다면 우리의 참된 생명을 죽음의 길로 빠뜨리는 일일 뿐 아니라 불교에 수치를 끼쳐 불은佛恩을 배반하는 결과가 되었을 것이 아닙니까?"

더욱 더 경모敬慕하오며, 세상에서 지기知己나 지도해줄 이를 얻는다는 일은 백천만 사람 중에 한 사람도 드물다는데 우리는 시공을 초월한 반야지혜 동무가 되게 되오니 얼마나 만족한 일이옵니까?

더구나 나도 오직 당신과 같은 이념理念 곧 은애恩愛의 정을 아주 끊어 일체 정에 체달하겠다는 일념입니다. 그러니 정도 결산을 지어야 할 것이 아닙니까?

이제 생각하니 나는 자신도 모르게 당신이란 남성을 위하여 20여 년이란 짧지 않은 연륜을 공방살이를 해온 애처로운 여인입니다. 불법이 아니었더라면 더 애처롭게 되었을 것입니다.

아무튼 중생으로는 당신의 희생자였습니다. 중생심을 없애지 못한 나이기 때문에 맺혀 풀지 못한 정한情恨의 뭉치를 단시간에 풀지 못하고 그대로 둔다면 시간적으로는 정진에 큰 손실이 있을 것이 헤아려집니다.

그런즉 정적情的 업業의 이별주 한잔쯤은 서로 나누게 되어야 할 것입니다.

업의 원소인 정!

가장 여의기 어려운 정!

괴로움의 근본인 그 정은 당신을 차마 그저는 못 떠나겠다고 마지막 소원으로 애절하게 이별주 한잔을 청하는 것입니다.

한잔 마시게 하는 그 정! 웃고 울게 하던, 가장 인연 깊고 가장 친하던 그 정이지만 보다 더 어려운 일인 생사고를 면하기 위해 나의 전체적 정신을 찾아 독립적 인간이 되기 위해 그만 뚝 떼어 버리고 평등의 정에 체달하여 영구한 평안에 드사이다.

11월 21일

×× 합장

이런 말로 쓴 내 편지를 가지고 간 지 한 열흘쯤 되어 상좌한 테서 아래와 같은 이야기를 쓴 편지가 왔습니다.

당신이 내 편지를 받으며 심각한 표정으로 정성스럽게 뜯어서 보시는데 당신의 얼굴빛이 점점 붉어져서는 큰 무안을 본 사람 같아지면서 편지를 든 두 손이 좀 떨리더라고요. 다 보고 나서 침착한 태도로 편지를 봉투에 넣어서 책상 위에 놓고 상좌를 그윽이 바라보더니 스님께 보낼 답장은 내일 써서 줄 테니 오라고 하시더라고요. 그 이튿날 갔더니 편지를 써놓았다 주시면서 답장은 할 것이 없다고 냉정하게 말씀하시더라고요….

나는 당신에게 편지를 보내고 자리에 앉아서 정진하는 체하나, 정진이라는 티끌 한 점 없는 청정淸淨한 세계는 그만 군림君臨한 당신의 차지가 되고 말았습니다. 내가 자타自他가 하나화한 몰아적沒我的인 청정세계를 이런 세계로 변하게 만든 더러운 중이 되리라고는 상상도 못해 보았고 대중도 뜻하지 않는 일일 것인즉, 어쨌든 이 일은 큰 비밀 사건임에 틀림없습니다. 그래도 나는 비밀이 탄로될 리 없다는 셈인지 탄로되어도 상관없다는 생각인지 어쩐지 아무 걱정도 없이 '그분은 20여 년 동안 얼마나 달라졌을까? 이러이러한 영상일 것이다' 하고 그려보며, 당신이 내 편지를 받고 어떤 감상을 가질까? 그런 망상에 사로잡혀 있을 뿐입니다.

나는 이 선원에서 입승立繩[3]으로 있습니다.

모범 선원의 모범이 입승에게 달려 있다는 책임감으로 걱정이 될 텐데 나는 도리어 대중이 이런 큰 비밀을 안고 버젓이 앉

---

3 선방의 기강을 맡은 소임. 또는 그런 일을 맡은 스님.

아 있는 나에게 속고 있는 것에 약간의 쾌감을 느끼고 있으니 이것은 말세 중생의 죄업罪業이 중한 탓일 것입니다.

한 자리에 앉지도 못할 존재, 선객[禪客=修道者]의 자격 상실자인 나 같은 인간이 도리어 선원이라는 조직체의 체계를 바르게 하고 대중을 포용하여 편안하게 한다 하며 선리禪理의 선배라 하고 있으니, 불법의 껍데기인 세상은 역사적 조건으로 가장 쇠망한 이때에 재건의 책임자인 나는 정말 부끄러운 존재입니다. 그럼에도 부끄럼이 과히 느껴지지도 않을 뿐 아니라 아직도 태평하기만 한 것은 스스로 속는 일인지는 모르나, 당신이 그리우니 어쩌니 하는 감정은 여름 구름이 떴다 잠겼다 하는 일시적 현상일 뿐 쉬이 스러질 줄로 믿기 때문입니다.

한 때 두 생각을 못하기 때문에 잠깐 교체되었던 불길 같은 그 생각을 그대로 정진력精進力의 큰 보탬으로 삼으면 오히려 정진적 이득이 될 수 있을 것입니다.

아무튼 나는 입산한 후로는 지루한 시간을 만나본 일이 없습니다. 속인 때 같으면 당신의 편지를 기다리는 시간이 얼마나 길게 느껴졌을 것입니까. 그러나 어느새 당신의 답장은 내 손에 들려졌습니다.

도고마승道高魔勝[4]으로 맹렬한 정신력에는 가장 강한 마군이가

---

4 도(道)가 높아지면 마(魔)도 크게 일어난다.

대들게 됩니다. 크게 용기를 내어 이겨 넘기면 정진력이 늘어갈 것이고 이기지 못하면 금생今生에 애써 한 정진력뿐 아니라 여러 경으로 닦아 오던 전생의 노력도 아깝게 스러져서 생사의 바다에 떨어지게 됩니다. 더구나 육체가 좋아하는 일을 한번이라도 실행하게 된다면 붙는 불에 연료를 더하는 셈으로 애욕愛慾의 불을 더욱 더욱 일으키는 것이니 얼마나 위험한 일입니까?

불나비는 동무들의 그슬린 시체를 못 보는 미물들이라 자꾸만 대들지만 인생은 죽는 사람을 따라 죽지는 않아야 영물靈物이라 하지 않겠습니까?

일시적 정열을 참아서 만년의 사랑을 살려야 할 것을 아시기 바라옵니다. 일시적 사랑은 영원한 생명을 죽이는 칼이 됩니다. 소아小我의 일시적 사랑을 희생하여 대아大我의 일체애一切愛를 얻을 날을 기약하는 것이 정진의 구경처究竟處입니다. 정진에 애를 쓸수록 강렬한 망상이 일어납니다. 이 고비를 힘차게 넘기는 것이 정진력을 기르는 일입니다. 정진력이 우주화하면 거기에서 우주가 곧 '나' 자체가 됩니다. 우주 자체화의 경지에 이르면 살활의 칼을 내 한 손에 들고 생사의 경계에서, 애증의 심정에서, 고락의 감득感得에서 자유자재하게 살아가게 됩니다. 아무튼 우리의 선 자리가 우주와의 대결인 제일선임을 살피십니까?

몹시 바쁜 몸이라 더 쓸 수 없사오며 답장을 보내주시지 못할 것으로 알고 기다리지 않겠습니다.

가장 좋아하는 사람이 마음을 같이해주지 않은 일같이 더 슬픈 일이 어디 또 있겠습니까? 더구나 한 사람에게서 두 번이나 당하는 실연의 고배를 마시게 되는 쓰라림을 그 무엇으로 형언하겠습니까?

속인 때 같으면 눈물이나 흘리는 정도로는 나의 슬픔을 표현할 수 없는 가장 슬프고 괴로운 일이언만 나는 그저 먹먹한 생각에 넋을 잃은 사람처럼 주저앉고 말았습니다. 그러다 다시 생각하여 당신이 냉정하게 구는 일이 도리어 두 사람의 일을 그르치지 않게 될 것으로 믿게 되어 고맙고 반갑게 여겨졌습니다.

어떤 경계에서는 승속僧俗의 천양天壤의 차가 보여지는 일을 한번 더 체험하게 되었습니다.

속인 때의 나는 내적 생활이 만족할 수만 있다면 남의 이목을 꺼릴 것도 없고 수치스러울 것도 없다고 생각하는 자유로운 여인이었습니다.

그러므로 인간이 바라는 무엇이나 구하여볼 수도 있는 터였습니다.

그러나 가져 봐도 만족이 없음을 깨달았습니다.

네 맘도 내 맘도 달라지고, 사랑도 좋은 것도 흘러가고, 부귀도 행복도 모두 바뀌고야 마는 것입니다.

아무튼 중중누현重重累現의 현실상은 시간 시간이 무너져서 도저히 믿을 수 없는 것입니다.

　그러나 변하거나 믿을 수 없거나 간에 그 강산, 그 생령生靈은 언제나 없어지지 않으니 그 근본체는 반드시 있을 것이 아니냐고 예전에 당신이 내게 말씀해주시지 않았습니까?

　중이 되어서 비로소 당신 말씀을 확인하게 되었습니다. 곧 대현실인 우주의 본체요 생령의 창조성이며, 대현실의 시발인 의식을 하기도 전의 존재가 있어 그것을 온전히 파악하여 마음대로 운용할 수 있게 되어야 완전한 인간, 곧 창조주가 되는 것을 알았습니다.

　그리고 세상에서도 진선진미盡善盡美의 것을 말과 글, 표정으로 얼마든지 가르칠 수 있는데, 더구나 무엇이나 다 불법佛法 아닌 것이 없다면서 불교라는 종교가 왜 따로 세워졌느냐, 하는 의문도 품게 되었습니다.

　종교에서, 학교에서, 가정에서 "착해라, 잘해라" 하고 가르치고 있습니다.

　"착해라, 잘해라" 하고 가르치는 것보다 선악을 판단할 줄 알고 시비是非와 이해利害를 가릴 수 있는 지혜로운 정신, 곧 일체 요소를 갖춘 창조성만 가진다면 자연 착하고 잘해질 수도 있고, 착하고 잘한다는 공식적인 언행도 초월하여 가장 공정하고 균형적인 생활을 영위하게 될 것이므로 불교에서는 그 정신을 회복하는 공부를 시킨다는 것도 알았습니다.

당신은 나를 사랑으로 달래고 냉정으로 가르쳐서 인간을 만드는 불문佛門에 들어오게 하신 것입니다.

어쨌든 영원의 생명을 살린 유일한 길! 이 길로 들어오게 된 그 기쁨을 어찌 표현할 수 있겠습니까?

내 성격이 남을 원망하고 미워하지 않게도 되었지만 더욱이 당신이 나를 불문에 들여보냈기 때문에 나를 버린 당신에게 결코 엷게나마 원망스러운 생각을 일으켜본 적이 없습니다. 그래도 수치감은 없지 않아서 당신과의 일이 입 밖에 나오지 않았습니다. 그러니 내 혼을 녹이던 신神의 음악과도 같은 당신의 미묘한 그 목소리도, 내 눈을 언제나 스르르 감겨지게 하던 당신의 눈빛도 이미 잊은 것은 사실이 아니겠습니까?

그러나 세상이 다 모르는 가장 좋은 곳으로 안내해주신 당신에게는 감사하다는 나의 느낌이 따스한 미풍을 일으켜 내 가슴을 녹여주는 때도 없지 않지만 의식적이 아니면서도 어쩐지 추억이 느껴지지는 않았습니다.

세상에 대한 미련이 있다면 오직 한 분인 당신이 계실 뿐인데, 당신에게 대하여 이렇듯 냉정한 내 가슴에 무엇이 남았겠습니까? 정에 대해서는 일반적으로 그저 멋쩍을 뿐이었습니다.

꽃과 나비가 넘노는 듯 화려하게 차린 청춘 남녀가 쌍쌍이 법당 층계로 올라오는 것을 물끄러미 바라보는 나는, 지금의 웃음의 낙원이 저녁에는 울음의 지옥이 될지도 모르고 좋아만 하는 젊은 표정들이 서글프기만 하였습니다.

　더구나 잃어버렸던 논뙈기 한 자리나 초가草家 한 채를 도로 찾을 기회가 왔대도 정신을 바짝 차릴 그들이 영원한 보배인 각자적인 나의 소유, 곧 전체적 정신을 회복하여야 할 것을 모른다는 사실에 "어쩌려고 이렇게 무심히들 지내느냐"고 경고라도 하고 싶은 심정이었습니다.

　그러니 내 맘을 변하게 할 인간이 어디 있으리라고 누가 상상이나 해 보았겠습니까? 나는 이미 희유稀有한 이 법에서 물러서게 된 인간이 아님은 확정되었다고 믿었습니다.

　그리고 나는 내가 인간이 되는 것보다 인간 되는 법을 남에게 알리고 싶은 생각이 앞섰습니다.

　그러나 나부터 인간이 되어야 남을 가르칠 수 있다는 생각으로 바삐 인간이 되려고 갈빗대를 땅에 대어 보지 않고 며칠씩이나 몸부림을 치며 나, 곧 내 행동력의 본체인 전체적 정신이 무엇인지 의심하여 그 의심을 하루빨리 풀어 몸과 맘의 정체正體가 드러나기를 바랐습니다.

　이렇게 지내는 나에게 세속에서는 비련의 시인이니 실연의 여인이니 하는 소리를 하게 될 때 "당치 않은 소리!" 하고 실소할 뿐이었습니다. 허나 과연 마음속은 아무도 모릅니다.

　그러므로 나도 내 맘을 알 길이 없었습니다. 그때에 당신은 일반에게 베푸는 자비심으로 보냈는지도 모르는 물건이지만 나는 아무래도 알심⁵ 있게 보내는 것으로만 느껴졌습니다. 그 것 때문에 내 맘은 나도 모르게 슬그머니 움직이기 시작하였습니다.

처음에는 스스로도 궤변으로 느껴졌지만 차차 내 가슴속에는 그 정감 하나로 다른 생각이 날 여유가 없게 되었습니다.

중이 되어도 외롭거나 심란한 생각이 나거든 차라리 퇴속退俗하는 편이 나은 것이다, 침식寢食까지 잊고 정진이나 염불을 해야 할 가장 바쁜 중으로서 어느 겨를에 그런 지저분한 생각이 나겠느냐던 나였습니다.

그런 내가 도리어 멀리 계신 당신 때문에 달콤한 고독감에 눈물을 짓지 않을 수 없게 되었던 것입니다.

내가 서울에 있을 때는 당신이 계신 산과 하늘이 아쉬웠고 내가 산에 있을 때는 당신이 계신 서울 하늘을 바라보게 되었습니다.

그 옛날에 나의 유일한 소원은 당신을 여의지 않는 그 일뿐이었는데, 이제 또한 나의 한갓 바라는 것은 "다시는 당신과 남이 되지 말아지이다" 하고 빌어지는 것입니다.

그제는 예전에 당신을 여의고 홀로 지내던 그 일까지 회상되어 감개무량하였던 것입니다.

10년이면 강산도 달라지고 인정도 변한다는 그 갑절인 20년

---

5 은근히 동정하는 마음.

도 더 된 오래고 지루한 날들을 당신과 아주 남남이 되어 어찌 지냈는지 참으로 슬픈 기적이 아닐 수 없어 울음을 참지 못하였습니다.

당신과 지내던 그 수에 해당한 날짜와 당신을 여의고 지내던 때의 숫자를 볼 때마다, 들을 때마다 놀랍다고 할까, 섧다고 할까, 야릇한 물체가 꿈을 움직이는 듯 그저 지나쳐지지 않았습니다.

더구나 "속세에서 지내던 그 옛날, 당신과 지낼 때의 나는 멍청이였구나!" 하는 생각도 났습니다.

왜 당신이 찾아 주시는 가장 아름다운 꿈의 보금자리인 내 방이나 당신이 안아주시는 제일의 행복체幸福體인 내 몸마저도 보다 조촐하고 깨끗하게 할 줄을 몰랐던지?

그래도 당신이 나에게 향한 태도나 친절한 표정 등은 어찌 옴파지고 곰파보는 즐거운 시간을 가질 줄을 알았던지 스스로도 알 수 없는 일이었습니다. 그러니 실지로 살아갈 설계도에 대해서야 무슨 생각이 있었겠습니까?

당신은 법적法的 교훈만 하실 뿐, 현실 문제에는 언급한 적이 없는 듯합니다. 그것으로 그때에 나를 알뜰하게 생각하지 않았던가, 의심하여집니다.

그러나 내 동무이며 신자인 이李 여사에게 젊었을 그 한때에는 내게 애착을 가졌다고 말씀하시더라 들었습니다.

다만 그때에 당신이 나에게 당신과 함께 어떠어떠한 고생이라도 감내할 수 있느냐고 물으시던 일로 버리지 않을 뜻이 있음을 알았습니다. 또한 "나는 잘 지내, 나는 잘 먹어" 하던 말씀으로 잘 못 먹고 지내는 나를 애처로이 여겨주던 것을 짐작하였고 떠날 때, "사나이야 아무렇게나 구른들 상관 있나요? 오직 당신이나…" 하던 말로 부득이 버리고 가게 되면서도 가엾게 여겼다는 그 심정을 헤아렸을 뿐입니다.

그러나저러나 나는 생전에 당신같이 사람을 그렇게도 아껴주고 친절하던 이가 다시는 없다고 생각됩니다. 당신은 자신의 안위는 돌아볼 겨를도 없이, 내게만 희생적으로 대해주었습니다.. 내게 그런 분은 또다시 없었습니다. 그것이 내 혼의 환영 조건이었던가 합니다.

그러나 나는 18년 전에 당신의 두 번째 편지 답장을 받고 내 뜻을 받지 않는 일을 지어서라도 오히려 다행으로 여기려고 하였습니다.

더욱이 사련私戀을 끊어 공적 자비로 사는 것이 성불의 길을 닦는 일이라고 남들에게까지 역설하던 나였습니다.

그러나 어디서 어떻게 나타났는지도 모르게 스르르 나타나는 당신의 영상은 미묘한 감전적感電的 미풍을 일으켜 나의 영육靈肉을 휘감아 움직이기조차 어렵게 만드는 것입니다. 아무래도 당신에게 처음 편지 쓸 때와 같은 정감에 다시 사로잡힌 모양이었습니다.

그러므로 나는 마침내 이런 편지를 쓰지 않을 수 없게 되었습니다.

　당신의 편지는 정녕 받기는 받았습니다. 받은 감상을 무엇이라 말할 수 있을까요?

　아무래도 조금 계면쩍어지지 않을 수 없었습니다.

　그러나 속인 때와는 아주 달라진 나라고 생각되었습니다.

　당신이 설사 참으로 생사가 무서운 줄을 알아 초연한 경지에서 하신 거룩한 교훈의 편지는 못된다 하더라도 선배로서, 또는 옛 친지로서 나를 위하는 말투로 하신 것만은 잘 이해하기 때문입니다.

　그러나 당신에게 안겼던 그, 그 꿈을 어찌 잊을까요? 어쩌자고 잊으라는 것입니까? 더구나 생사선生死線을 뚫고 나가던 그 길도 멈춘, 두 번째 일어난 극렬極烈한 사랑이랍니다.

　당신은 지금 어디서 무엇을 하는지….

　날 잊은 무정한 생각이 내게는 당치도 않은 딴 일에 서둘러대고 계실 것으로 상상됩니다.

　나는 지금 당신의 무심한 그 뒷눈을 쳐다보고 앉았습니다.

　당신은 이 강렬한 시선이 당신의 뒷눈 속을 스쳐 머리로 스며듦을 느낍니까?

　당신이야 느끼거나 말거나 나 혼자만이라도 못내 느껴지는 것은 어쩔 수 없는 도리가 아닙니까?

인생은 사랑에 울어 시들고, 사랑에 취해 죽어간다면 참으로 멋들어진 죽음이라고 노래하고 싶습니다(이런 말은 당치 않은 소린 줄 알면서도).

사실 나의 봄 가슴에는 사랑의 나비로 당신만 지나간 것은 아니었습니다.

그러나 밀물이 금방 밀려간 모랫바닥 같은 고요한 내 가슴에는 오직 당신의 발자취만 남았습니다. 그 자국의 여운에서 가느다란 봄바람이 풍기기 때문에 내 봄 가슴에는 고독의 꽃방울이 대롱대롱 매달려 그래도 아주 떨어지기엔 멀었습니다.

입산 후, 나는 그저 태평을 누리고 지냈건만 느닷없는 당신의 연락으로 일어난, 당신께 향한 그 무엇이 단지 쓴지도 모르는 야릇한 맛으로 다시금 괴로운 듯 만 듯한 안개에 잠기게 되었습니다.

난 아무래도 당신에게 안겨본, 차마 못 잊을 그 꿈만은 깨뜨려버리지 못할 것입니다.

그러면 돌고 도는 우주의 공칙公則을 고정화시킬 거냐고 당신은 반박할 것입니다.

난 그런 생각까지 해본 적은 없습니다. 그저 찰나적으로 느낀 순정을 토로했을 뿐입니다.

당신은 내 편지 사연을 통해 색심色心을 일으킨 것으로 여기고 육체가 좋아하는 일은 어쩌고… 하실지 모릅니다. 마치 연애한다면 덮어놓고 서방질하러 다니는 년이라고 야단치는 구식 어머니처럼….

사실 내 맘은 따뜻한 엄마 품을 그리는 젖먹이같이, 또는 순수한 존경과 사랑을 좁은 가슴에 품고 아빠인지 오빠인지 애인인지 따지지조차 못하고 그만 안겨버리는 소녀 같은 그런 순정입니다.

그야 결국 색에 미치는 그 정감情感이 아니라고 할 수는 없을 것입니다.

그러나 정말 나의 정감은 색심에까지 미칠 새도 없었습니다만 내 혼까지 쓰다듬어 주시던 그 품을 동경하는, 격렬한 정감의 결정체結晶體로 변신된 그 정의 하소연일 뿐이었습니다.

나는 아무래도 그 품에 한 번쯤, 단 한 번쯤이라도 안겨보고 난 후라야 비구니의 정신으로 돌아올 것만 같으니 어찌하면 좋습니까?

나는 서울까지 달려가 언제든지 당신이 몸을 다스리지 못하고 계신 그 틈을 타서라도, 잠깐이라도, 다만 일초라도 왈칵 안겨보고야 말 것입니다.

어디에 쏟는 정열이거나 정진력과의 정비례正比例인데 나의 정진력이 아무리 미약하다 하더라도 내 딴에는 13년 간이나 애써 거두어온 정진력이니 그리 수월치는 않은 것입니다. 그러나, 그러나 나의 이성理性은 일체를 버리고 얻은 나의 귀한 정진력을 애정에 쓸, 값없는 보배는 아니라는 것입니다.

그 대신 이 정진력으로 이 정열을 다스릴 힘도 그만큼 굳셀 것입니다. 더구나 내 마음을 내가 부릴 수 있게 되려는 공부를 하는 이 몸이 아닙니까?

그리고 순간적 생명인 이 한 목숨 죽는 것도 중생심으로는 애닯게 여기지 않을 수 없는데 하물며 만생만사萬生萬死의 고통을 미래 세상이 다하고 남도록 받아야 하는, 어마어마한 두려운 일이 있는 줄조차 모르는 세속 사람들의 모습을 안타깝게 보는 이 눈을 가진 내가 아닙니까?

사상적으로는 쑥대 위에서 대지를 내려다보는 개미 같은 시야를 가진 전 인류 중에서 뛰어난, 최고 사상에 체달하려는 공부를 하고 있는 이 위치에서의 책임감도 있지 않습니까?

인생은 청춘 때 가졌던 그 마음을 늙어서까지 가지고 살고, 죽어도 가슴에 품고 가게 됩니다.

죽어도 살아도 사라지지 않는 청춘! 사를 수는 없는 이 청춘이언만, 그래도 불사를 수 있는 법을 배우는 내가 아닙니까?

아무래도 이 청춘을 사르지 못하면 생사를 초월한 영원한 청춘을 얻을 길은 없습니다.

다시 말이지만 중생적인 이 청춘을 나머지 없이 불살라버려야 늙음과 죽음이 없는 만년 청춘을 얻을 것을 겨우 알기나 하는 나로서는 어느새 이 소아적小我的 청춘을 이미 불살라버린 듯이 《청춘을 불사르고》라는 책제册題로 남을 가르치는 책까지 버

것이 세상에 내놓았습니다.

사실 우주의 시작과 종말이 이 생각 전후가 아닙니까? 나의 이 생각 하나로 우주의 건괴(建壞=세워지고 무너짐)와 인생의 생사를 임의로 할 수 있는 것을 번연히 알고 있는 자신만만한, 어엿한 인간인 내가 아닙니까?

더구나 현실적인 내 감정을! 발작적으로 미친 이 맘조차 스스로 제어할 수 없대서야 어찌 수도할 생각이 났겠습니까?

아무튼 속인 때와는 아주 달라진 나입니다.

중의 정감은 정진력으로 더 심각하고 굳세어질 것이지만 그 대신 잊으려는 맘이면 잊어지게 할 힘도 있고, 정감을 마음 구석에 숨겨두고 내 할 일을 얼마든지 할 수도 있습니다.

속인 적에는 내 정신적 세계에 사랑이 군림하게 되면 아주 불모지가 되어버립니다. 가장 긴급한 일이나 하지 않으면 안 될 어떤 사건이거나 알 길이 없게 되어 무엇이 무엇인지 모르는 멍청이가 되어지던 것입니다.

남이야 알거나 모르거나 나만은 중이 되어서 속인 때와는 큰 차이가 있는 인간이 된 것을 자증自證할 수가 있습니다.

습기習氣로 일어난 일시적 정감으로 해괴하게 써졌던 세 번째 당신에게 보내려던 나의 편지는 그만 찢어버리게 되었던 것입니다.

그쯤 되니 당신이 냉정한 사연으로 써 보낸 편지가 도리어 감사하게 느껴지게 되었습니다. 따라서 사랑의 대상이 당신이 아니었다면… 하는 다행한 느낌도 생기게 되었습니다.

그렇게 생각이 돌아서게 되니, 예전에 당신께 편지를 보내고는 "이렇듯 간절한 사연의 편지를 보고야 설마 내 심정을 몰라주지는 않을 테지" 하고 혼자서 미소를 지어보던 그 일까지 좀 부끄러운 생각이 나게 되었습니다.

그러므로 그후로는 당신이 무시로 나타나던 신비스런 영상도, 내 가슴에 만가지 회포를 일으키던 당신에게서 풍기던 미묘한 미풍도 불어 오지 않게 되던 것입니다.

그러나, 그러나 그 여운의 줄이 언제까지 남아서 그 줄을 따라온 그때 정감이 이따금 내 가슴에 맴돌게 될 때도 없지는 않았습니다.

다만 그 여운까지도 아주 스러져 버릴 날의 허전함을 미리 느끼지 않을 수 없으면서도 그래도 그날을 바라야 할 내 위치였습니다. 그러므로 나는 당신에게 이런 편지를 보내는 것입니다.

거짓假 몸이 허망한 생각에 불려서 얼마 동안 괴로운 연극을 실감 있게 연출하였습니다.

크나큰 공적 사업으로, 쉴 새 없는 정진으로 복福과 혜慧를 쌍수雙修하고 계신 당신을 배역配役으로 삼아 괴롭혔으니 정신이 좀 회복된 오늘에는 부끄러움을 느낍니다.

10여 년간이나 정신이 몸에서 빠져나오려고 애써 정진을 하였사오나 워낙 업력이 무거운 여인의 몸이라 마치 불붙는 집에서 뛰어나와야 하기는 하겠는데 정신은 아득하고 몸은 늘어져 일어나지지 않는 것 같은 나의 사정입니다.

나는 당신과 무시겁無始劫으로 착한 인연을 맺어 왔던 것임을 알게 됩니다.

당신은 당신의 현실 외에는 돌아볼 겨를이 없게 만들어 지내는 분입니다. 여성과의 관계에 대하여도, 당신은 고독을 즐기는 사람으로 알려질 만큼 어떤 여인과도 정의 오고감이 없는 모양인데 내게만은 정신만이라도 그리 무관심하지는 않은 줄로 압니다. 애써 냉정한 태도를 취하는 극기적克己的 괴로움을 받으며 정신적 시간이라도 소모하시며 정성스럽게 일러 준 보람을 느끼게 됩니다.

가장 넘기 어려운 고개가 정의 고개라고… 모든 부처님과 보살들도 그 고개만 넘으면 한숨을 쉬며 이제는 틀림없이 성불하게 되었다고 안도한다지 않습니까?

하늘을 넘는 높은 고개라도 수고와 시간만 아끼지 않으면 넘을 수가 있고, 원수나 맹수가 기다리고 있는 준령峻嶺이라도 목숨 하나만의 대가를 각오하면 거뜬하게 넘어갈 수 있지만 정의 고개는 제일 달콤하고 매혹적인 고개로서, 육체와 혼을 다 바쳐도 넘겨 주지 않고 대가 없이 넘으려면 원한이라는 독물毒物의 해독으로 병이 난다 합니다. 매혹에 빠지지도 않고 원한의 해독도 피할 수 있는 힘은 오로지 생사를 초월하는 정진력뿐인데 당신은 당신의 정진력으로 그 어려운 고개를 업業이 무거운 이 여인과 더불어 같이 넘게 되었으니 당신은 과연 시대적인 대보살大菩薩이십니다.

성불사상成佛史上에는 모든 불보살들이 정의 고개에서 굴러 떨어져 넘고 또 넘어 거의 성불의 경지에 이르렀던 그 공적이 그만 물거품이 되어 그 극수적極數的인 고개들을 또다시 넘지 않으면 안 되는 일이 수없이 많지 않습니까?

나 같은 여인의 미약한 정진력이지만 그래도 13년이란 짧지 않은 동안에 애써 온 정진력이라 그 비례로 애욕의 힘이 늘었으니 그 강렬한 힘은 만일 당신의 정진력이 조금이라도 약하였다면 우리를 지옥에까지라도 끌어 떨어뜨렸을 것입니다.

그러니 속인 적에는 불법에 귀의할 시간이 있으니 아직 미성품未成品으로의 희망이나 있지만 불법이란 최고봉에 올랐던 그 한 발자국만 자칫 헛디뎌도 억만 길의 높은 벼랑에서 굴러 타락 일로로 미끄러져 필경 무간지옥無間地獄까지 떨어지고야 말 터이니 그 얼마나 위험한 일입니까?

아무튼 그 아슬아슬한 위험을 면하게 된 일만은 생각할수록 다행한 일입니다.

그래도 그제는 아득하게 지나간 옛날에 내 사람이었던 당신을 의외에도 20여 년 만에 만날 기회였는데 차마 얼굴 한번 못 바라보고 또다시 이별한다는 그 일이 너무도 어려웠습니다..

그래서 이별주 한잔을 간청하였던 것입니다.

그러나 이별주 한잔이 결연주結緣酒 한잔이 되어 영영 이별할 수 없게 되어 생사고해生死苦海에 빠져버리게 될지도 모르는 일이었습니다.

예전에는 속세의 여인으로서도 겨레와 나라를 위하여 사랑과 자기 목숨을 초개와 같이 버린 일이 많지 않았습니까?

항우가 우미인虞美人을 못 잊어 적병이 쳐들어온다는데도 강을 못 건너고 망설일 제, 우미인이 한칼로 자기 목을 썽둥 잘라버리니 항우가 굵은 눈물이 뚝뚝 떨어지는 그 눈을 부릅뜨고 용기백배勇氣百倍했다는 이야기도 있습니다.

계월향桂月香 같은 의기義妓는 목숨보다 더 아끼던 김응서金應瑞라는 애인을 두고도 적장의 목을 안고 대동강에 빠져 죽었기에 나라의 위기를 면하게 한 일은 오래지도 않은 사실이 아닙니까?

더욱더 큰 일인 우리의 성불成佛은 우주의 건괴建壞요, 전 인류의 생사에 관한 일이 아닙니까?

크나큰 일에 장애가 되는 것은 애초에 끊어야 합니다.

호리毫厘6의 차가 천지현격天地懸隔으로 어긋나게 되기 때문입

---

6 자와 저울의 단위인 호와 리를 일컫는 것으로, 매우 적은 분량을 비유하여 이르는 말.

니다.

당신은 규칙 지키는 것이 법을 지키는 것이요, 법을 지키는 것이 대법大法인 불법을 성취하는 법이라고 말씀하신 적이 있습니다.

어떤 일을 어떻게 하든지 어긋남이 없는 대자유인이 되기까지는 무슨 일에든지 규범을 엄수하여야 할 것입니다.

중의 계법戒法이 곧 규칙이 아닙니까?

그러므로 수행 중에 계戒를 엄격히 지켜야 할 것은 더 말할 필요가 없습니다. 계를 깨뜨리는 것은 배船에 구멍을 내는 일 같은 위험한 일이 아닙니까?

그러므로 석가모니 부처님은 임종게臨終偈[7]에서 말세末世에는 계로 스승을 삼으라고 하신 것입니다.

그리고 우리는 이 몸의 봉별逢別을 그리 대단히 알 것은 없습니다. 여의려 해도 여의지 못하는 본자리에 들어 있기 때문입니다.

큰 바윗덩어리만한 금강석이 새의 날개와 발톱에 긁히고 비바람에 스쳐서 다 닳아지는 시간이 우리의 삶의 시간에 비하면 순간이라 하오니 당신과 금생에서는 다시 만날 수 없고 내생에서나 만난다 하더라도 한때 일이 아닙니까?

다만 여러 겁 전부터 세세생생에 서로 탁마琢磨하는 벗이 되어 서로 제도濟度할 서원誓願을 세운 사이인데 사랑의 조건이나

---

7 임종할 때 짓는 게송(偈頌).

정감의 두려움을 말한대서야 너무 속되지 않습니까?

세속 사람들도 서로 인격을 존중하고 신의를 지킨다면 나와 남의 애정적 자유는 인정한다 합니다.

나는, 당신을 떠난 후에 당신에게 무관심한 줄 알면서도 누구에게 애정을 주나? 하고 고민했던 것은 야비한 일이었다고 지금은 혼자 웃어집니다.

나는 지금도 당신을 사랑의 대상으로 알지는 않는다 하더라도 내 앞의 존재로는 당신이 가장 위대하다고 느낍니다. 하지만 다시는 내게 정을 주기를 바라지도 않고 남에게 주는 정을 바라보지도 않으렵니다.

다만 변치 않는 동지로 성불의 길을 동행하며 사업으로 서로 돕는 벗, 곧 동지가 되기를 바랄 뿐입니다.

7월 17일 밤

백련白蓮 합장

이 편지의 답장이 좀 기다려졌으나 오랜 시일이 지나니 당신을 존경의 대상으로 생각하던 그 생각까지 잊어진 듯하였습니다.

그러나 당신에 관한 말씀을 알고 싶었고 당신의 일이 여의如意하다면 마음이 놓였습니다.

그러나 당신이 한번도 직접 연락을 아니 하는 일만은 아쉬움이 감도는 듯한 때도 없지 않았습니다. 지금은 드러난 존재로 계시니 소리라도 들리지만 만일 은퇴라도 하게 되면 생사조차 모르게 될 것이 아닌가! 하고 생각하면 좀 허전한 듯도 하였습니다.

다만 당신은 이미 사업의 소재인 정진에 한결같으시고 단일화된 정신으로 규칙까지 엄격하게 지켜 가며 일을 진행해 가신다니 당신이 하는 일에 성공이 아니 올 리 없을 것입니다.

당신이 냉정하고 엄숙한 자세로 언행의 책임을 지는 분이라는 말씀을 들을 때 당신을 향한 만족의 미소를 보내게 되옵니다.

이 세상에는 범인凡人 이상의 사람들도 더러 있기는 있습니다.

그러나 이념은 가지고도 실천을 못하는 이, 실천은 하면서도 밑천인 정신적 여유는 못 가진 이들뿐인데 당신은 이理와 사事를 갖추었으니…. 나는 당신 외에 이 산중에 숨어서 쌍행雙行하는 한 분을 보았을 뿐입니다.

그렇게도 만나기 어려운 분들이건만 알아보는 이는 극히 드문 세상이니 얼마나 어두운 세상입니까?

예전에는 당신의 영상이 내 생각의 그림자였습니다.

지금은 당신의 영상이 환물幻物이었음을 압니다. 따라서 당신의 인격은 나의 믿음의 대상이요, 존경의 상징일 뿐입니다.

당신은 나의 성불을 지극히 바라는 분 중의 제일인자第一人者이 믿으며, 따라서 당신의 대성大成을 염원하고 있을 뿐이었습니다.

그것은 지금으로부터 6년 전 가을입니다.

어떤 회사원인 듯한 청년이 두껍고 큰 책 하나를 전하는데 무슨 말을 물으려고 다시 내다보니 그만 가버렸던 것입니다.

그 책은 당신의 환갑還甲 기념으로 당신의 후배와 친지들이 뜻을 모아 만든, 대학자들의 불법 연구의 논문집인데 세계적 문헌으로 큰 가치가 있는 책이었습니다.

그 책에는 오래간만에 보낸 당신의 편지도 들어 있었습니다.

중간에 당신과의 일은 아득한 느낌일 뿐이었건만 왜 그리 반갑던지 봉함을 뜯기가 바빴습니다.

일엽스님께

세속 사람들도 숨겨 뒀던 비밀이나 사건, 또는 때를 기다려 발표하려던 중대한 일은 회갑날에 발표한다 합니다.

회상回想하오니 한 10년 전에 한두 번 서신왕래가 있었을 뿐 우리는 산하山下를 사이에 둔 몇백 리 밖에서 마음의 거울에 비쳐만 보고 소리와 소리는 다른 이의 말을 타고야 듣게 된 지가 어느덧 30년이나 되었습니다. 남들은 양量으로 쌓아올리는 공부를 할 때 우리는 양의 있던 자리까지 살라버리는 공부, 곧 밖으로 반연絆緣을 끊고 안으로 소리라는 생각까지 쉬어야 하는 공부를 하는 사람들입니다.

우리는 모두 다 고아들이었습니다. 그러니 인간적 반연이 천변天變으로 끊어졌고 세상 미련도 아니 남게 되었으니 우리는 저절로 수도인修道人의 위치에 놓이게 되었습니다. 우리의 수도의 조건은 훌륭하게 갖추어진 셈이 아니겠습니까?

그러나 중생심衆生心을 여의지 못한 우리에게는 모든 정을 부르고, 온갖 반연을 끄는 고독이란 장애물을 하나씩 가지게 되었습니다.

우리는 다생多生으로 같이 수도하던 동지였습니다.

그러나 몇 생生 전부터 우리는 좀더 친밀감을 가진 동무로 지내게 되었던 것입니다. 나보다 엽스님이 좀 더한 애착을 가졌던 탓으로 엽스님은 3생 전부터 여자로 태어나서 나를 따랐던 것입니다.

그후로 나도 엽스님에 대한 애착심을 갖게 되어 공부에 큰 성취가 없기 때문에 3생 전에는 내가 생사의 자유를 잃어버리게까지 되었던 것입니다.

금생今生에도 내가 엽스님에게 가졌던 정의 영향이 없는 것은 아니었으나 곧 깨달은 바 있어 단연斷然한 생각을 가지면서도 처음 만났을 때는 만주 방면으로나 산중으로까지 엽스님과 동행할까 생각했습니다. 그러나 그때는 엽스님이 공부할 뜻은 없고 내게 대한 정情, 그것으로 전체심全體心이 되어버렸기 때문에 차라리 엽스님을 혼자 두고 떠나면 불연佛緣이 깊은 사람이니 필경은 수도인이 될 것을 믿었습니다. 그러나 엽스님이나 나를 위하여 떠나야 할 길이언만 걸음은 무척 무거웠고 떠나서 내 사랑은 의외로 고통을 주는데…. 내 아니면… 하는 쾌감도 섞인 감정이었습니다.

입산해서 몇 해 지났을 때 엽스님이 내 주소를 어찌 알았던지 내게 편지를 보내지 않았습니까?

그 편지가 'B씨에게'라는 첫 번째 편지의 줄거리였습니다.

그때야말로 엽스님을, 엽스님의 모습을 간직한 내 가슴에서 송두리째 들어내려고 애쓰던 때였지만 그 간곡하고 애절한 사연은 모르는 이까지도 한 줄기 눈물을 아니 흘릴 수 없을 만하였으니 그 대상인 내 맘의 괴로움은 억제되지 않았습니다.

그만 하산하여 어디 취직이라도 하여서 엽스님의 외호外護 밑에서 둘이 공부하게 되면… 하는 망상이 정진에 혼란까지 줄 때가 있었습니다.

산새의 울음소리도 엽스님의 애절한 하소연인 듯, 창문을 스르르 스치는 솔바람조차 엽스님의 매력적인 그 눈에 눈물을 머금은 채 날 그려 한숨 쉬는 그 소리의 안내자로 화하던 것입니다.

자리에 누우면 몽실몽실 부드러운 엽스님의 풍만한 그 육체! 진실로 아쉬웠습니다. 그러나 편지 답장이라도 보낼까 망설이다가 그 일조차 종내 그만두었습니다.

아무튼 내 깜냥에는 맹렬한 정진의 힘으로 단시일 내로 정상적 정진을 하게 되었던 것입니다.

최후 승리자의 마지막 시련이 사랑의 고개를 넘는 일입니다.

그 고개가 한 고개, 두 고개가 아닙니다. 한 생生에도 몇몇 고개를 넘어 백천만 고개를 다 넘어야 합니다.

마지막 고개는 높으니 어려우니 하고 헤아리는 일로 따져볼 길 없는 최후 극말인 난령난령難嶺難嶺입니다.

미래세가 다하도록 살 그 목숨을 다 바쳐도, 온 우주를 다 드려도 그 고개 넘는 보상은 못 되는 것입니다.

다만 우주 자체화한 도력道力이 아니면 그 고개를 넘을 길은 없습니다.

우리도 안심하지 말고 크나큰 서원誓願을 세우고 용맹으로 정진할 따름입니다.

그 후 몇 해 지나지 않아서 나는 산을 떠나게 되었습니다.

일제日帝 때라 정치적 압박으로… 그 때문이었습니다. 그때 엽스님은 입산한 지가 5년쯤 되었다는데 자기적 모순을 느끼면서도 공연히 엽스님 안 계신 서울이 적적寂寂하게 생각되었습니다.

찾아다니던 내 발의 습관이 되살았던지 엽스님 계시던 도렴동 그 집 그 골목을 어정거리게 된 일까지 있었습니다.

엽스님에게 냉정한 것은 나를 억제하려는 의지 때문이었습니다.

엽스님을 처음 사귈 때는 일제 때로 내가 외국에서 갓 돌아와서도 친지가 없고 일자리 하나 주선해줄 이 없는 고독하고 소조蕭條한 때였습니다. 하지만 내가 산에서 나올 때는 그때와는 아주 달라져서 여기저기에서 오라는 데가 많았기 때문에 모든 면으로 보아 귀국 초에 비하면 대성공의 위치에 놓인 나이기 때문에 매혹적인 여인 무리를 많이 대하게 되었지만 마음을 움직여본 적은 한번도 없었습니다. 본국이지만 처음 귀국하였을 때, 외롭고 서글플 때 간절한 정을 주던 오직 엽스님 한 분은 옛사람의 '조강지처'를 그리는 듯한 감상이었습니다.

엽스님을 여읜 후로 한동안은 여인과의 접촉을 삼가고 지냈지만 한 20여 년 전부터는 남녀의 성性이라는 감각은 따로 갖지 않게 되었습니다.

이제 나는 남녀의 '성'에 대하여 도리어 혐오를 느끼게 됩니다. 그것은 수도 과정에서 지나치는 일이요, 정상이 아닙니다.

세속 사람들은, 본능이니 천성이니 하여 도저히 고쳐지지 않는 것으로 알지만 오래오래 해보아서 아니할 수 없게 된 것을 본능이라 하고, 언제까지나 언제까지나 늘 익혀서 능숙하게 된 일, 곧 습관화하는 것을 천성이라 하는데 그것이 혼이라는 것입니다. 그 혼은 본래 되어 있던 것으로 온 세상이 오인합니다. 혼이 곧 마음인데 마음이 조석으로 변한다면 어찌 혼이 달라지지 않을 것입니까?

우리는 본능을 좌우할 수 있고 천성을 임의로 고칠 수 있는 그 공부를 하는 것입니다. 혼적魂的인 사랑을 여의게 되어야 사랑의 본체, 곧 일체의 애력愛力, 곧 혼과 천성을 부리는 큰 힘을 얻게 되는 것입니다.

혼적 사랑이란 남녀간의 소위 참된 사랑이라든지 부모가 자식을 자비慈悲로 대하는 등의 사랑으로 "네 병을 내가 대신 앓아 주마! 네 죽을 목숨을 내 목숨으로 바꿔 주마"는 둥 착살맞은 그 정인데 아주 작고 가장 좁은 정입니다. 내 사랑! 내 부모! 제 자식만 아는 상대적인 그 사랑은 장차 원수가 되는 날이 있게 됩니다.

그런 단계를 훨씬 뛰어서 일체 애력을 얻은 불교적 사좌스승과 제자간이나 지혜의 동무는 동서로 헤어져 얼굴을 대하거나 아니 대하거나 어디서 어떤 생활을 하는지도 서로 모르도록 덤덤하게 지냅니다. 하지만 기회가 있는 대로 서로 지혜를 탁마琢磨하며 지혜를 길러 가게 되고, 혹시나 타락하는 동무가 있으면 천만 목숨도 아끼지 않고 백천 년 고생도 돌아보지 않고 서로 제도濟度하기에 조건을 붙이지 않게 됩니다. 일반 중생을 제도하는 때에도 같은 태도로 하게 됩니다.

그것이 대아적大我的 사랑이요, 평등적 자비라는 것입니다.

그 사랑이야말로 사랑의 극치인 것입니다.

석가모니 부처님이 제자들과 함께 나무그늘에서 쉬시다가 앞에 바라보이는 활활 타오르는 불더미를 손으로 가리키시며 "저기 저 불더미를 볼지어다! 너희들은 다 같이 보드라운 미인의 몸이 그리울 것이다. 그러나 저 불더미를 안는 것이 보드라운 미인의 몸뚱이를 껴안는 것보다 해됨이 오히려 가벼우니라. 불은, 불을 죽여도 정신의 해는 주지 않지만 미인의 몸은 참 생명인 정신을 죽이나니…. 너희들은 그것을 알고 수행해야 하느니라" 하시어 60명은 깨닫고 60명은 피를 토하고 60명은 달아났습니다.

나와 엽스님의 두 불덩어리가 합쳤다면 어떤 위험이 닥치지 않았겠습니까?

내 송수기념頌壽紀念을 한다고 오늘 모인 대중들은 한결같이 나의 인격과 사업의 성공을 한껏 찬양합니다.

그러나 내게는 남들이 모르는, 보다 더 크게 장하다고 할 일이 있습니다. 그것은 생로병사와 똑같은, 면치 못한 인연 깊은 엽스님을 여의고 또 냉정하게 할 수 있었던 일입니다.

그 덕분에 엽스님은 전국적으로 비구니계의 모범적인 큰 위치를 차지하게 되어 발심發心 출가자를 많이 내고 있습니다. 또한 무상법無上法을 가르치는 대중을 더 많이 모이게 하여 섭중攝衆을 잘하고 계시다는 반가운 소식이 들리고, 나도 생사해生死海에 빠지지 않을 정신의 힘을 가졌다는 자신감으로 사업에도 다소나마 성공이라고 할 만한 이날을 장만하게 되었습니다.

청춘을 불사르고

엽스님이 내가 떠난 일을 그리도 야속하게 여긴 것은 마치 몹시 배가 고플 때 받아 놓은 밥상을 빼앗긴 것 같은 느낌 때문입니다. 그러나 그 밥에는 독이 들었던 것입니다.

이제 엽스님은 회심의 미소가 있으리라 상상하오니 나도 자연 빙그레하여집니다.

오늘! 나의 동지와 친지들은 빠짐없이 모두 모였건만, 정신만으로는 아무래도 엽스님이 동참하지 않은 것이 아쉽습니다.

그렇다고 좀더 친밀감을 지닌 남다른 분으로 생각한다는 것은 아닙니다.

아무튼 무엇에나 착살맞은 집착만 여의면 마음과 몸이 함께 대장부가 되는 것이오니 엽스님은 남자 될 원력願力을 세우고 좀더 정진에 힘을 쓰서서 내생來生부터는 남자로 태어나 같은 남자로 불법 중의 동지가 되어 서로 여의지 말고 탁마琢磨하고 격려합시다.

정진이란 육체와 정신을 아울러 길러가는 법이라, 곧 정력과 정열情熱을 낚는 공부이기 때문에 개인의 사랑으로도 우주적 사랑을 기울일 수 있습니다. 따라서 우리는 환갑 노인이라 해도 청춘과 같은 정열과 힘을 인류애와 중생에 대한 자비로 써야 합니다.

아무튼 이제 우리의 사랑은 사랑의 극치에 이르렀을까요?

아직 완전히 이루었다고는 못할 것이오나 이 세상에서는 인간

칠십고래희人間七十古來稀라 하는데 우리 나이는 이미 환갑이라 세상 나이로도 좀 철이 날 때라 하오니 30년 침묵을 그만 깨뜨려도 무방할까 하여 여러 말을 늘어놓게 되어 이미 다 알고 계신 가외加外의 말씀까지 하게 되니 자연 수다스러워졌습니다.

이미 해가 기울었습니다. 우리의 이 생生의 해는….

사선死線을 넘을 채비나 잘하고 계신지? 이 말씀은 참으로 부질없는 말이 되었으면 합니다.

정유년 8월 19일

B 합장

인간의 행불행과 나

———

진묵眞墨 스님의 일화

진묵眞黙스님의 일화

일체 우주와 삼라森羅의 제상諸像은 후後 생각, 곧 희로를 느끼는 생각의 파편이다. 후 생각의 조각조각을 모두 거두어 한 조각을 만들면 본 생각에서 후 생각으로 출발하기 시작한 그 출발지점에 이른다.

거둔다는 말은 곧 버린다는 뜻이다. 모든 생각을 다 버리고 생각한다는 생각까지 끊어져 온전히 쉬게 될 때, 생각 전후가 합치된 생각의 정화精華로 전광電光 같은 깨달음이 생기면 비로소 환경에 휘둘리지 않는 독립적인 한 생각을 얻어 어디서 어느 때 어느 몸으로 어떤 생활을 하든지 안전지대를 차지하게 된다. 이때를 시공時空이 자체화한 때라 한다.

실상은 시공이 원래 내 자신인데 우리는 자신을 다 잃어버리고 한 조각 분신分身에 의존하기 때문에 낙엽이 홀로 구르는 것 같이 소아小我의 몸으로 지극히 불행하고 부자유한 생활을 하는 것이다. 인간이라 하는 것은 대아화大我化을 말함이다.

귀의불歸依佛이 곧 귀의자아歸依自我인 것이다.

불은 자체를 얻어 자체의 생활을 하는 것이다. 자체는 일어난 생각과 생각이 나머지 없이 쉬게 된 생각, 곧 생각하기 전의 생각과 합치된 생각으로 행불행을 임의로 짓게 되는 것이다.

아무튼 행복도 생각이 만들어 누리고 불행도 생각이 지어서 받는 것이다. 그러면 생각 하나가 행불행을 좌우할 바에는 생각을 가진 각자가 자재自在하게 되는 생각을 다 가져야 하는 게 아닌가?

자재하게 된 생각을 만드는 것은 먼 데 가서 어렵게 얻어질 것이 아니기 때문에 곧 이 찰나, 이 촌토寸土에서 얻을 수 있는 것이라 지금 생각하는 이 생각이 우주의 창시자다.

앞뒤 생각으로 조각을 내지 말고 한 생각으로 합쳐 적적寂寂하고도 성성性性하게만 쓰면 자유자재하여 행불행을 임의로 짓게 되는 '생각'이 된다.

지금으로부터 300여 년 전에 한국에 출현하셨던 진묵스님이 어느 날 샌님 세 분이 모여 노는 어떤 사랑방에 가셨다가 샌님들의 청請으로 재미있는 한 막의 연극을 벌이셨다.

세숫대야에 떠다 놓은 물은 대양大洋으로 변하고, 댓닢으로 만들어 대야 물에 띄웠던 배는 아담한 유람선으로 변해 네 분이 그 배를 타게 되었다. 이때 진묵스님은 샌님 세 분에게 무수한 죄인이 온갖 고초를 겪는 지긋지긋한 지옥도 보여주고 황홀하고 찬란하기 이를 데 없는 천상天上의 극치적 문화생활도 구경시키게 되었는데 천상에서는 천도天桃를 대접받도록 하였다.

세상 복숭아는 복숭아 맛 하나에 제한되어 있지만 천도는 시원하고 배부르고 상쾌하고 즐거운 온갖 맛이 갖추어 있는지라 샌님들은 집안 사람들의 생각이 간절하여 세 개씩을 간청해서 옷소매에 간직하고 저녁에 돌아오게 되었다.

도중에 묘한 섬 하나를 새로 또 발견하여 그 섬도 그냥 지나치지 못하고 배에서 내리게 되었다. 그 섬의 절경에 독특한 감미甘味를 다시금 느끼게 되었던 것이다.

정작 집으로 돌아가야 할 텐데 진묵스님은 세 샌님에게 배를 타려던 섬기슭 바위 위에 잠깐 기다리라 하고 혼자서 배를 타고 가셨다. 섬에서 잠시 볼일을 보고 오겠다며 떠나셨던 것이다. 샌님들은 자기들만 남으니 무서운 생각이 나서 어깨를 서로 맞대고 붙어 앉아 스님이 오시기만 초조하게 기다렸다.

하지만 잠깐 다녀오신다던 스님은 해가 져도 오시지 않고 다른 배들만 가물가물 간혹 떠다니다가 그마저 끊어지고, 새소리는 산귀신의 울음인 듯, 파도 소리는 물귀신의 탄식인 듯 소름이 오싹 끼치게 만들었다.

시간이 얼마나 지났는지 모르지만 무척 오래 기다린 듯 답답
하기만 한데 산 그림자마저 삼켜버린 캄캄한 밤이 되었다.

그래도 진묵스님은 돌아오지 않았다.

샌님들은 그제야 뜻하지 않았던 의심이 생기기 시작했다.

그 흉악한 중이 계획적으로 자기들을 죽이려고 이 무인 절도
까지 끌고 온 것이 아니라면 왜 밤중까지 아니 올까?

집안사람들한테 말 한마디 없이 무심히 떠난 것이 그만 영이
별永離別이 되어 인적조차 없는 외로운 섬에 혼은 무주고혼無主孤
魂으로 떠돌아다니게 되고, 살은 까막까치의 밥이 되고, 해골만
섬 비탈에서 구르게 될 줄 누가 알았을까 보냐고 서로 슬픈 사
정 이야기를 하다가 그만 울음이 터져 방성대곡放聲大哭을 하게
되었다.

이때 안방에서는 대낮에 들리는 느닷없는 사랑방 곡성哭聲에
너무도 놀라 맨발로 뛰어나가 보았다. 세 샌님이 사랑방에서 짜
던 자리 위에 옹기종기 붙어 앉아서 자리 짜는 데 쓰는 고드래
돌을 세 개씩 창옷자락에 뭉쳐서 끼고 몸부림을 쳐가며 우는 것
이 아닌가. 안에서 뛰어나와 둘러 서 있는 것조차 미처 모르고
울기만 하였으니 체면으로 생활을 삼는 샌님들의 꼴은 무엇이
되었겠는가?

아무튼 천당, 지옥, 인간이 이 곳, 이 시간, 곧 이 생각이 지어
낸 것임을 현실이 증명하지 않는가? 이 현실이 꿈이며 또한 명

확한 사실이기도 하다.

낮에 생각하고 밤에 꿈꾸고 죽어 천당 지옥으로 다니는 혼은 한 개의 물체인데 그 물체가 이 생각 하나다.

생각 하나가 다양각색의 생활을 지어 웃고 우는 것이다.

지금 시대인들은 미래세未來世가 다함이 없이 윤회하는 이 생활이 한바탕 꿈으로, 이 꿈이 사실이요, 사실인 현실도 꿈이요, 몸이 죽어 천당 지옥에 가는 것도 꿈이며 사실임을 모른다.

그림자를 볼 때 물체가 반드시 있음을 아는 것과 같이 글에 나타난 글자나 하는 말은 곧 껍질이니 껍질이 있을 때 사실이 있음을 아는 것은 상식이다.

그런데도 상식이 없기 때문에 불교를 믿는다는 사람까지도 등상불等像佛에 대한 기도와 가피를 부인하고 등상불이나 그림의 성현을 존경하지 않는 이가 있다. 믿는 나와 믿어지는 대상의 마음, 곧 생각은 하나이기 때문에 몰아적沒我的=彼此合致] 믿음이면 대상이 나무등걸이라 해도 행동하게 된다.

이 행동력의 본체는 물체에 의존하지 않는 존재로서 피가 엉기기 전에 이미 있었던(有無의 합치, 곧 滿空) 것이다.

그리고 생각하는 생각은 현실, 곧 물체이다. 물체이기 때문에 정신 갖춘 사람의 눈에는 보이며 그러므로 그 물체의 음식을 먹이고 정신의 음식인 설법說法을 하여 제도하는 것이다.

우리는 기억력 상실자로 전생은 물론 모태 적 일까지 잊었고,

눈이 어두워 물체인 영靈이나 신神을 못 보는 줄을 알아야 한다.

나는 예수교의 목사나 천주교의 신부 또는 수녀를 만나면 이렇게 말한다.

"당신들의 직함의 책임감이라도 가지고 좀 알아보면 눈이 어두워 못 보았던 것을 알 터인데 불교에서 영가 천도하는 일을 도리어 마귀의 일이라고 말한다니 구원 받을 길의 앞잡이로서 자격 상실자임을 알라."

영이니 신이니 하는 이들은 영리하여 모든 존재 중에 신통력神通力이 많을 뿐 사물邪物이다. 그러므로 신을 구원의 대상으로 삼는 자는 어리석음을 면하지 못하고, 부인하는 자는 무지인無知人임을 알아야 한다.

구체적인 인간이 되어지는 것이 곧 완인인 불[完人佛=魔佛]의 단일화를 이루는 것이다.

불교를 외호外護하는 신들은 모두 최선의 신들로 팔부八部의 부서로 나누어 외호하고 있다.

우리의 소아적 경지에서 생각해봐도 생각 하나에 휩싸여 방금 이 자리에 일체 사건, 장소, 시간, 인간 들이 떠오르는 것을 보지 않는가?

생각은 현실이니 생각하는 대로 현실이 되지 않는 것은 전후 생각이 하나가 된 완전한 생각이 못 되기 때문이다. 아무튼 해놓은 일이 없어 속성속패速成速敗가 되는 것이다.

청춘을 불사르고

현실은 그림자요, 정체는 몸뚱이 없는 행동력이다. 곧 상기想起는 현실이요, 상멸想滅은 생각의 본체이다.

방금 생각하는 이 생각의 전, 곧 사전事前 일(인간 정신의 본체)부터 장만하여 가지고 인간으로서의 생활이 개막되어야 생각하는 대로 행불행을 좌우하게 된다.

생각 전인 '나'를 파악하지 못하면 자유로 살아 볼 수는 없다. 어차피 죽을 수는 없고 세세생생 살아가야 할 그 일을 어찌 처리할 것이냐는 것이 가장 절박한 문제다.

인간이 갖는 초보적인 지식으로서, 이 몸은 생명의 의복으로 언제나 갈아입어야 하는데 혼魂은 습기習氣의 뭉치로 된 물체이고 혼의 전前이 참생명이며 육체적 생명도 미래세가 다함이 없이 살지 않으면 안 된다는 것쯤은 알아야 한다. 그만한 지식도 없으면서 종교인이니 지도자니 사상가니 자신만만하게 살아가는 것이 현대인이다.

현실에서 증명 안 되는 것을 이다음은 누가 보증하겠는가? 현실을 증명하기 위해서는 좀 알아보아야 할 것이다. 부처님이나 하느님이 일러 주지 않더라도 내가 의심나지 않는 데까지 가 보아야 한다.

근거도 없이 비현실적이니 비과학적이니 하는 무책임한 말로 부인하지 말고 근거를 확실히 잡아볼 일이다.

서구인들은 현 생활이나 또는 한 막 바뀌는 일인 천당살이,

곧 물질적 영역 안의 일, 다시 말해 생각나서 사는 일만 알고 살았다. 하지만 그중에는 직접 알아보지는 못하여도 전생의 일(前後生의 일 또한 생각나서 사는 일이지만)을 최면술로라도 알아보아 증명하는 이가 있다.

생각이 일어나기 전은 생각하게 하는 생각이요, 생각이 일어나면 혼과 몸과 일체를 이룬다. 아무튼 일체가 생각 하나이기 때문에 어떤 엄청난 상상이라도 나머지 없이 실현되고 실행하는 것이다.

일체 요소를 갖춘 것이 생각이므로 생각만 있으면 만능의 행동을 할 수 있다. 생적 절대 평등권을 갖게 된 것은 생각은 누구나 가지고 있기 때문이다. 벌레도 초목도 다 생각이 없지 않다.

불가사의한 신통력이라도 그것이 가치 있는 것이 못 되는 것이니만큼 너절한 이야기를 늘어놓을 까닭이 없지만 이런 너절한 이야기조차 믿어지지 않는 정신력을 가진 인간들이 지도자인 체하고 또 그 지도를 받도록 되어 있는 이 세계이기 때문에 평화와 자유의 날이 없다. 그 일을 딱하게 여겨 하는 말이다.

아무튼 누구나 어느 때나 생각이 없을 때는 없으니 생각의 사도使徒인 거짓 생각에 살지 말고 생각을 부리는 참생각을 파악하게 되어 행불행의 생활을 스스로 주재하여야 할 것이다. 참생각은 이 생각의 반면反面이니 기거 중에 언제나 생각의 반면을 되돌아보아 발견하고 사용하여야 할 것이다.

인간을 구하는 길

—

불교도대회에 보내는 제의서

불교도대회에 보내는 제의서

우주간 일체 존재가 다 모이는 최대 회합인 불교도대회의 일원인 한 비구니는 이번 대회로 인한 큰 성과로 혼란한 사조에서 헤매는 인류의 역사가 바뀌어 참된 역사가 빚어짐을 빌면서 설파적說破的인 제의서를 보냅니다.

이 사바 인간들은 자신의 몸을 위하여 남을 해치고 자국의 이득 때문에 타국을 침략하다가 오늘에는 인간성이 얼마나 잔인하게 되었는지 골육상잔의 독해毒海에 부침하게까지 된 것입니다.

이때에 소위 위대한 과학자의 위치는 잔행殘行의 발원지가 되고 피상적인 평화와 자유라는 것은 권력자에게 이득의 기회를 주는 국제적 교제장에 지나지 않게 되었습니다.

그러므로 근대 인류의 역사는 살인자의 표창장이 되며 거짓 인류의 생활기록인 휴지 뭉치에 지나지 않습니다.

그러면 인간계라고 일컫지 못할 만한 참혹한 이 세계를 무슨 도리로 구원할 것입니까? 자비와 사랑을 말하는 이가 있을 것입니다. 자비와 사랑은 본래 있지 않습니다. 부처님의 자비, 하느님의 사랑도 다 자신自身 때문입니다. 전 우주가 자체이니만큼 중생은 자체의 분신이기 때문에 일체 중생을 권고하는 것입니다.

인간들의 희생이니 공헌이니 하는 것도 자신을 위하는 행사일 뿐입니다. 그러므로 우주적 회의會議에서 나온 합리적인 정법이라 하더라도 상대적(상상법)으로 된 세상법으로 구원할 도리는 없습니다.

부처님은 당신의 상상의 최후까지 합리화적 구원의 법인 45년 유세遊說를 왜 부인하였겠습니까? 병의 근치법이 못 되기 때문이 아닙니까? 구원의 법은 상상이나 글이나 말로는 표현되지 않는, 매우 깊은 뜻이기 때문입니다. 출구가 따로 없는 진리이기 때문입니다.

그러므로 자비와 사랑으로 감화를 시키느니, 핵무기를 쓰지 않아야 하느니, 조약과 공의를 지켜야 하느니, 올바른 제도, 강령, 주의主義 등으로 되느니, 물질의 균등분배니, 권리적 평등이니 하는 논리적 평화법으로는 도저히 인류에게 실리를 줄 수 없습니다.

다만 근본적인 휴전법은 투쟁의 발동지인 개개인의 육국(六國=六根 곧 눈, 귀, 코, 혀, 몸, 뜻) 전戰이 쉬게 되어야 우주적 휴전이 됩니다. 곧 각자적 정신 회복입니다.

성냥 한 개비로 큰불이 일어나고 일파—波는 만파萬波를 일으키는 시작입니다. 사감私感에서 비롯된 싸움이 집단에서 집단으로, 국가에서 국가로 퍼져 세계적인 전쟁이 일어나지 않습니까?

일체 존재는 피차彼此라는 근본적인 모순성, 곧 동시에 두 물체는 설 수 없기 때문에 내가 서려니까 남을 밀치지 않을 수 없게 됩니다.

투쟁심은 생각이 일어날 때에 함께 일어나는 것이 원칙입니다.

투쟁심의 발원지가 각자의 물욕적 정신을 지어내는 6근입니다. 다시 말하면 6근은 망상의 소치입니다.

망상의 집적集積이요, 연장延長은 업(業=떫氣로 이룬 천성, 곧 혼)입니다.

인생살이는 각자 내 업의 반영입니다. 인생의 희비고락은 거울을 들여다보는 미친 여자가 웃고 우는 자기 표정에 놀아나는 일입니다. 거울 속의 나를 남으로 알기 때문입니다.

그러므로 실성인의 집단이 이 지구상 인류이니, 정신을 회복시키는 일이 근본적 평화법입니다.

불교도대회에 보내는 제의서

아무튼 누구나 자기가 온전한 정신을 가진 인간이 아닌 줄만 알면 정신 회복기에 들어 인생이 될 것이 아닙니까? 모든 문제의 시초로서, 일체 문제의 종결은 인간 된 때이므로 인간만 되면 인간적 전체 정신을 회복하게 됩니다. 우선 정신이 회복되어야 거울에 비치는 이가 곧 나라는 것을 알게 되어 6근을 진정시켜 욕심과 원한과 집착과 애정을 쉬고 정상적 정신을 가진 정인正人으로 안정열반, 곧 불변적 평온에 들어갈 것이 아닙니까? 이때엔 정인의 6근이 고요히 각자적 책임을 해갈 뿐입니다.

개체의 집단인 우주 안 일체 존재는 그때가 되어야 생적 절대 평등권을 가지고 균형적 생활을 하게 되어 각자적 입각지에서 다 같이 자족을 느끼게 됩니다.

자타의 합치인 '나'를 이룬 그때는, 위로 무서울 것도 없고 아래로 업신여길 것이 없음을 알게 되어 내 자유로 남의 구속을 풀어주고 남의 자유에 내가 동화되어 대구속에서도 대자유의 생활을 하게 됩니다. 그때에는 고락과 행불행이 다 내 정신작용임을 알게 되어 천당에서는 살 만하고 지옥에서는 못 견디겠다는 몸부림도 그쳐지고 내 자유가 필요함을 알게 됩니다. 그때는 남의 권력도 인정하게 됩니다. 그리하여 나는 새라도 나와 합의가 안 되면 허공을 벨 만한 날쌘 칼이 있어도 그 날아가는 방향을 막지 못할 것을 알아, 남을 믿게 할지언정 강요하지는 않게 됩니다.

어쨌든 내가 별도의 존재가 아니므로 남도 '나'화에 체달, 곧 자타가 하나인 무아적 '나'를 이루게 되지 않는 한, 평화는 바랄 것이 못 됨을 알게 될 때에 비로소 평화법이 발견됩니다. 나도 남이요, 남도 나라는 것을 체달하지 않고는 나의 평화를 누릴 수도, 남을 제도할 도리도 없습니다.

그러면 자타가 하나인 완전한 나를 무슨 법으로 증득하게 될 것이냐? 그것이 문제입니다.

그것은 불법의 골수법(=정법)인 참선법(창조성인 각자적 본정신이요, 자아인 자타 합치적 나를 회복시키는 법)밖에 없습니다.

더구나 불법佛法의 외형인 세상법은 성쇠盛衰하는 역사의 되풀이이기 때문에 세상과 더불어 괴겁(말세)에 이른 오늘의 불법이니 불교가 국교로 된 그곳에서도 문자불교만 남았다 합니다. 그러므로 불교인이라는 그들 중에도 생각이 일어나면 피차라는 모순성으로 마찰이 없을 수 없지만 생각하기 전에는 남과 내가 하나이던 그 본체를 잊어버리기 때문에 골육상잔적 투쟁을 하는 데에는 진실로 슬퍼하지 않을 수 없는 일입니다.

어쨌든 두두물물이 다 나의 반영이요, 불佛의 분신이므로 자타가 다 불일 뿐이건만 불교도들도 그것을 체달하지 못하면 실제로 전쟁을 하게 됩니다.

인천人天을 다 건져야 할 책임을 진 불교도들은 이처럼 영일寧日이 없는 인간을 건지는 구제사업을 해야 할 것입니다. 그런데 사업은커녕 도리어 중생들의 잔학스런 행동에 휩쓸려 난동하게 된다면 불법佛法을 위하여 사죄할 땅을 찾을 길이 없게 됩니다. 이것은 불법의 골수인 참선적參禪的 진리를 파악하지 못한 불교도들의 과제입니다. 이때에 화급한 일은 재재처처在在處處에 참선방을 세우는 일입니다.

바야흐로 불법이 재흥할 조짐이 완연히 보인다 합니다. 동양에서도 발심납자發心衲子들이 모여들고 서구에서도 전위대적前衛隊的 문화인들이 참선법에 공명共鳴한다고 합니다.

우선 대회 내에 판도방判道房[1]을 설립하고 판도[2]를 하여 선발된 도인을 우주적 지도자로 받들어 모시고 그 지도하에서 무량적無量的 인간이 나서 도풍道風으로 인간적 세계를 이루고 생활은 인간법화佛法化하게 되어야 합니다. 그리하면 인간들의 잔학성이 융화성融化性으로 바뀌게 되어 한국이나 독일의 국토통일도, 세계적 평화도 이루어질 것입니다.

그리하여 전쟁은 행동적인 한 마찰에 지나지 않게 되어 전 인류가 근본적인 평화를 누리게 될 것입니다.

아무튼 전세계 각국이 거국적으로 사전 일인 인간 기르는 일에 전력하게 되는 그날이라야 세계적 평화, 인류적 자유가 온다

---

1 큰스님을 중심으로 수행하는 방과 그 곁에 있는 작은 방. 곧 수행도량.

2 수행자들간의 수행의 경지를 가늠함.

는 사실을 불교도들만이라도 우선 알아야 할 것입니다. 행불행은 각자적 내 정신작용이니 평화와 자유는 자체에서 구할 것입니다.

이제라도 큰 도인 한 분만 출현하신다 하면 그분은 우주의 주인공, 곧 우주의 머리가 되고 일체 생령生靈은 사지백체四肢百體가 되어 머리는 사지백체의 각자적 마음이 조화되어 '하나'화하도록 지도하고 지도를 받는 사지백체는 그 위치를 잘 지켜 간다면 우주는 평화일색이 될 것 아닙니까?

옛날, 생활이 불법화됐던 때에는 국가적 가치표준을 도인이 있고 없는 것으로 세웠다 합니다.

아무리 빈약한 나라에서도 도인 한 분만 계시면 빈 나라가 아니라고 멀리서도 그 나라를 향해 예배하였다 합니다.

아무튼 내가 못 쓰는 것이 내 것일 턱이 있나, 하는 생각은 어린아이들도 하게 될 것인데 근대 인간들은 내가 내 맘대로 못쓰는 나를 나, 나, 하고 집착하여 내 맘대로 쓸 내가 있건만 찾을 생각을 아니 합니다. 이것은 불佛이 무엇인지 모르기 때문이요, 불이 무엇인지 모르기 때문에 내가 무엇인지 모르는 것입니다.

이때에 제일 화급한 일이 불법佛法 전체를 전 인류에게 알리는 일이 아니겠습니까? 불법 전체를 알리는 데는, 알고 믿는 것보다, 불법의 골수를 파악하게 하는 참선법 외에는 없습니다.

그러니 지금이라도 대회의 긴급 동의로 사찰마다 선원을 두

불교도대회에 보내는 제의서

는 일을 곧 실천하여야 할 것입니다. 불법의 특별한 사명은 그뿐입니다. 선행이나 좋은 사업은 세속법으로도 모두 성취할 수 있는 것입니다.

어쨌든 이 글은 대회가 완인完人을 많이 나게 하는 사업기관으로 되어야 불교적인 대회의 의의가 서게 될 것을 강조한 제의서입니다.

이 제의서가 현실화되는 날이라야 비인간계인 이 인간계의 역사가 바뀌어 삼계三界의 대교주의 환도일還都日, 곧 불일佛日이 재휘再輝하여 천 부처님 만 중생의 합석 자리로 차별 없는 대우주를 이룩하게 될 것입니다.

거기는 영구적인 안전지대(安全地帶=열반의 세계)의 어느 곳 어느 때에라도 날아드는 파리나 기어오는 벌레까지도 물리치지 않는 절대 평등지로서 불교대회화의 대천지大天地가 될 것입니다.

이 제의는 본 비구니의 창안이 아니요, 오로지 불법대의佛法大義로 유래한 바이니 대회적 설찬하에 크게 반갑게 받아들여 실천되어야 정법이 서게 될 것입니다.

붓을 들기 전에 대회의 일은 한결같았는데 붓이 스스로의 분주로 바빴습니다.

무술년 9월

충남 덕숭산 수덕사 견성암 비구니 김일엽 씀

나를 알아 얻는 길

—

미국 모 대학 교수 스티븐슨 씨의 편지에 답함

미국 모 대학 교수 스티븐슨 씨의 편지에 답함

귀하의 편지는 반갑게 읽었습니다.

인간은 자신이 희구希求하는 모든 조건을 갖추어 보아도 생명의 극히 깊은 곳에서는 그래도 아쉬움을 부르짖게 됩니다.

그것은 회의懷疑 없는 석연한 현실을 못 가졌기 때문입니다.

석연한 현실이란, 내가 생각하는 모든 일은 다 내 앞에서 과학적 증명으로 현실화하여야 되는 것입니다.

우선 내 몸이 여기 있는 것은 현실이 아닙니까? 이 몸이 반드시 죽을 것도 사실이 아닙니까? 그러면 이 몸이 나기 전에도 이런 몸을 가졌던가? 이 몸이 죽은 뒤에는 어찌 될 것인가? 만일 나기 전에도 무슨 일이 있었고 죽은 뒤에도 또한 생활이 있다면 생전 사후로 늘 살고 있는 나는 과연 무엇일까, 하는 생각이 아니 날 리 없지 않습니까?

그런 생각이 난다면 그 일을 밝히고 나서야 내 생활의 예산豫算과 계획을 세우게 될 것이 아니겠습니까?

'나'를 알아본다는 그 일은 누구의 주의 주장도 아니요 학리學理도 교리도 아닙니다. 오직 우주의 원리적인 인간적 상식일 뿐입니다.

"우주는 나다"라는 말은 할 줄 알면서 숨 한 번 내쉬고 들이쉬지 못하면 그만인 이 목숨이 끊어지면 그만인 줄 알고 어찌 허전해서 살아가는지 그것은 알지 못할 문제입니다.

시공時空이 '나' 하나입니다. '나'는 생각합니다.

내가 생각하면 시공이 일어나고 생각을 그치면 시공이 소멸됩니다.

'나'의 상기상멸想起想滅이 생사生死요, 건괴建壞입니다.

원생명原生命은 생사가 없지만 생명의 움직임의 시작인 생각은 윤회輪廻라는 수레바퀴에서 영겁永劫으로 맴돌고 있는 것을 인정하지 않을 수 없는 것이 현실입니다.

우주의 윤회적 움직임이 내 생각이므로 내가 우주라는 것이 증명됩니다.

아무튼 모든 우주나 중중누현重重累現의 현실상이 나의 정신작용이라는 것을 인간이라면 알아야 합니다. 우주는 내 생각이 지어낸 존재이기 때문에 내 생각이 윤회 자체입니다.

나는 생사선生死線에서 돌고, 날은 주야로 바뀌고, 철은 춘하추동으로 되돌아오고, 해는 신구新舊의 연륜으로 돌아가며 우주는 대공大空이라는 큰 권내圈內에서 맴돌고 있지 않습니까?

인생의 가족적 촌수寸數의 보더라도 '나'에서 형제 자매가 2촌, 숙질이 3, 4촌…. 이렇게 멀고 가까운 촌수로부터 족보를 뒤져 연결된 인척 관계에 이르기까지 일련으로 이어지는 모든 존재들입니다. 여기에 금수禽獸, 초목, 물건들 내지 산천, 허공虛空까지 미루어 셈해보면 몇억조億兆의 촌수가 붙을 것입니다.

그리하면 가장 먼 촌수가 나와 가장 가까워지게 됩니다. 꼬리가 머리를 물고 무진겁無盡劫으로 돌고 도는 것입니다.

아무튼 허공을 지나면 진공에 이르러 우주와 대현실상은 소멸됩니다.

그때는 일체가 하나화한 때인데 그때가 생명의 본자리입니다. 생적 절대 평등권인 생사 없는 안전지대로 들어가 일체가 합치된 나의 본자리입니다.

그러므로 우주는 '나'에서 출발하여 '나'로 돌아옵니다. 내 첫 생각이 나에서 남他에게로 돌고 돌아서 내게로 되돌아옵니다. 시간이고 공간이고 그대로 일련으로 된 통일체입니다.

그러므로 우주는 나요, 우주와 나의 자체가 윤회임을 확인하게 됩니다.

미국 모 대학 교수 스티븐슨 씨의 편지에 답함

우선 가만히 앉았으면 지금의 시간과 오는 시간, 지나간 시간들의 모든 현상이 내 생각 안에서 돌아다니다가 생각만 그치면 시간과 현상이 사라져버리는 것이 아닙니까?

그러므로 모든 인류가 잘살고 못사는 것이나 악하고 선한 것이 다 나의 잘잘못에서 비롯된 것이니 나는 생적 용기를 내야 하고 흥망적 역사의 책임도 나로부터 지게 되는 것을 인식하고 이행할 각오가 있어야 할 것입니다.

이렇듯 내가 우주라는 것을 알면 우주적인 나의 위치를 회복할 결심을 하여야 할 것입니다. 그 생각이 나를 찾으려는 생각입니다.

우주적 나의 위치가 회복되면 우주의 원리원칙은 나의 행동력으로 지어진 일이니 내가 운용하게 되는 것입니다.

우주는 '나'이면서 내 생각의 작용, 곧 내 작품입니다.

'나'라고 하면 나는 내 맘대로 나를 쓰게 되어야 '나'라는 의의가 서게 될 것이 아닙니까?

그런데 사람들은 '나'를 알아보려는 생각이 나기는커녕, 이 몸은 백년도 못 사는 순간적 존재인데 이생 동안 사는 것을 시작과 끝으로 아는 것입니다.

이 지구상의 인간들은 '나'를 잃어버린 인형의 집단이기 때문에 인간은 다 그런 인간뿐인 줄로 여기고 어디에나 마음대로 못 쓰는 '나'를 "나, 나" 하고 믿고 사는 것입니다.

그러나 전통적인 고등 의식이 발달된 동양사람 중에는 생을 포기할 도리는 없고 생의 책임자는 '나'임을 아는 사람들이 있어 "전생의 잘못으로 금생에서 이 고생을 하지만…" 따위의 말을 가끔 합니다. 하지만 그것을 믿을 만한 정신력도 못 가진 동양사람들도 있고 더구나 지식인인 체하는 사람들이 도리어 알아보기는커녕 비과학적이라고 단박 부인해버립니다. 과학이 무엇인지도 모르는 자들인 것입니다.

전생후생前生後生이란 말조차 들어볼 수 없고 미래세未來世가 다함이 없이 상속되고 있는 인생살이에서 겨우 한 막 바뀌는 일, 곧 천상天上에 나는 일밖에 모르던 서구인인 귀하가 혼魂의 거래를 연구하게 되셨다니 전생에 부처님께 깊은 인연을 지으신 덕입니다.

현대 인간들은 기껏 생각해본다는 것이 아주 막연하게 "이 몸 외에 무엇이 있기는 있을 것 같은데…?" 하는 그 정도의 느낌을 가질 뿐인데 귀하는 혼이 분명하게 있어 전생, 후생으로 오고감이 있다는 것을 알고 연구에 열중하신다니 그런 탁월한 정신으로 '나'를 쉽사리 알게 될 줄 믿습니다.

그러므로 혼의 정체正體인 '나'를 발견하는 법을 자세히 알려드리려 합니다.

그런데 혼의 거래를 연구하기 전에 혼을 직접 아셔야 하고 혼을 알기 전에 혼의 창조주인 '나'를 아는 것이 인생학人生學의 순서입니다.

우주는 '나' 하나입니다. 나의 생각으로 우주를 만들어 성주괴 공이니, 생로병사니 하는 모든 일거리를 만드는 것입니다. 그러 므로 '나'만 알면 의심할 아무런 일도 없이 앞뒤의 일이 석연하 고 명쾌해집니다.

나라고 생각하는 나는 내가 아닙니다. 진아眞我는 의식하기 전 이요, 생각이 일어나지 않은 때에 이미 존재한 것입니다.

하느님이니, 부처님이니, 신이니 하는 존재도 없을 때, 피도 엉기기 전, 혼도 이루어지지 않은 때에 있는 무(無=생명의 원천) 로 절대 능력자인 창조주입니다.

모든 부처님이 다 그 '무'를 붙잡아 마음대로 쓰는 분입니다. 그분에게 귀의하는 뜻은 우리가 잃어버린 '나'를 그분들이 먼저 알아 얻었으니 '나'를 알아 얻는 법을 배우려는 것입니다.

그들은 먼저 인간이 된 우리의 스승이기 때문입니다.

일체 존재의 씨[無]는 다 같으므로 생적 절대 평등권을 말하게 된 것입니다.

아무튼 앞뒤 생각이 끊어진 적멸경寂滅竟에서 전광電光 같은 돌연한 한 생각을 일으킬 때 '나'의 근본적 '나'가 발견되는데 그 것은 유무有無가 합치하는 '나'입니다.

'나'를 알아 얻은 인간이 진정한 인간입니다.

같은 개체적 존재이지만 정신은 우주화하게 되어 무슨 일에든지 우주적 능력으로 쓰게 됩니다. 그 인간이 만물 가운데 가장 귀한 인간이란 것입니다. 인간의 본이름은 부처佛라고 합니다.

우선 일체 요소를 갖춘 창조성을 같이 가졌건만 왜 나는 부처가 못 되고 자유를 잃어버린 인형으로만 살게 되는가?

생각하는 것은 수량과 한계가 있는 것이요, 생각하기 전은 무량무한無量無限, 곧 전체입니다. 생각이란 우주의 분신分身이요, 우주의 정신 분열이라고도 할 것입니다.

그러나 처음 일어난 그 생각우주의 전체력 하나로만 행동한다면 불가능한 일은 없게 됩니다.

생生은 언제부터 시작되었는지 모르지만 생이 무량무한겁無量無限劫으로 살아오는 동안에 억천만 생각의 조각을 내어 자신의 분신인 그 조각에 의존하였기 때문에 불안과 초조의 생활을 하게 된 것입니다.

생각은 현실이요 생각 전은 현실의 내적 본질인 창조성인데 그것은 절대적입니다. 절대적 창조성은 바탕이 되고 상대성의 현실은 생활인데 이 둘이 하나로 우주를 이룬 것입니다. 우주 그대로를 인간이라 하고 우주의 대현상의 개체 개체를 중생衆生이라 합니다.

자체自體인 우주를 찾으려는 공부를 수도修道라 합니다.

인간인 부처님은 전생에 이미 수도 생활을 마쳤으므로 우주의 말씀을 하신 것입니다. 즉, "천상천하天上天下에 오직 나 하나 뿐이다"라고 말씀하신 것입니다.

우주의 행동력의 발휘는 현실이요, 행동의 원동력은 '무'인데 현실은 겉表이요, 창조성은 속裏입니다. 겉과 속, 즉 표리는 하나입니다.

귀하는 겉을 모으는 공부를 하고, 이 중僧은 속을 얻으려는 수도를 합니다. 둘을 다 이뤄야 인간이 됩니다. 그러므로 인간이 되려면 쌍수雙修를 하라는 것입니다. 밀가루가 있더라도 '빵'을 만들어야 하는 것같이 수도를 다 마쳤더라도 사업적 행동이 없으면 움직이지 못하는 인간입니다.

바탕부터 장만하는 일은 농부가 토지를 먼저 장만하는 일과 같습니다. 그러나 농사지을 줄 모르는 농부는 토지가 쓸데없습니다.

그러므로 유물론이나 유심론(현대론은 유물론임)은 서로 모체를 다투는 닭과 달걀의 싸움 같은 논리입니다. 논리의 본체인 '무'에서 비로소 싸움의 끝이 나게 됩니다. 대진리는 대모순이므로 모든 논리는 일면적입니다. 불교나 예수교나 어떤 종교이건 철학가, 사상가가 전체를 말하지 않는 논리는 일방적 이론에 지나지 않습니다.

세상일을 다 긍정하게 되고 다 부인하게 되는 이치를 알고 보면 시비是非는 끊어지게 됩니다.

이런 논법으로 말씀드리면 길어지기 때문에 줄여서 대강 말씀드리겠습니다.

아무튼 혼은 생각이 많이 뭉치면 큰 혼으로 큰 인간이 됩니다. 생각은 행동입니다. 그러므로 오직 시간과 노력으로 오래도록 애써 남을 이롭게 하는 이타적 행동을 한 사람은 천상에 나서 극치의 문화생활을 하게 됩니다.

많은 노력복을 짓는 행동으로 생활비를 자체화하였으므로 생각하는 대로 먹히고 쓰여서 즐겁고 자유로운 생활을 합니다. 그러나 즐거움에 도취하여 수도나 노력을 할 여가는 없기 때문에 부자가 파산당하는 슬픔을 겪게 되는 것입니다.

늘 살아야 하는 생生은 늘 버려야 삽니다.

아무튼 혼은 육체와 분리시킬 수 있는 물체이므로 육체는 따로 버려 두고도 혼이 혼자서 온갖 행동을 하는 인간을 이 중은 보고 듣고 있습니다.

이 옷인 육체를 벗어버리고 마음대로 언제나 혼만 다른 데로 가는 이도 몇몇 사람 보았습니다. 수행을 하는 과정에서는 이런 일쯤 그다지 신통하게 여길 것은 없습니다. '나'만 이루면, 곧 인간만 되면 나의 전체적 정신력으로 상상할 수 있는 일은 모두 마음대로 할 수 있기 때문입니다.

더구나 근기根機가 박한 우리는 신통력 때문에 공부에 장애를 일으킨다고 합니다.

미국 모 대학 교수 스티븐슨 씨의 편지에 답함

귀하는 정신을 모아서 하나화하려고 연구에 열중하고, 이 중은 생각 생각을 두드려 없애서 생각 하나도 없어진 무에 들려는 공부를 합니다.

어쨌든 생의 목적은 '나'를 찾아 사람이 되려는 데에 두어야 할 뿐입니다.

아직 사람을 이루지 못한 현대 사람들에게는 모든 사람들이 추앙하는 지도자들 중에도 천만 번 되갈아입는 옷 한 벌인 사람의 육체적 목숨도 또다시 못 얻게 되는 수도 있는 만큼 사람의 몸은 가장 귀중한 보배라고 가르치게 됩니다.

종교가나 사상계에서 왕자王者라고 추앙받는 사람들 중에도 말이나 글로는 의식하는 데서 못 얻는 진리라고 하면서 의식할 수 있는 상대적인 존재, 곧 신이니 영감이니 하는 따위로 구경究竟을 삼게 되니 구원의 출구는 열리지 않습니다. 참된 생명선을 못 잡은 그들은 인형조차 잃어버리기 쉽습니다.

상대성이라는 테두리에서 빗어난 절대경에서라야 구원의 문이 열립니다.

불안과 초조한 생활을 하면서 그래도 구원을 얻을 곳은 종교라고 생각하나, 어떤 종교로 가야 할지 몰라 제3종교를 말하는 사람이 있게 되었습니다.

사실 종교는 생사와 고락이 하나화한, 변하지 않는 안전지대로 인도하여야 그 의의가 생깁니다. 어떤 종교에도 종주宗主가 되는 부처님은 영구적인 안전지대를 제일 먼저 찾아 놓고 악귀惡鬼, 벌레까지도 오라는 것입니다.

생각한다는 생각까지 끊어진 그 자리, 곧 무無만 내가 다 차지하면 유有는 내 것이 됩니다. '유'는 생각하는 일체, 곧 대현실상입니다. 생각이나 현실은 하나요, 무유無有도 내외內外로 둘이 아닙니다. 지금의 우리는 반쪽 인간입니다.

'나'와 생각이 또한 둘이 아니니 '나'를 이루었다는 것은 무유 합치적인 '나'를 얻어 내 생활을 한다는 뜻입니다.

그렇다고 별다른 생활을 하는 것이 아니요, 범인凡人과 똑같은 생활, 곧 생사고락이 있는 생활, 그중에서도 다만 영육靈肉이 함께 대편안大便安을 얻었을 뿐입니다.

몸은 '나'의 겉껍질이요, 혼은 '나'의 속껍질인데 물체 없는 곳에 그림자가 없는 것같이 알맹이가 없다면 껍질도 없는 게 사실이 아닙니까?

이 몸과 혼의 알맹이가 진짜 '나'입니다. 몸은 '나'의 옷(의복)이요, 혼은 행동기行動機, 곧 로봇입니다.

위에 기록한 바와 같이 혼은 마음, 생각입니다.

이 생각이 기계이기 때문에, 생각대로는 아무 일도 안 됩니다. 생각은 때에 따라 달라집니다. 달라지는 그 생각이 곧 중중누현重重累現의 대현실상입니다.

대현실상의 본체는 생각하기 전의 생각입니다. 즉 생각하게 하는 생각입니다.

생각하게 하는 생각이 기계인 이 생각을 주재主宰하게 되면, 생각하는 대로 무엇이든지 현실화하게 됩니다. 생각이 그대로 현실이기 때문입니다.

생각하게 하는 생각인 '나'의 창조주와 동행하는 사람은 불가능한 일이 없는 참 사람이 됩니다.

우주가 자체화하였기 때문에 천상천하가 다 내 몸으로서 내 머리나 손과 같이 보이고 쓰게 됩니다.

연구하고, 글 짓고, 그림 그리는 모든 사람들이 그 근본 소질은 찾아볼 생각도 없이 다만 기계인 생각으로 짜내니 생명적인 작품을 낼 수 없는 것입니다. 현대 사람들은 부처님이나 하느님의 능력은 자신들은 갖지 못한다는 열등감을 가진 어리석은 인간들입니다.

이 혼은 언제나 생각하는 이 생각입니다. 혼은 자체가 없습니다. 범인凡人이나 신神이나 외도外道들까지도 식識만 맑으면 혼의 일은 현실적이므로 보고 알게 됩니다.

악한 생각을 익혀서 악을 모으면 혼으로 악한 사람이 되고, 착한 생각으로 습관이 되어 집적되면 착한 혼으로 착한 사람이 됩니다.

낮에는 생각으로만 돌아다니다가 밤이 되어 몸이 잠을 잘 때는 딴 몸 하나를 나타내어 행동(꿈)을 합니다.

죽어서는 혼으로 전생에 지은 대로 무슨 몸이든지 받아 다시 또 살게 됩니다. 생사 또한 반복되어 다하는 날이 없습니다. 일체가 반복적으로 맴도는 것이 원칙이기 때문에 인생도 영겁永劫의 순력巡歷입니다. 그러므로 업[業=혼]에 끌려다니지 말고 내 정신으로 내가 다녀야 합니다.

주사晝思, 야몽夜夢, 사혼死魂은 한 물체입니다. 물체이기 때문에 보입니다. 먹어야 몸을 보전합니다. 듣기 때문에 제사 때 불러서 설교하여 줍니다. 혼은 생각, 곧 마음으로서 잘 듣는 마음이면 곧 좋은 사람이 되어 좋은 옷을 입고 좋은 생활을 하게 됩니다.

영리한 혼은 한 말씀에 각령覺靈으로 천도(薦度=구원을 얻은 학자)되기도 합니다.

그러므로 마음의 주인인 마음이 이 마음을 부리게 된 인간[佛]은 자기를 믿는 혼을 좋은 모태母胎로 인도하기도 하고 좋은 모태에 들 인연이 없으면 다시 살려서 가르치기도 합니다.

혼은 물체이기 때문에 볼 수 있는 것인데 우리는 기억력 상실자로서 내 혼을 보지도 못하고 내 혼의 생활, 곧 내 생활을 알 수가 없기 때문에 모태 적 일까지도 기억을 못하고 전생에 살던 일을 아주 잊어버립니다.

우리 한국에도 자신의 전생자신과 남이 하나임 일을 잘 아는 사람이 더러 있습니다. 전생에 살던 일이 즉 내 혼의 행동이었

미국 모 대학 교수 스티븐슨 씨의 편지에 답함

으나, 우리는 기억력 상실자이므로 잊어버렸을 뿐입니다.

이 중僧은 전생 일을 아는 사람을 직접 만났습니다. 그런즉 이 일은 증명적인 것입니다. 가령 혼을 보는 사람이 꼬리 달린 짐승의 혼을 가진 사람의 뒤에 가서 그 꼬리를 밟으면 그 사람은 일어서지 못합니다.

전생 후생의 생활기록은 우리 잠재의식에 고스란히 새겨 있습니다. 그러므로 최면술을 걸어 피술자被術者의 말로 증명되기도 합니다.

현실에서 증명되지 않은 것을 이 다음의 일은 누가 보증하겠습니까? 다양각색의 이 현실은 오직 내 정신 작용입니다.

부처님의 말씀이니, 성경의 기록이니 하는 것보다 직접 내가 의심나지 않는 석연한 현실생활을 하게 되어야 비로소 안도감을 가지고 살아가게 됩니다. 내가 '나'를 파악하지 못하기 때문에 의심과 불안이 있는 것입니다.

아무튼 현실상은 무상無常하여 머무르는 것이 하나도 없지만 이 되풀이가 끝나는 날이 없는 만큼 생은 다하는 날이 없고, 무궁無窮한 것입니다. 그런데 생의 책임자는 '나'이기 때문에 생활은 나의 반영입니다.

또한 생은 영원한 것이기 때문에 나의 노력도 다함이 없을 것이니 다함이 없는 노력의 에너지요 행동의 원동력인 무無를 알아 얻어서 쓰게 되어야 생의 의욕과 용기가 넉넉할 것을 아시고 지향志向만이라도 하시기를 바랍니다.

일 분의 무념無念을 얻는 것이 백 년 연구보다 효과적입니다.

아무튼 인간이 되어 인간 생활을 열어야 할 것을 알려드립니다.

이 중은 자신이 사람이 되지 못한 것을 알고 세상 인연을 끊고 산으로 들어와서 사람 되는 공부를 하고 있습니다. 인생 문제를 해결하려고 애를 쓴 지가 어언 30년이 넘었습니다.

이제는 물 내음을 맡은 사슴 정도는 되었으니, 생명의 원천을 찾아가는 방향은 확인되었습니다.

그런즉 목이 말라 몸부림치면서도 가는 방향을 몰라 헤매는 동지들에게 이 길로 동행하자고 외치지 않을 수 없습니다.

부처님이 아니라고 하여도 의심나지 않는 길을 모두 가고 있습니다.

갈 길을 모르고 어찌 마음놓고 생을 유지하는지 세상 사람들의 사는 모습이 기적처럼 여겨집니다. 더구나 지도자연하는 사람들이 이렇듯 분명한 현실적인 일을 어째서 알아볼 생각조차 않고 성급한 자신을 가지는지? "좀 알아보지 않겠느냐"라고 애타게 권해 봅니다. 그래도 그들은 선입견에 막혀서 알아듣지 못하는 것이 유감입니다.

먼저 내가 사람이 되지 못한 것만 알게 되어도 사람의 정신이 회복되기 시작한 것입니다. 회복할 자신이 생길 때 우선 정신이

푹 쉬게 되어서 안도의 생활을 할 수 있습니다.

내 정신이 생의 출발지점이요, 내 정신의 시종始終이 하나화만 되면 무無라는 전체적 정신을 얻는 것인데 거기서 한 걸음 더 나아가 정신적 작용[覺]인 대행동력大行動力을 얻으면 정신의 그 전체적 행동력으로 만능적 인간이 됩니다.

귀하가 연구하는 의욕의 본체가 '무'라는 그것입니다. 귀하가 연구하는 구경究竟이 생각 하나화한 무無입니다. 하나화만 되면 연구의 끝장이 난 것입니다. 연구의 끝장이 나면 한 걸음 더 나아가 연구의 정체正體인 귀하의 진아眞我가 발견될 것입니다.

그러나 혼의 거래를 연구하여 학리적으로라도 체계화하여 세계적으로 알려진다면, 영화의 필름처럼 쉴 새 없이 바뀌는 인생의 순간적 장면을 삶의 시종으로 아는 근시안적인 인간들에게 가르치는 표본으로서 큰 효과를 거두게 될 것입니다.

전통적으로 동양인들의 기본 정신은 수승하지만 지금은 침체 상태에 놓여 있습니다.

물질적 정신의 반면은 정신적 정신입니다.

물질적 정신력이 고도에 이른 서구인들이기 때문에 불법佛法 이야기를 한 번만 들으면 곧 신자가 되는 사람이 많아지는 것으로 믿습니다. 그래서 해마다 신자 수가 늘어 귀국만 해도 신자가 5, 60만 명이나 된다 하니 아마 이 인형 세계도 인간 세계로 개혁될 날이 머지않아 있게 될 조짐인가 합니다.

더욱이 귀하는 서구인이기 때문에 귀하의 학설이 한결 효과적일 것으로 믿습니다.

또한 연구의 근본적 힘이 되는 정신을 찾아 얻는 법을 알려드리는 것이오니 이 말씀을 참고하여 실천하고 연구하신다면 쉬이 구체적인 학설이 구현되어 세계인류를 깨우치게 될 것을 믿으십시오.

따라서 완인[完人=佛]이 되어서 인형의 집단인 이 지구를 불법화佛法化한 최고 문화세계로 건설하는 데 선구자가 되실 것을 빕니다.

1962년 2월 김일엽 합장

스티븐슨 귀하

미국 모 대학 교수 스티븐슨 씨의 편지에 답함

어느 여승의 편지

—

일엽스님을 찾은 일본인 노신사의 사연

일엽스님을 찾은 일본인 노신사의 사연

ℰ

월송月松아, 그동안 객지에서 수고가 많겠구나. 불편한 일인들 오죽이나 하겠느냐.

노스님 일엽스님의 뜻을 받들어 이곳에 전국 비구니의 총수 도도량總修道道場인 총림叢林 건립建立이라는 크나큰 역사를 이룩하기 위하여 우리들 모두가 힘을 모으고 있지만 너 월송은 객지로 나돌며 오직 불사의 화주승化主僧[1]으로 더욱이 내년 봄 성극 〈이차돈의 死〉 공연 준비까지 하느라고 동분서주하는데, 항상 너에게 민망한 생각이 드는구나.

아무쪼록 힘써 너의 목표를 이룩하길 축원한다.

---

1 시주물을 얻어 절의 양식이나 살림을 대는 스님.

그런데 월송아, 최근에 이곳의 소식을 하나 전해주려고 한다.

지난 6월 중순의 일이다. 스님은 여전히 건강히 회복되지 못하여 자리에 누워 계시고 외인 면회를 일절 하시지 못하던 그때였단다.

스님을 모시고 여승들만 살고 있는 이곳 환희암歡喜庵에 뜻하지 않은 노신사老紳士가 찾아온 것이다. 그분은 더욱 놀랍게도 일본인 시라키白木允雄라는 분으로 우리 일엽스님을 만나 뵈려고 찾아왔다고 하였다.

우리들은 어리둥절할 수밖에…. 스님의 허락으로 이분과 스님은 대좌하게 되었다. 다음에 두 분의 대화를 적어 보낸다.

시라키 : 나는 일본에서 최근 한국을 찾아온 시라키라는 사람입니다.

나는 일본에서 공업계통의 회사를 경영하고 있으며 사업관계로 최근 한국에 머물러 있던 차 이곳 덕산 온천에 들러 잠시 휴양을 하고 있던 중이었습니다.

뜻밖에도 지금으로부터 49년 전…. 그러니까 내가 23살 때의 일입니다.

동경에서 공부를 하고 있을 때의 일이지요. 그때 꼭 한번 만나본 외국 소녀가 있었습니다. 꼭 한번 만나고 헤어진 이래 꿈에도 잊지 못하고 나의 뇌리에 깊이 새겨진 그 아름다운 외국 소녀, 그날로부터 오늘에 이르는 근 50년을 두고 단 한 번만이라도 만나고 싶어하던 바로 그 외국 소녀가 바로 여기 계신 김일엽 스님이라는 것을 알게 되어 너무도 기쁜 마음을 억제하지 못하여 이곳을 찾은 것입니다.

나의 무례한 방문을 용서하시고 나의 그동안의 사연이나마 들어 주신다면 더없는 영광이라 하겠습니다.

그때 당신께서는 영어학원에서 공부하실 때였습니다. 같은 학생인 나는 우연히 한 외국 소녀를 보았습니다. 외국 유학생이라는 선입관 때문인지 첫인상이 깨끗하고 먼 곳에서 바라보니 총명한 인상과 아름다운 눈매에 반하게 되었습니다.

그후 얼마가 지난 어느 날 겨우 당신을 만나서 5분 정도 이야기할 기회를 얻었습니다.

그때 두 사람은 서로의 언어가 완전히 소통되지 못하여 몹시도 안타까운 채 헤어졌습니다. 그 후 당신은 그 학교를 그만두었는지 갑자기 종적이 묘연하였습니다. 나의 실망은 말할 수 없었습니다(실은 그때 일엽스님은 귀국하였고 그분과의 일은 까마득하게 잊으셨단다).

그때 나는 생각하기를 그 아름다운 소녀가 어디로 갔을까?

두 눈이 유난히 반짝이고 매력 있는 입매와 어딘지 모르게 범하기 어려운 품위는 상류가정에서 볼 수 있는 귀공녀로만 보였습니다.

나는 그때 이 아름다운 외국소녀의 행방을 찾기에 여념이 없었습니다.

어디로 갔을까…. 남의 아내가 되었을까? 그 여인을 소유한 남자는 얼마나 행복할까? 결코 독신이 되지는 않았을 거야! 무척 매력적이었으니까!

남의 아내가 되었든, 어떻게 되었든 간에 생전에 한 번만, 단 한 번만이라도 그 얼굴을 대하여 보았으면 좋겠다고 진정 몽매간에도 이 소원이 이루어지게 하소서 하고 빌었습니다.

그런데 오늘, 이렇게 서로가 70이 넘은 백발의 노인으로 대하게 되니 인생의 무상함을 새삼 느끼게 됩니다.

아무튼 나의 오랜 소원은 비로소 이루어진 셈이올시다.

오늘 불도佛道에서 참 나[自我]를 찾으시고 평화로운 여생을 오로지 정진으로 보내시는 당신을 뵈오니 그저 머리가 수그러지기만 합니다.

이렇게 말하는 그 노신사의 두 눈에서는 눈물이 하염없이 흐르고 있었단다.

이때 그 노신사는 병상에 누운 스님을 무릎을 꿇은 채 쳐다보며 여전히 주름진 두 볼을 눈물로 적시고 있었다. 깊은 생각에 잠겼던 노신사는 스님께 손이라도 한번 쥐어 보고 싶다고 청을 드려, 담담한 표정의 노스님의 허락을 받고도 차마 그냥 손을 잡지는 못하고 하얀 손수건을 꺼내어 스님의 손등에 덮어 놓고 그 위에 자기 손을 얹고 또 한번 하염없는 눈물에 잠기더라.

우리들도 함께 눈시울이 뜨거워짐을 억제할 수가 없었다. 이 때 스님은 그 노신사에게 다음과 같이 설법하시어 그분을 돌려보내시고 여전히 마음은 개운해하시더라.

일엽스님 : 세상에서는 아득한 옛날이라고 할 만한 49년 전에 보던 미소녀가 노환으로 병석에 누운 것을 볼 때 새삼스럽게 세상사가 무상함을 느꼈을 그 심정을 생각합니다. 남의 일이라도 인상적이었을 텐데 직접적인 나를 향한 심정이라고 하니…. 아직 무아의 경지에 체달치 못한 나로서는 뜻밖의 일이라, 무엇이라고 표현할 수 없습니다.

그러나 세상은 상대적인 자연법칙에 따라 날에는 주야晝夜가 있고, 해에는 춘하추동이 있지 않습니까. 생도 무상하여 생로병사를 면치 못합니다.

당신 보기에 이웃이면서도 국경에 가리어 천리만리 떨어져 살고 있을 듯한 그 미소녀가 지금은 어느 곳에 살까, 꿈에는 만났지만 생시에 한번 만나게 될까? 생전 그리던 여자라 감상이 무한할 것입니다.

육신은 생명의 의복인 물질이라 결합, 해소의 이중 작용 즉 생사를 면치 못합니다. 그러나 생명은 만능적인 무한량의 자원이 있는지라 생사가 없습니다.

물질이 불멸하는 내적 본질인 생명이 없어질 리가 없습니다. 구름이 떴다, 잠겼다, 모였다, 흩어졌다 하지만 자체가 없습니다.

이 삼라만상도 자체가 없는 내적 본질인 생명이 있습니다. 즉, 떴다 잠겼다 하는 움직이는 무엇이 있습니다.

그것은 자체가 없기 때문에 말로, 글로, 행동으로 나타낼 수 없습니다.

종교라는 것은, 그것을 파악하여 내 마음대로 쓰게 하는 살 거리를 장만하게 하는 것입니다.

밑천이 있어야 장사도 하고, 좋은 터가 있어야 농사짓는 단편적인 일을 모르는 이가 없지만 살거리인 종교 교육이 있는 줄은 모릅니다. 지금 세상에서는 하느님이 계시기 전에 본자연이 있고 자성自性이 있어 그것이 생명인 줄을 모릅니다.

생명에는 일체 요소를 갖춰 불가능한 일이 없는 무한량의 자원이 있습니다.

그러므로 이것을 발견하신 부처님은 '천상천하 유아독존'이라고 생명을 대표해서 말씀하셨습니다.

이 '나'는 네가 있는 상대적인 나요, 공동적인 나, 즉 내 '나'도 되고, 네 '나'도 되는, 생명이 있는 자에게 다 있는 나입니다.

무한한 자원이 이렇게 각자적인 내 생명에 있는 줄을 모르고,

나 이외의 다른 특별한 존재가 있어서 자기를 창조한 줄로 압니다.

지금 세계를 풍미하는 종교는 모두 남에게 의존하는 교입니다. 그러나 불교는, 내 생명을 회복하여 생명을 임의대로 쓰는 것을 최고의 교리로 가르칩니다.

눈먼 사람은 눈뜬 사람이 곁에 있기 때문에 자기가 보지 못하는 줄 알고, 앉은뱅이가 다리 성한 사람이 걷는 것을 보기 때문에 자기 다리가 성치 못하다는 것을 아는 것과 같이 그와 같이 나도 실천하지 못합니다.

그러나 이 법이 증명적이나, 현실적인 것을 밝힙니다. 나는 입산할 때에 먼저 알아서 남에게 알리려 한 것이 70세가 될 때까지 증명적으로 믿은 것뿐이요, 실천할 날은 천년 후일지 만년 후일지 모릅니다.

인간에게 가치기준을 둔 것은 인간이 되면 우주를 자체화하고, 우주의 원리원칙을 자가용自家用으로 씁니다. 그리하여 우리는 인천人天의 스승이 되려고 입산 수도하는 것입니다.

최고는 최하의 대상이라 불법佛法이 생활화하게 되어야 선악을 잘 조리한 참문화인이고 지상 천국을 이룹니다. 그것은 역사가 증명하고 세계보世界寶가 그것을 현실화합니다.

여기에도 완인完人=成佛을 구현한 작품인 대웅전이 있습니다. 세계적인 고고학자들이 공증公證합니다.

하여간 죽지는 못합니다. 토목土木으로라도 살기는 살지만 생명적으로 살면서 천당에 가선 살 만하고, 지옥은 못살 곳이라는 사람이 무슨 불변의 평안을 얻고 영원한 안락을 누립니까? 천당이나 지옥이나, 환경에 휘둘리지 않을 만한 정신력을 가져야 인간입니다.

도인들이 있어도 잠자코 아직 공부나 하고 민도의 정도가 아직 때가 안 되었다고 방관하고 있습니다.

그러나 아직 중생심을 여의지 못해 그런지, 친소親疏나 이해관계를 막론하고 살길로 가자고 누구에게나 외치는 것이 나의 책임이라고 생각합니다. 이념은 실천하지 못할 것이 없습니다. 그러므로 사람의 전체적인 정신인 만능적 생명이 좀더 회복한 뒤에 남에게 알리는 것이 순서라면 다른 정담보다도 이 말씀 알리는 것이 나의 감정이요, 또한 이 말씀을 납득한다면, 당신에게 큰 실리가 되는 것입니다.

당신이 실업가라고 하니 그만한 정신력도 있을 줄 압니다. 겨우 이론만 가졌다 하나 실존적 대장부인 당신이 나보다 비중이 큰 줄을 압니다.

그러나 40년을 참구參究한 나의 이념은 당신보다 나은 줄로 알기 때문에 간절히 말씀드립니다.

아무튼 물질은 가질수록 불만을 느낍니다. 그런즉 살거리인 정신적으로 자족을 얻어야 합니다.

정신과 물질이 합하야 행하는 법, 즉 복과 지혜를 다 얻는 이 법을 알아야 합니다.

세상에서는 "잘해라, 잘해라"라고 합니다. 그리해야 잘 살고 평안합니다. 그러나 그것은 어디까지나 인간 본위일뿐 초목도 뜯기는 것은 싫어합니다.

그러므로 우주적인 종합적 판단으로 살 권리를 가지고 있어야 균형적인 처리를 합니다. 그리하여 회의나 불평이 없습니다. 당신과 나도 세세생생에 인연이 있어 멀리 그리워하던 것입니다. 나는 몰랐지만 오늘 당신의 말을 듣고 특별히 친절한 생각으로 다른 사람보다 더욱 간절히 말합니다.

살 일을 안다면 누구나 알아들을 것에 여러 잔소리한 것을 사과할 뿐입니다.

어쨌든 살 거리요, 밑천인 정신의 정신이 선행되어야 할 것을 생각하시기 바랍니다.

이같이 말씀하신 노스님의 두 눈에도 자비로운 이슬이 보이는 듯도 싶더라. 월송아, 매우 지루한 편지가 되었구나. 너와 나도 오직 정진에 정진이 있어야 하겠다. 이곳 소식을 대신한다.

1966년 8월 스승 경희慶喜 합장

일엽스님을 찾은 일본인 노신사의 사연

일엽스님 발우鉢盂

(출처 : 김일엽문화재단)

청춘을 불사르고